U0727454

能源经济与管理研究

汤瑞丰　著

吉林出版集团股份有限公司

图书在版编目（CIP）数据

能源经济与管理研究 / 汤瑞丰著. —— 长春 : 吉林
出版集团股份有限公司, 2020.8

ISBN 978-7-5581-9021-6

Ⅰ. ①能⋯ Ⅱ. ①汤⋯ Ⅲ. ①能源经济—经济管理—
研究—中国 Ⅳ. ①F426.2

中国版本图书馆CIP数据核字(2020)第152329号

能源经济与管理研究

作　　者 / 汤瑞丰 著
责任编辑 / 蔡宏浩
封面设计 / 万典文化
开　　本 / 787 mm × 1092 mm　1/16
字　　数 / 250 千字
印　　张/ 14.25
印　　数/ 1–1000
版　　次 / 2020 年 8 月第 1 版
印　　次 / 2022 年 9 月第 2 次印刷

出　　版 / 吉林出版集团股份有限公司
发　　行 / 吉林音像出版社有限责任公司
地　　址 / 长春市福祉大路5788号
印　　刷 / 北京世纪海辉制版技术有限公司

ISBN 978-7-5581-9021-6　　　　　　定价 / 79.00 元

前　言

　　能源及与其密切相关的气候变化问题已成为全球政策界、学术界、工商界和社会公众共同关注的焦点。无论是能源问题还是气候问题，归根结底都是发展问题。在当前和未来相当长时期内，经济发展仍将是中国的重要任务，能源问题在很大程度上是经济问题。

　　近年来，能源经济与管理方面的人才需求急剧上升，但这方面的人才培养相对滞后。长期以来，我国从事能源经济学研究或教学工作的人员大多是单一学科背景，要么是侧重经济学，要么是侧重能源工程，主要集中在地质、煤炭、石油、电力等高等院校，因此，在"石油经济""煤炭经济""电力经济"等方面有许多很好的研究成果，但大多属于工程经济分析或者财务分析，与经济学有一定区别。事实上，能源经济学是一个多学科交叉性的综合性学科。

　　解决能源经济复杂系统问题不仅需要自然科学、工程技术科学以及大量的实践经验，还需要现代经济学思想、理论和方法的指导。能源经济学是现代经济学在能源经济系统中的应用。一方面，能源经济学属于应用经济学的范畴，同时由于能源（特别是电网）问题的特殊性，也推动了经济学理论和方法的发展，例如，产业组织理论、非线性定价方法等。另一方面，能源经济学是一种典型的交叉科学，不仅需要依靠以能源工程为具体背景，也需要依靠经济学理论和方法。

　　能源系统规模庞大、结构复杂，因此，加强能源的科学管理是实现节能减排的重要措施。本书编写的初衷是将管理学、经济学与能源紧密结合，让广大读者全面了解能源管理的内涵，以及与经济之间的密切关系；通过本书的学习能运用技术经济学的观点来解决能源管理中面临的问题，进一步提高能源利用开发的经济性。

　　本书在阐述有关能源和管理学基本知识的基础上，对能源管理中的重要问题进行了深入论述。包括能源概论、现代管理基础、能源管理体系、能源建设项目的管理、节能管理、能源信息管理等。此外，书中还介绍了与能源管理有关的能源预测和规划，以及能源市场的相关知识。

在取材上，本书力求资料新颖、涉猎面广、叙述简洁，以达到既为读者提供更多能源管理方面的知识，又通俗易懂的目的。

　　限于作者水平，且能源科学发展迅速，创新不断，书中难免存在疏漏和不妥之处，诚恳欢迎读者批评指正。

目 录

第一章 能源经济与管理概述

能源问题已经演变成为影响全球政治经济格局和人类社会发展全局的重大战略问题。在宏观的科学研究层面上，能源问题归根结底是发展问题，但在很大程度上是经济问题。

第一节 能源经济学概述

一、能源经济学概述

（一）能源经济问题的重要性

能源是人类社会赖以生存和发展的重要物质基础。纵观人类社会发展的历史，人类文明的每一次重大进步都伴随着能源的改进和更替。能源的开发利用极大地推进了世界经济和人类社会的发展。能源的大量开发和利用，是造成环境污染和气候变化的主要原因之一。正确处理好能源开发利用与环境保护和气候变化的关系，是世界各国迫切需要解决的问题。不论是能源问题还是气候问题，归根结底都是发展问题。发展问题涉及的范围相当广泛，既包括经济和社会发展，也包括文化、科技和环境发展等诸多内容。各项内容相互关联、错综复杂，但在当前和未来相当长一段时期内，对于中国，经济发展仍将居于主线地位。

当前人类所使用的能源主要是商品能源，贯穿于整个经济系统的各个环节。能源既是重要的生产要素，是不可能被其他要素完全替代的；同时，能源又是重要的生活资料，是不可能被其他消费品完全替代的。工业革命以来，世界经济和能源消耗均保持了较快增长态势。1980—2011年间，世界生产总值（GWP）与能源消耗量的相关系数为 0.994；GWP 和能源消费年均分别增长 2.87% 和 2.01%；单位 GWP 能耗累计下降了 2.30%。全球经济每增长 1%，大约带动能源需求增长 0.70%。未来世界能源需求增长仍然较快。据国际能源署（IEA，2010）预测，按照目前的政策，

2008-2035年世界能源消费总量年均增长1.4%，达到180.5亿吨标准油。

当前，世界能源发展面临着重大变革：第一，世界能源消费开始由发达国家与发展中国家共享市场；第二，世界化石能源的供需平衡，只能满足全球能源需求的低速增长，世界化石能源资源进一步趋紧；第三，对能源安全、温室气体排放以及新的国际竞争力的战略追求，将对传统的世界能源格局提出挑战，能源利用将进一步向节能、高效、清洁、低碳方向发展；第四，在今后几十年内，世界能源结构将发生重大变化，非化石能源将逐步成为主要能源；第五，世界各主要国家纷纷调整战略，能源新技术成为竞相争占的新的战略制高点，以争取可持续发展的主动权。

不论是与其他国家相比还是与中国自身历史相比，当前中国的能源经济形势都显得更为紧迫、能源发展挑战更为严峻。因此，加强能源经济学的研究、普及和应用，对于中国显得尤为迫切。

中国是当今世界上最大的发展中国家，在促进经济发展和社会进步的过程中，面临着更严峻的能源与气候挑战。受经济社会发展阶段、人口众多、经济发展方式惯性作用等因素的制约，未来中国能源需求增速仍将处于较高水平。中国正处于工业化、城市化的快速发展进程中。20世纪后20年，中国能源消费年均增长4.5%；21世纪前10年，年均增速超过了8%。即使2010-2030年中国能源消费年均增速为4.0%，到2030年能源消费总量将达到71亿吨标准煤（发电煤耗法）；如果年均增速按照6%计算，则2030年能源需求将超过100亿吨标准煤。即使未来中国人均能源消费量与目前能源效率较高的日本的人均水平相当，按14.5亿人口计算，则中国每年能源需求总量将超过85亿吨标准煤；如果与目前的美国人均水平相当，则每年能源需求总量将超过160亿吨标准煤。巨大的能源需求前景给中国未来经济和社会发展带来了严峻挑战，不确定的能源需求情景也给中国改善能源效率带来了诸多机遇。

尽管中国的能源资源总量比较丰富，但由于中国人口众多，人均能源资源拥有量在世界上处于较低水平。煤炭和水力资源人均拥有量相当于世界平均水平的50%，石油、天然气人均资源量仅为世界平均水平的1/15左右。耕地资源不足世界人均水平的30%，制约了生物质能源的开发。此外，中国能源资源分布极不均衡。如果没有出现重大的能源技术变革或者大规模资源储量发现，国内较低的人均能源资源特别是油气资源储量，将越来越难以满足未来经济社会发展需要。中国自成为石油净进口国，自能源自给率开始小于100%。近年来，能源对外依存度上升较快，特别是石油对外依存度从21世纪初的32%上升至2017年的57%。能源自给率逐渐下降，石油净进口量急剧增长，这还将影响中国的国家安全。

中国是世界上少有的几个以煤炭为主的能源消费大国，煤炭消费量约占全部能源消费量的70%（发电煤耗法）。大量煤炭开采和燃烧带来了严重的环境污染问题。中国已经是世界上最大的二氧化硫排放国，2017年二氧化硫排放总量为2 214.4万吨，与2016年相比下降了13.14%。

全球温室气体排放量68%来自能源活动（主要是化石燃料燃烧导致的二氧化碳排放）。尽管有关气候变化的科学依据存在争议和不确定性（特别是关于大气温室气体浓度与增温的量化关系），但全球二氧化碳减排的舆论环境和政治生态已经形成。随着全球气候变化及其谈判问题的日益严重以及中国温室气体排放总量继续增长，今后中国在减缓碳排放增速方面将要继续做出巨大努力。工业革命以来，全球温室气体累计排放的最大部分源自发达国家。目前，温室气体减排成本较高昂，发达国家已经完成了工业化进程，当时几乎没有温室气体减排压力；而中国在推动经济发展、促进社会进步的同时，还需要应对全球气候变化带来的新挑战。

（二）研究和应对能源挑战需要能源经济学

由于能源的至关重要性和特殊性，能源问题成为国际社会高度关注的问题，能源政策在世界各国的发展政策体系中都占据重要地位。如何制定或调整本国的能源政策，这吸引了来自各个学科的专家学者。

能源作为能量，在热力学中有第一定律、第二定律、第三定律、第零定律。这些定律对于认识能源的自然属性具有重要意义。在能源工程中，也有一些具体的能源技术方法。但是，仅有能源科学和能源工程的理论或方法，还不足以应对当前人类面临的能源挑战。

作为一门科学，能源经济学在不同文献中的定义有所不同，但大体上存在基本的共识。能源经济学研究能源资源问题和能源商品问题，包括企业和消费者供应、转换、运输和使用能源资源的行为或动机，市场及其规制结构，能源利用的经济效率，能源开发和利用导致的分配和环境问题等。能源经济学定义为关于经济学在能源领域中应用的一门科学，重点关注能源利用领域内各类主要能源的供应和需求，各类能源之间的竞争性，公共政策的作用以及能源带来的环境影响。

能源问题与其他经济、社会问题交织在一起，互为关联，具有典型的系统性和动态性特征。单纯地依靠能源技术、能源工程，愈来愈难以应对能源经济系统问题。例如，世界各国都要不断地开展中长期能源需求预测。预测本身并不是目的，而是为了更好地未雨绸缪，更好地制定节能规划和能源供应规划。要做好中长期预测，需要对整个经济系统有比较全面的把握和认识，包括经济增长速度、经济结构和要素结构演变、人口结构和居民消费倾向变迁、技术进步、经济体制变化等。对这些因素的把握和认识都需要依靠现代经济学理论和方法。不同的国家，人均能源消费量的演变路径也不相同。如何去分析各国人均用能量的影响因素，区分哪些是客观因素、哪些是主观政策因素，这对于一国制定中长期能源发展战略具有重要的启示作用。

在我国，能源经济系统研究已有30多年的历史，取得了大量优秀成果。与目前国家能源战略、能源形势的发展相比，仍然需要进一步大力普及和推广能源经济学的教育。近年来，由于能源问题的紧迫性和重要性日益凸显，能源经济研究报告和论文大量涌现，从事能源经济学学习和研究的人员日益增多，这也迫切要求出版一本能源经济学教科书。目前，国内外有关能源经济类的教科书，大多以能源品种为脉络，分别介绍石油、天然气、煤炭、水电、可再生能源、节能、能源管理等方面的知识。本书将以能源问题为脉络，把各类能源纳入整个经济社会系统框架综合考量，注重能源与其他要素的替代性、各类能源之间的替代性、能源与技术的相互关系等。

二、能源经济学的研究对象和方法

（一）能源经济学的研究对象

能源经济学是以能源经济系统的运行规律为研究对象。能源经济系统不仅包括能源的勘探、生产、加工、贮运和利用各个环节，更包括各个环节的相互关系，及其与其他经济要素的关联关系。能源经济学包括以下主要研究对象或研究内容，各项研究内容相互关联。

1.能源供给与需求

能源供需和可持续发展受经济发展速度、能源投融资状况、新技术的使用、消费模式以及能源政策等很多因素的影响。能源的供应与消费研究具体包括能源与经济发展、能源供需预测、能源消费模式、区域能源消费、能源可持续发展、能源技术政策等问题。

2.能源效率与节能

改善能源效率是应对能源挑战的重要且有效途径。能源效率与节能研究具体包括能源效率测度方法与应用、能源效率与经济社会发展、节能政策设计与模拟、居民消费行为与节能、重点行业能源效率、区域能源效率等。

3.能源市场与碳市场

能源市场与碳市场的金融特征日益突出，关系越来越密切。能源价格波动、能源价格机制、能源市场风险监测和预警、碳市场机制已成为研究热点。当前，在能源市场与碳市场方面重点需要研究能源价格机制与价格预测、能源市场风险管理、能源金融与碳金融、碳市场配额分配机制、碳市场与低碳发展等。如何在保障能源供应的可靠性和提高能源供应的经济效率两个方面做好平衡，一直是全球各国政府的难题。能源市场研究，特别是电力市场和天然气市场研究在现代经济学理论研究中占重要的引领作用。

4.气候变化与环境变化

全球气候变化和环境变化涉及不同层次范围和时间尺度，是典型的复杂科学问题。重点研究内容包括碳排放问题、气候变化情景分析、气候政策设计与模拟、碳捕获与封存、能源环境—健康、气候变化与环境变化的影响及易损性、支撑气候谈判的博弈理论与方法、节能减碳的信息效率与激励机制设计、碳交易市场机制设计等。

5. 能源安全与预警

国际能源地缘政治纷繁复杂，国际原油价格剧烈波动，给石油贸易带来巨大风险，直接影响能源进口国的能源安全。该领域重点研究战略石油储备、能源进口风险评价、海外油气开发利用风险管理、海外油气运输风险评估、能源供应安全预警、国际能源安全政策等。

6. 能源建模与系统开发

目前，大多数能源模型是涵盖社会、经济、技术、资源、环境、气候的综合集成模型，这些模型大多以经济系统为核心。在构建能源系统模型时，根据研究目的、假设条件以及数据可获得性，在经济系统的基础上加载技术、资源、环境、气候等模块。在国际上，一些重要的国际组织或政府机构发布的能源报告大多数是以能源经济系统模型的模拟结果为基础。例如，国际能源署（IEA）每年发布的《世界能源展望》是不断开发和升级的世界能源模型（WEM）；美国能源部能源信息署（EIA）每年发布的《国际能源展望》是开发的美国国家能源建模系统（NEMS）。WEM模型包括终端能源需求、电力生产、转换与运输、化石能源供应、二氧化碳排放、投资6个子模块，可用于预测全球主要国家和地区的需求量。NEMS模型包括10多个模块，主要用于美国的中长期能源需求预测和政策模拟。

7. 能源公平与能源贫困

能源属于生活必需品。世界各国的人均能源需求水平和需求结构极不平衡。发达国家和石油出口国的年人均用能量基本处在3～10吨标准油水平。大多数发展中国家的人均用能量远低于发达国家水平，美国的年人均用能量是世界人均水平约4倍多。在同一国家的不同社会群体间，能源需求也极不平衡。在广大发展中国家和地区，能源贫困问题依然相当严重。当前，世界能源贫困问题突出表现在3个方面：一是人均用能水平较低；二是无法获得电力服务；三是煤炭和传统固体生物质能使用比较广泛。能源贫困会对健康和教育导致很多不良后果，而且这些后果是深远的甚至是不可逆转的。如果广大农村居民无法获得电力，不能满足基本的照明和电器服务，则无法为学生提供更好的学校教育和家庭条件，即使是基本、简单的医疗设备也无法正常运转。大量使用煤炭和柴草等传统固体能源将导致严重的室内空气污染，造成严重呼吸道疾病，还会给产妇和新生幼儿健康造成威胁。在获取传统生物质能的过程中，劳动强度大、劳动时间多，而且往往是由儿童或妇女来承担，同时影响健康和人力资本水平。另外，传统生物质能的利用效率相当低下，造成大量资源浪费。

在不同的历史时期，能源经济学的研究对象或者侧重点有所不同。在早期，能源经济学主要研究资源的可耗竭性、能源中长期需求预测、OPEC行为等。近年来，全球气候变化问题的国际政治生态和舆论环境业已形成，全球和区域气候政策也成为能源经济学的重要研究对象。

（二）能源经济学的研究方法

开展能源经济学研究，首先需要树立全局观、系统观、动态观。由于现实能源经济系统的复杂性，在开展能源经济研究中，需要依据具体的问题和数据的可获得性，确定系统的边界，确定外生因素和内生因素。例如，能源价格会影响能源需求，那么在开展能源中长期需求预测研究中，是把价格作为内生因素还是外生条件，对于选择具体的预测方法、得到的具体预测结论和政策启示均有重要影响。

能源经济学的研究方法应当以经济学理论、统计学理论等有关科学理论为基础，同时还需要大量的实践经验支撑。当前，能源经济学研究大多是经验研究（国内通常也称为实证研究）和实验研究（或称模拟研究），或者二者的结合；也有少量数理研究（特别是在电力市场研究方面）。在经验研究中，大多依据基本的经济学原理或者实践经验，通过收集相适应的数据，开展计量或者统计分析。在实验研究中（大多数能源系统建模研究属于这一类），一般首先依据有关经济学理论建立行为方程和平衡方程（方程的参数大多依据经验或者校准获得），然后改变外生变量（例如，税收政策、能源价格等），对模型系统进行运算（模拟），得到结果或结论。具体来讲，经验研究方法包括回归分析、投入产出分析、增长核算分析、统计分析、时间序列分析等方法；实验研究方法包括可计算一般均衡模拟、多主体模拟等。

能源经济模拟研究往往需要一个团队合作完成，一项出色的模拟研究往往是几年甚至数十年的积淀。例如，国际应用系统分析研究所（HASA）和斯坦福大学联合开发的MERGE模型，主要用于全球气候政策模拟研究，包括宏观经济、能源供应、温室气体排放3个子模型。美国Brook haven国家实验室开发的MARKAL-MACRO模型及其变形。麻省理工学院开发的IGSM模型，包括经济、大气化学变化、气候、陆地生态系统等模块，偏向于技术层面，该模型是早期经济合作与发展组织（OECD）开发的GREEN模型的延续版本。由马里兰大学和美国太平洋西北国家实验室联合成立的全球变化联合研究所开发的第二代能源经济系统模型SGM，它是由14个地区的一般均衡模型组成的模型集组成。McKibbin和Wilcoxen联合开发的多国多部门跨期动态一般均衡模型G-Cubed（含12个部门）。由于不同的能源系统模型模拟结果差异较大，为了使模型更易比较、更加透明化，推动能源经济科学发展，20世纪70年代，斯坦福大学Swneey和Weyant等教授创建了著名的能源建模论坛（EMF），为能源建模学者提供了一个良好的交流平台。

经验研究与模拟研究相结合的经典实例就是哈佛大学的Hudson和Jorgenson开创的基于计量的可计算一般均衡研究。他们在编制投入产出时间序列表等大量数据的基础上，采用Translog函数形式，建立了反映美国能源经济系统的一般均衡计量经济模型，并用该模型模拟了不同税收政策对美国能源需求和碳排放的影响。与其他常见的CGE模拟研究所不同，该模型的一些参数采用计量方法内生获得，减少了对技术进步有偏性和模型参数的人为设定。因该模型需要编制投入产出时间序列表，数据量要求也较大。

三、能源经济学科与其他相关学科的联系

能源经济学属于经济学的一个分支，与其他经济学分支有着密切联系。现代微观经济学、宏观经济学理论是能源经济研究的基础理论。化石能源开发和利用导致了严重的环境污染、生态恶化和碳排放问题，资源经济学、环境经济学与能源经济学存在一定的交叉性。能源问题归根结底是发展问题，这对广大发展中国家更是如此，因此能源经济学与发展经济学密切相关。

研究能源公平与能源贫困问题，还需要应用福利经济学和社会学有关理论和方法。由于能源是一种国际性战略资源，能源问题已经泛政治化，因此，能源经济学与国际政治学存在交叉关系。在能源政策设计中，还需要应用运筹学、系统科学与系统工程方面的知识。

应对气候变化在21世纪以来的能源经济学研究中占据越来越重要的地位，也更加体现了能源经济学的交叉学科特征。气候变化是人类发展面临的复杂挑战。比较和评估不同减排机制、不同减排政策的收益和损失，建立碳排放、浓度、温升对经济社会系统反馈模型日益重要，发展节能减碳技术以减缓气候变化，这些都需要各个学科专家的通力合作。

在早期，不同领域、不同能源行业的人员对能源经济系统的研究侧重点不同，因而出现了石油经济学、煤炭经济学、天然气经济学等。严格来讲，这些研究大多与具体的能源行业密切相关，"软科学"和"财务分析"倾向显著，在很大程度上属于技术经济学或者工程经济学的范畴，不属于经济学研究的范畴（涉及天然气管网和电网规制的研究除外）。

第二节　能源管理概述

能源管理是一个国家能源领域的组织管理形式及管理制度的集中反映。能源管理的功能与作用主要表现在：对能源发展进行宏观调控，以确保经济平衡稳定发展；对能源市场运作进行行政监管，确保市场秩序与规范；确保能源安全；发展能源产

业，保障社会成员基本能源需求。

一、能源管理概述

（一）能源管理的概念

能源管理是行政管理的一部分，主要是指国家以法律形式确定的能源管理行政机关及其相应的职能配置、组织结构和运行方式等的稳定模式。

法律是能源管理的基础，能源管理是能源立法的核心内容，也就是说国家应该通过法律的形式设置相应的能源管理机关，在相应的法律上为能源管理机关配备相应的管理职权，同时要为能源管理机关职权的行使规定相应的法定程序。能源管理行政机关是能源管理的基本构成要素。

（二）建立能源管理的必要性

1.改变能源环境问题外部性的要求

外部性是指在社会经济活动中，一个经济主体的行为对其他人产生附带的成本或效益，也就是说一个经济主体的行为直接影响到另一个相应的经济主体，却没有给予相应支付或相应补偿。能源的开采、生产、输配和消费过程中会产生一定的环境问题。比如原油、煤炭的开采会影响当地的地质条件以及生态环境，进而可能影响气候、当地居民和物种的生存，这些影响甚至可能延续到下几代人。煤炭的燃烧过程会产生大量的二氧化碳和二氧化硫等。而这些问题很难通过市场来解决，必须由政府建立起一定的管理介入市场来纠正能源生产和使用过程中的环境问题。

2.保证国家能源安全的要求

能源供应与经济运行之间的联系密切。一般观点认为，长期的经济增长与短期的经济波动都会受到能源供应的影响。能否以可承受的价格获得充足的能源供给是国家能源安全的核心目标之一。能源安全涉及的方面很多，但是，替代能源的开发、能源战略储备等是公认的应对手段。毫无疑问，这些手段都是市场无法提供的，必须建立一个有效的能源管理，以保证能源安全政策的协调统一和实施。

3.实现能源基本公共服务均等化的要求

以可承受的合理价格水平向居民提供有质量保证的能源服务，保障公民获得基本的能源供应是国家基本公共服务内容之一。而利益的驱动性使得能源供应商不愿主动为农村地区、边远地区或其他高成本地区提供价格合理的能源服务，也就是说市场自身不能保证普遍服务的实现。这就需要政府的能源管理发生作用，通过行政法规、经济激励以及服务价格与质量监管等手段，保障居民基本能源需求得到满足。

4.促进能源可持续发展的要求

可持续发展是一种机会、利益均等的发展。它不仅包含了本代人之间的公平，还包含了代际间的公平和资源分配与利用的公平。目前人类消费的化石能源属于不可再生能源。不可再生能源在使用过程中逐步减少，最终将消耗殆尽，这是无法改变的。既然消耗殆尽无法改变，人们更为关心的是消耗速度的快慢。然而完全依靠市场并不能很好地解决垄断问题以及有限期限开采权引起的能源过快开采问题。因此，建立合理管理以保证能源在当代得到有效开发与利用的同时，又能够为后代创造持续利用各种能源的条件是十分必要的。

5.保障能源科学技术开发的要求

尽管在能源越来越紧缺，价格越来越高的时代，市场自身有一定的激励来发展节能技术、替代能源。但是由于节能技术、替代能源和新能源技术开发引发的技术外溢存在正外部性，这时就会出现企业搭便车的现象。而搭便车现象的出现会使企业不愿去开发新的能源技术，此时必须通过建立能源管理进行干预才能改善市场结果，保障技术进步。

6.推进能源外交与国际合作的要求

在全球能源紧缺的今天，世界上主要的能源需求大国和能源供应国纷纷制定自己的能源战略，以期在相互博弈中为本国获取利益最大化。能源成为外交活动的重要目标之一，能源外交也成为构成国际关系的重要因素。而国际关系的处理，能源外交目标实现的背后必须要有强有力的组织机构，也就是能源管理为之提供支撑。

（三）能源管理变革的两个主要影响因素

政府和市场共同影响了能源发展，能源管理主要是从政府的角度对能源市场进行规划管理的。因此能源管理的影响因素主要是能源市场状况与能源管理机关状况及其相互作用。

此外，因为能源管理的模式需要国家通过法律法规的形式确定下来，所以能源方面的法律法规也是能源管理的一个重要影响因素。

1.市场化程度和市场调适能力

能源管理是通过政府作用和市场影响共同完成的，二者共同构成能源管理的影响力。当市场化程度很低时，政府的影响力可以占据主要地位。随着能源产业市场化程度的不断提高，市场影响力的不断增强，政府影响力就会相应降低，反之应该增加。而这种政府影响力的增加和降低是与能源管理密不可分的，是能源管理作用的体现，因此，市场化程度不同，能源管理的选择就不一样。

通常情况下，如果政府影响力偏大，在市场发育中形成超出正常状态的规制，就会出现行政垄断，对市场的发育造成障碍。如果政府影响力偏弱，则会出现能源管理的部分环节处于无政府的混乱状态。对于这种相同的市场化程度下，管理却不同的现象，我们将其归结为一种微观环境下的市场调适能力的结果。市场调适能力强，某个市场化水平下就可以容忍具有微量差异的能源管理的存在。

这里需要指出一种极端情况，即市场失灵或市场不作为情况下，能源管理如何选择。对于市场失灵，一般是指市场无法影响到的领域，事实上当能源市场发育到极致，市场影响力在能源管理中占有比重将会很大，能源管理中市场不能影响而依靠政府影响的比重将会很小。

2.既有能源管理机构的设置状况

能源是国民经济的基础，政府对能源生产与消费管理效率的高低在一定程度上决定了能源对国民经济贡献效率的高低。分散的能源管理机构不利于统一的能源战略实施，过分集中的能源管理机构存在增加管理成本的问题，因此，如何合理地采取有效的管理形式，处理好能源管理中分权与集权的关系，充分发挥中央与地方的积极性是能源管理中必须认真研究的问题。

如果既有政府管理机构的设置与理想的构成存在较大的差异，那么组织内在的动力会要求政府精简机构，以削弱管理机构过分集中或过分分散所引发的矛盾；如果既有政府管理机构的设置比较理想，符合国民经济和社会发展及政府管理的需要，则在相当长的时间内，政府管理会保持相对稳定。因此，既有管理机构设置状况也是影响能源管理的重要因素。

二、能源管理

（一）能源管理的类型

一个国家能源管理的组织架构设置主要受本国政治体制、法律制度、地域面积、资源条件、能源的市场模式、市场化程度、能源行业结构和特点等因素的影响，也和能源产业发展历史状况有关。

1.按照管理机构的地位以及管理的集权程度划分

综观世界各国的能源管理现状，按照管理机构的地位以及管理的集权程度来划分，其能源管理大致可分为如下4种，即高级别的集中管理模式、高级别的分散管理模式、低级别的集中管理模式和低级别的分散管理模式（表1-1）。高级别是指能源管理机构在国家管理中所在层次较高，一般达到部级，反之则为低级别管理。集中管理是指主要的能源管理职能集中于一个政府部门，反之则为分散管理。

表1-1 当今世界能源管理模式

集中程度	管理层次			
	高		低	
	能源管理模式	简介	能源管理模式	简介
集中	高级别的集中管理	美国、俄罗斯、澳大利亚、韩国等国家由能源部或燃料动力部等部门负责	低级别的集中管理	日本、德国等国家由经济管理部门下属的资源能源厅等部门负责
分散	高级别的分散管理	印度等由国家煤炭部等部门分别负责	低级别的分散管理	中国由国家发改委等多个部门内的司（局）部门分别负责

（二）按照市场化程度划分

根据在能源管理，特别是油气管理当中市场所发挥的作用，可以把能源管理分为高市场低政府、市场与政府并举、低市场高政府3类（表1-2）。

表1-2 按市场化程度划分的能源管理特点

分类	特点	典型国家
高市场、低政府	油气开发投入、价格形成等问题由市场调节，政府只进行宏观调控和限制垄断，政府管理重点放在战略、能效和环保等方面。所有的石油公司都是私营。	高度工业化且市场机制完善的北美及西欧等国家。如：美国、加拿大、澳大利亚、英国等。
市场与政府并举	在一定程度上利用市场机制，但政府的控制力度相对较大，管制范围较广。石油公司由国家资本和私人资本联合经营，且国家所占股份比例不会太低。	既实行市场经济又强调国有化的国家。如：俄罗斯、挪威、巴西等。
低市场、高政府	市场所起的作用很小，政府在油气方面采取完全控制的手段。有国家完全控股的国家石油公司。	财政依靠石油的输出国。如：沙特、委内瑞拉等。

（三）按照资源状况划分

按照资源状况，可将各个国家分为3类：纯生产国，生产与消费国，以及纯消费国。这些国家按照其资源的实际状况，在能源尤其是油气资源管理上会有不同的侧重点。另外，由于中东及中亚地区许多主要产油国的管理不健全，仅在此研究体制完善的部分发达国家。具体分析见表1-3。

表1-3 按资源状况划分的能源管理特点

分类	特点	典型国家
纯生产国	本国资源丰富，产量远大于消费，主要出口。能源管理机构的级别高，管理上侧重上游产业，在勘探、开采、环保、劳工保护等方面监管严格。	加拿大、挪威等
生产与消费国	本国资源产量大，但消费量也大。管理机构设置较全，对整个产业链的监管都很严格，但为了保障本国能源安全，也非常注重油气资源的勘探以及新能源的开发。	美国等
纯消费国	本国资源少，消费大，主要依靠进口。管理机构小巧而简单，战略以保障本国能源安全为主，侧重石油化工、能源消费及环境保护。	日本、韩国等

三、能源监管机构的设置模式

(一) 能源监管机构设置模式的类型

能源监管机构的主要职能应该包括:制定能源监管的政策目标和具体的监管政策,防止垄断和不正当竞争、维护公平有序的市场竞争,进行市场准入的控制和价格管制,依法对市场参与各方进行有效监管。能源监管主要分为经济性监管和社会性监管。随着市场化程度的不断提高,可以预见对能源产业的经济性监管在垄断性特征比较明显的行业将越来越突出,而社会性监管将贯穿能源产业发展全过程,最终成为政府监管的主要方面。

根据监管机构与能源管理部门的关系及职能分工,能源监管机构设置可分为如下四种模式:一是设置完全独立的能源监管机构,它是独立于能源主管部门的国家层次的集中监管委员会。二是设置与能源管理部门相结合的统一的能源监管机构。三是分行业设置能源监管机构。四是能源的社会性监管机构与能源管理部门相统一,另设专门的经济性监管机构。

(二) 国际能源监管发展的特点

1.能源监管机构一般具有相当的独立性

在国外,能源监管机构一般具有较强的独立性,尤其是司法独立性,并不属于政府序列。虽然有的也被政府相关部门管理,但它是依法设立的具有独立行政职能的公法人。能源监管机构的首席官员要由政府首脑直接任命,实行任期制。首席官员要向主管部部长报告工作,但主管部长一般不干预其行使职责,这使得首席官员享有很高的自主性。监管机构有法定的经费来源,但主要不是来自财政开支,且透明度很高。它是政府意志的代表,兼顾了政府、生产者和消费者三者的利益,具有调控和服务的双重职能,可以依法行使仲裁权,采取强制和处罚措施来贯彻落实国家政策法规,确保国家和公众利益,这样可以有效地保证监管效果。

2.监管效果取决于监管机制和监管体系是否完善

能源监管机构较好监管成果的取得主要依赖于科学的监管机制和完善的监管体系。监管是一个系统工程,如果不能协调好各部门和利益相关者之间的关系,就无法建立完善的能源监管体系。要想取得好的监管效果,首先要处理好政府主管部门与能源工业不同监管部门的关系,推进政府的政策制定同政策执行和监督的分离,由专业的监管部门实施能源领域的专业化监管,保证政策的有效实施。其次是必须建设组织上独立运行、专业责任主体明确的监管机构。

四、我国能源管理存在的问题及改进建议

（一）我国能源管理存在的问题

1.我国能源管理分散

新成立的国家能源委员会是"高层次议事协调"机构，不是实体机构，主要履行宏观的能源管理职能，关注国家能源安全和能源发展战略，具体的能源管理工作仍然由其他相关部门负责。目前，我国的能源管理涉及众多部门，例如能源资源开发涉及国土资源部；能源技术创新离不开科技部；能源补贴问题牵涉到财政部等。由于职能过分分散，造成能源管理体系被肢解，越位与缺位现象并存，开发秩序混乱，安全管理与监督不到位。

2.能源综合管理机构级别低

目前，我国能源产业主要以国有企业为主，尤其是一些国有特大型企业在部分能源产业领域形成了寡头垄断的格局，有些大型国有能源企业是由原来的政府能源管理部门发展而来的，级别较高。无论是中国石油、中国石化、中国海油这样的"石油巨头"，还是国家电网、南方电网和五大发电集团这样的"电老虎"，以及神华、中煤等"煤炭航母"，乃至中核、中广核等"核电巨擘"，多为"副部级"单位。而作为能源综合管理机构的国家能源局被定位为国家发改委管理的"副部级"单位，这就意味着存在体制摩擦的隐患，使得能源局在协调、管理大的能源企业时难以发挥应有的功能，制约了国家能源管理目标的实现。

3.能源监管机制不健全

我国目前只有国家安全生产监督管理总局一家能源领域的监管机构。原本独立的国家电力监管委员会并入到国家能源局，其监管职能由市场监管司承接。石油、天然气和核能等领域还没有设置相应的监管机构。尽管国家能源局市场监管司的职能还包含了对油气的监管，但是仅限于油气管网设施的公平开放。此外，我国能源监管机制还存在监管法律依据不足、缺乏严格的能源监管标准和科学的监管手段、监管方式单一等问题。

4.能源管理协调机制有待完善

能源管理协调机制在能源管理中发挥着重大作用，但是我国现行的能源管理中缺乏完善的能源管理协调机制。虽然我国设立了国家能源委员会，但是对该机构的部门设置、职责权限划分并不明确，使得其在能源管理领域的协调作用尚未体现。现行的能源管理协调机制，未能理顺以下几种关系：与能源管理有关的各部门间的关系；各级政府能源管理职权上的划分关系；能源管理部门与环境管理部门间的关系；地方能源管理与跨区域能源管理间的关系。

5.能源法律体系不健全

立法先行是各国能源发展的成功经验，但我国能源领域的法律体系严重滞后于能源发展。首先，能源基本法缺失。能源基本法是其他能源法律制定的基础和依据，它的缺失导致国家能源战略、计划规划等的实施缺少依据。其次，能源单行法不完备。目前我国只存在4部能源单行法，分别是《中华人民共和国电力法》《中华人民共和国煤炭法》《中华人民共和国节约能源法》和《中华人民共和国可再生能源法》，而石油、天然气、核能等主要行业没有能源单行法。而且前3部能源单行法由于制定时间较早，很多内容已经不适应我国社会主义市场经济发展中的状况，亟待修订。此外，有关能源领域准入、能源价格、能源市场、能源投资和运行秩序方面的法律法规欠缺，造成能源行业投资和运行秩序不规范，计划与市场、垄断与竞争的深层次矛盾无法解决。

（二）我国能源管理改进的建议

1.明确大能源理念，借鉴国际经验

按照"大能源"产业发展的内在要求，进一步深化国家能源管理，加强部门、地方及相互间的统筹协调，将分散在政府各个部门中的能源战略、政策法规、能源开发、市场消费、能源储备、节约替代、环境保护、对外合作、新能源和可再生能源发展等宏观管理职能整合在一起，形成适当集中、分工合理、决策科学、执行顺畅、监管有力的管理，进一步强化能源资源的规范管理，完善矿产资源开发管理，建立健全矿产资源有偿使用和矿业权交易制度，整顿和规范矿产资源开发市场秩序，建立起集中统一的"大能源"综合管理。

当今世界，能源安全直接影响到一国经济的可持续发展和社会稳定。因此，世界各国都非常重视建立完善的能源管理，以更加有效地保证该国安全和可靠的能源供应。国际上，能源管理主体的设置一般有几种模式，有统一、专门的能源主管部门，有综合性产业（包括能源）主管部门，还有跨部门的能源协调机构和分散管理模式。美国既是世界第一大能源生产国又是世界第一大能源消费国；加拿大是世界上第八大石油生产国和第三大天然气生产国；中国目前是世界第二大能源生产大国和消费大国。从能源的生产和消费方面来说，美国和加拿大的能源管理值得我国借鉴。另外，我国和俄罗斯都经历着由原先的计划经济体制向市场经济体制转轨的相似的历程，有些能源管理改革方面的经验可以相互借鉴，因此俄罗斯设立国家动力部集中管理的模式值得借鉴。

2.建立能源综合管理

国家应将分散在各政府部门的能源管理职能集中起来，组建国家综合性能源管理机构，建立国家和地方各级能源管理体系，建立能源管理机构与相关部门之间的工作协调机制，对能源实行集中统一管理。

（1）能源管理机构和能源监管机构

从国家能源安全和经济可持续发展的长远需要来看，我国应建立集中统一的能源管理，建立能源管理机构和能源监管机构。从理论上来分析，新的能源管理机构应该具备以下职责：将分散在各个政府部门的能源宏观管理职能集中起来，对煤炭、电力、石化、核能等国有特大型能源企业行使宏观管理职能，下辖地方各级能源管理部门，并相应建立能源管理机构与相关部门之间的工作协调机制，形成自上而下的综合能源管理体系。

（2）国家能源管理机构应具备的职能

国家能源管理机构，从宏观层面分析，它应该负责国家能源发展战略的制定，并在此基础上组织能源行业调查，分析能源趋势，研究国民经济和社会发展对能源的需求，制定满足国民经济与社会发展需要和确保能源安全的能源发展规划；从微观层面分析，它应该负责制定能源勘探、开发、加工、市场、技术创新、生产建设和节约等政策；负责制定促进能源发展、能源节约、能源安全和技术创新等政策，指导能源行业的能源节约、能源综合利用和环境保护工作。

（3）实行政监分立的能源管理

实行既相互分立又相互协调的能源监管体制，由能源主管部门负责能源大政方针及能源相关政策的研究制定，由专门的监管机构对能源实施经济、安全、环境保护等方面的专业化监管，有利于保证国家能源政策的有效实施，有利于有效保障相关各方的合法权益，有利于提高监管的有效性和公正性。因此，我国在设立高级别的国家能源主管部门的同时，应该同时考虑设立高级别的、地位相对独立的能源监管机构，由其对具有垄断特征和安全问题较突出的能源行业和部门依法实行独立监管。

3.完善能源管理的配套体系

（1）建立完备的能源监管法律体系

健全能源监管法律法规，是对能源实行依法监管的必要条件。目前，我国能源监管的法律基础十分薄弱，造成政府部门管理无法可依、无章可循，企业的主体地位难以完全确立，消费者权益得不到切实保障。今后，应加快能源监管的立法工作，逐步建立和完善以能源法为核心，基本法、单行法、行政法规、规章、实施条例、实施细则等相互衔接、相互配套的完备的能源监管法律体系，使能源管理和能源监管有法可依，有章可循。

（2）建立和完善能源监管协调机制

能源协调机制主要是为协调各级政府、政府各部门、产业部门与政府部门、产销者与消费者之间的关系，在各利益主体之间建立起沟通、协作的桥梁。从国外的经验来看，监管权力的确定和划分是基础，要加强不同监管机构之间的分工协作，特别是能源领域上下游监管的协调，将能源产业的经济性监管与社会性监管相协调。

在具体运作上，可通过建立一些合作协调机构和会议制度来协调各方的利益，解决可能会出现的矛盾和冲突。

（3）实施多样化的管理手段

能源管理的手段逐渐多样化。目前许多国家的政府都采用了强制与引导相结合，管制与开放相统一，立法、行政、经济等多种手段并用的管理方式。如加拿大政府在能源资源开发领域监管政策的基本目标是构建开放的市场框架，坚持效率与公平的原则，注重健康、安全和环保，照顾边远农村和土著居民的利益，着眼于资源的长期发展和利用。在这一目标下，能源监管机构依据相关法律法规对进入这一领域的企业颁发市场准入许可证，并对所涉及的土地征用、环境保护、地下资源所有权收益、矿区使用权转让及相关居民利益等问题进行监督检查，而对开发投入、价格形成等则实行市场化运作，政府基本不予干预。

第二章　能源市场

　　能源资源的配置是通过能源市场来实现的，能源市场可以简单地理解为通过能源的供给与需求运动，实现能源资源配置的机制和形式。能源供需是能源市场的三要内容，作为一种重要的生产要素，能源需求受社会经济发展、人口增长等因素挂动，具有刚性增长的特点，而能源供给受制于资源的有效性、分布的高度地缘性，以及能源投资等因素的影响，因此，能源市场资源的配置问题较一般产品更加困难和复杂。更需要从市场的角度对有关问题进行深入。

第一节　能源市场概述

一、能源市场的内涵

　　能源市场是指以能源资源及其相关产品与服务为交易对象而形成的供求关系及其机制的总和。它包括以下三层基本含义：

　　首先，它是能源资源及其相关产品与服务进行交易的一个有形或无形的场所。交易场所是市场最基本的部分与内涵，如中国能源矿产交易中心、太原煤炭交易中心等众多能源交易中心的办公大楼、大连和天津等各港口码头能源仓库和交易场所等有形的市场，以及网络与电子交易等无形与虚拟的场所，能源资源及其相关产品与服务交易形成的有形与无形的场所是能源市场有机的组成部分。

　　其次，它反映了能源资源及其相关产品与服务的供应者和需求者之间所形成的供求关系。以煤炭为例，煤炭价格往往会随着供需的变化而发生波动，这些波动都是受煤炭的市场供求和运输成本的变化而变化的。最明显的一点是煤炭价格受季节性供求关系的影响较大，每年随着冬季用煤高峰的来临，煤价会在8、9月份逐渐上升。可见，能源资源的供求关系是能源市场的核心内容之一。

　　再次，它包含了能源资源及其相关产品与服务交易过程中所产生的各种运行孔制。市场机制是通过市场竞争配置资源的方式，即资源在市场上通过自由竞争与自由交换来实现配置的机制，也是价值规律的实现形式。具体来说，它是指市场机制体内的供求、价格、竞争、风险等要素之间互相联系及作用的机理。一般市场机制主要包括供求机制、价格机制、竞争机制和风险机制。其中最主要的是价格机制。市场机制是市场的核心组成部分，是决定市场效率的关键因素。健全能源市场机制是各国能源市场发展与管理最基本的要求。

二、能源市场的发展与特征

能源是人类活动的物质基础。伴随着人类社会的发展，能源市场也在不断地发展和演变，从刀耕火种到煤炭的大量利用，再到目前新能源市场的发展，能源市场不断地涌现出新的特征，纵观能源发展历史，能源市场的发展大致经历了以下三个阶段：

第一阶段是单一能源市场时期，主要是20世纪之前煤炭市场的发展。人类对煤的认识最早可追溯到公元前，中国是世界上采煤和用煤最早的国家之一，考古学家证实中国先民早在6 000～7 000年前的新石器时代，就已认识和利用了煤炭；西汉（公元前206～公元25年）时期，开始采煤炼铁。唐朝开始用煤炼焦。但是，由于生产力水平的限制，人们对煤炭的认识尚处于早期，柴草仍是最主要的能源。18世纪60年代，瓦特发明了蒸汽机，英国产业革命由此兴起，直到19世纪，西欧和美、日等国先后完成资产阶级革命和产业革命。蒸汽机对动力燃料的需求急剧增加，促进了能源结构向以煤为主的方向转变；同时，煤的开采、加工技术得到发展，炼焦化学工业与钢铁工业相互促进，共同发展，使煤成为19世纪资本主义工业化的动力基础。由于当时尚未充分认识煤炭资源的有限在及其对环境的影响，能源市场相对单纯，主要是能源供需问题，能源市场矛盾并不突出。

第二阶段是能源品种日益丰富时期，石油资源逐渐成为世界主要能源资源19世纪后期以来，随着人类社会、经济的发展，应能源形势发展的需要，在煤炭发挥作用的同时，石油市场迅速发展起来。到了20世纪，石油工业所带动的能源、材料革新使得工业文明高度发展。能源逐渐取代煤炭成为世界能源市场的第一能源。石油是现代工业文明的血液。石油的大规模使用影响了一个半世纪以来的世界政治经济格局。现代社会对石油高度依赖。作为可耗竭资源，石油无法被制造，作为现代社会的基本动力，让人类对这种商品产生了极大的依赖性，具有不可替代的地位。目前，石油作为世界大宗生产、消费、贸易、流通的商品对世界经济发展和政治格局变化都有着十分重要的影响。这一阶段能源市场的特点：一是能源市场在人类社会、经济发展中的地位更加突出，石油危机的爆发就是明证；二是能源市场品种日益丰富，需要考虑能源替代和互补问题；三是人们开始重视化石能源开发利用的种种不利影响，能源市场日益复杂。

第三阶段是能源市场复杂化时期，20世纪50年代中期，世界石油和天然气的消费便超过了煤炭，成为世界能源供应的主力，这是一场具有划时代意义的能源革命，对促进世界经济的繁荣和发展有非常重要的作用。但是自20世纪70年代以来，随着石油危机的爆发和环境的日益恶化，人们开始充分认识到能源市场的外部影响。这一阶段能源市场更多的是考虑能源市场发展与经济、环境的协调问题。从京都会议到哥本哈根会议，能源供需平衡下的低碳经济、低碳技术及与之相适应的生产、消费方式的改变等，越来越引起国际社会广泛关注这一阶段新能源和可再生能源的发展将成为能源市场发展的主流。太阳能、风能、海洋能、地热能、生物质能、核能、氢能等各种能源在能源市场上的比重将不断增加。展望未来，更多清洁、高效、低成本的能源得到应用。能源市场品种日益丰富，不同能源品种之间的替代、互补问题，能源、经济和环境的博弈和协调问题将使得能源市场日益复杂和多变。

总之，随着能源市场的发展，能源市场各要素发生着不断的变化，能源市场主客体不断丰富，交易方式和技术逐步现代化，能源市场体系不断丰富，从勘探权和开采权市场到能源商品市场，再到能源服务市场，再辅以能源产品与服务现货、远期、期货、期权等多种交易方式，世界范围内，一个多元化的能源市场体系逐步形成；同时，伴随着能源市场体系的发展，能源市场管理与约束逐步规范化，各国纷纷制定和完善相关法律制度，以规范和管理能源市场，同时，诸如《国际能源方案协定》等国际能源法也在不断完善，以规范和约束国际能源市场。

三、影响能源市场的因素

影响能源市场的因素颇多，各种影响能源供需的因素都将对能源市场的发展产生或大或小的影响。可以分为一级因素和二级因素来进行分析。

（一）一级因素

1.经济因素

能源是国民经济的命脉，在国民经济和社会发展中发挥着十分重要的促进和保障作用。可以说能源是经济发展的物质基础，离开能源的供应，经济发展将无法继续。缘于能源在经济发展中的重要地位，经济因素的变动将对能源市场产生重要的影响，经济发展和能源市场是一种相互影响和制约的关系。石油价格和经济发展状况的辩证关系可以证明这一点。能源市场将随着经济周期的变化而波动，经济因素将通过影响能源的需求，进而影响能源供给、价格、运行机制等一系列市场因素。随着能源供需形势的日趋紧张，能源市场与经济的联动将越来越明显，经济因素对能源市场的影响也将越来越显著。

2.政治因素

国际政治关系等政治因素一直对能源市场产生着重要的影响。作为重要的战略物资，随着能源供需形势的日益紧张，各国对能源资源的争夺将日趋激烈。在现有人类生产生活方式没有发生根本性变化的情况下，能源需求，特别是石油天然气需求将持续增长，并在现有巨大基数上对能源生产提出越来越高的要求。因此，虽然欧债危机给全球经济复苏蒙上了一层阴影，美国经济走势只能持以谨慎的乐观，面临经济结构调整的中国可能放缓增长步伐，但总体来看全球能源市场的决定性力量仍将是地缘政治风险引发的供给冲击。如全球一半以上的原料产自中东、中亚及非洲等世界上政局最不稳定的地区，能源储备与经济发展在地理上的不均衡性决定了各国对能源的争夺永不停滞。暂且不论中东地区30多年来的复杂形势，最近论及北极地区，各国纷纷认为这一地区可能成为今后能源争夺焦点之一，现阶段，不少环北极国家宣称对北极部分地区拥有主权或者经济专属权。俄罗斯、美国、加拿大、丹麦等国纷纷实施大规模北极考察和北冰洋海床测绘项目，对该地区能源争夺势在必行，政治纷争也将随之而起，进而影响世界能源市场的变化。此外，全球环境的严重恶化，应该能够推动全社会，尤其是政府，在寻找新能源方面加大投入。从现在到2020年，科学家关于全球变暖现象的发端及其影响这一问题的共识，肯定会继续加强，并不断深化，由此也会引发世界各地的政治争论。

以上仅仅分析了经济和政治两大基本因素，此外消费观念等文化因素，能源效率等技术因素等都将对能源市场产生重要影响。

（二）二级因素

和其他市场一样，能源市场受多种因素的影响，能源资源的品种、地理分布、物流运输能力、区域经济发展状况等都会影响能源市场的供求状况，以我国为例，综合来看，影响能源市场的二级因素有以下几个方面：

1.能源资源禀赋

一国能源资源禀赋状况决定着该国能源市场的基本状况。我国煤炭资源丰富决定着煤炭市场在我国能源市场中的重要地位，使得煤炭市场的规模与复杂程度远远超过其他能源子市场。受环境保护压力等多种因素的影响，清洁能源开发成为各国能源发展的主题。我国新能源品种开发必须根据我国能源资源禀赋情况制订规划，合理发展。西部风力的利用、南部水电的开发、沿海海洋能的利用等都是根据资源禀赋来确定的。可以说，能源资源禀赋决定着我国能源子市场的类型、规模和发展前景等诸多方面。

2.能源资源的地理分布

能源资源的地理分布决定了能源市场的基本贸易流向，进而影响到能源市场的方方面面。我国能源资源总量分布北多南少、西富东贫的基本格局决定了能源大规模、远距离的西气东输、西电东送的能源运输基本格局。如前文所述，对于东南沿海地区所利用的煤炭资源，物流和运输成本占据了其价格一半以上，甚至高达2/3，而价格作为能源市场的核心要素，对能源供求有着直接的影响。因此，能源资源的地理分布决定了能源市场的基本贸易流向，进一步决定了能源市场供求状况，对市场发展有着较大的影响。

3.能源物流能力

能源物流在一国能源市场中具有十分重要的地位。能源物流一旦出现问题，将会影响到区域能源供应，使得能源供需无法衔接，引发能源市场危机。我国东南沿海很多地区用能高峰时期经常出现煤炭等能源资源供应不力的情况，其归根结底就是受限于我国运输能力。因此，我国一直在致力于提高能源物流与运输能力，推动能源物流改革，构建现代化的能源物流体系。能源物流能力的提高能够弥补能源分布不均的不利影响，保证我国能源供需的衔接，促进能源市场的良性发展。

4.经济发展状况

经济发展需要充足的能源供应，我国能源市场的主要矛盾就是能源资源分布与经济布局的矛盾。东南沿海发达地区恰恰是能源产量较低的地区。经济发展，尤其是区域经济发展状况往往决定着能源的流入和流出情况，在影响能源市场地理方向的同时，影响到能源的供求。如何调整能源产出和区域经济发展的平衡是一国能源管理的主要内容，我国必须充分重视能源资源分布与经济布局的不平衡问题，统筹兼顾，提高能源供应能力，以保障经济发展对能源的需求。

5.国家能源政策

能源政策是一国根据其能源市场情况，体现政府意图的政策措施。因此一国能源政策对一国的能源市场往往有着举足轻重的影响。不仅能够影响到该国能源的供应和需求，进而影响到该国能源市场的平衡，而且对一国能源市场结构也有着十分重要的影响。如目前我国对发展可再生能源的鼓励与扶持政策大大推动了可再生能源的发展，必将增加可再生能源在我国能源供应中的比重，进而改善能源供应状况；又如我国一系列节能减排政策必然对能源的开发和利用产生较大的影响，进而影响到能源市场。可见，国家能源政策是影响能源市场主要因素之一。

综上，以我国为例，分析了影响能源市场的五大二级因素。能源市场是一个动态的系统，受多种因素的影响。能源市场发展过程中必然面临诸多问题，需要国家政府根据能源市场状况相机而动，实施不同的能源政策，以调控市场，促进能源市场的健康发展；广大能源供应与需求企业等众多能源市场主体也需要根据能源市场的发展情况，不断调整自身能源策略，做好能源管理工作。

（三）能源市场分类与体系

能源市场有很多种分类方法，如根据能源交易商品类型的不同，可以把能源市场分为煤炭市场、石油市场、天然气市场、可再生能源市场，以及电力市场；按照能源交易范围的不同，可以把能源市场分为能源国内市场与能源国际市场；按照能源交易标的的不同可以把能源市场分为能源资源性市场、能源产品性市场和能源衍生性市场，能源资源市场主要是指能源勘探权与开采权市场。

能源产品性市场主要是指煤炭、石油、天然气等各种产品市场，能源衍生性市场主要是指能源期货市场、能源服务市场和碳排放权市场等在能源产品性市场交易的基础上，随着经济社会发展的需要，衍生出来的与能源相关的市场；而按照能源市场交易发生的时序，又可以把能源市场分为上游市场、中游市场和下游市场，上游市场主要是指能源资源性市场，发生在实体能源开发利用之前，中游市场主要是指能源开发利用和消费环节发生的交易行为形成的市场，而下游市场主要是指能源消费完成之后所发生的碳排放权交易等后期的市场。

第二节　能源资源市场

资源是人类社会发展的基本动力，自然资源勘探与开采权早已成为各国争夺的焦点，能源资源概莫能外，而且由于能源资源的重要性，能源资源的勘探与开采权的争夺显得更加激烈。能源资源勘探权与开采权市场是指两权交易流转所形成的市场，能源资源的特点决定了一般能源资源的勘探与开采权市场具有一定的垄断性质。

一、能源资源勘探权市场

能源资源勘探是寻找和发现能源资源的过程，在勘探的同时，还要研究能源资源开发的可行性。在对某个区域进行能源勘探之前，必须取得能源资源的勘探权。以我国煤炭资源为例，由于我国煤炭资源的所有权归国家所有，因此勘探企业为了获得在一有利的含煤区域进行勘探的权利，必须通过市场，向资源的所有者（即国家）购买勘探权。然后，勘探企业应作为独立的经济实体，通过其成果的转让，使其投入的物化劳动和活劳动得到补偿，同时获得投资利润。

（一）基本含义

能源勘探企业之间就能源资源勘探权的竞争和交易构成了能源勘探权市场，作为能源市场的组成部分，能源勘探权市场是以能源勘探权为交易标的而形成的供求关系及其机制的总和，不仅包括有形和无形的交易场所，更包括看不见的能源勘探权的供求关系和价格机制等一系列市场交易的内涵

（二）市场主体与客体

能源勘探权市场的客体是一项权利，即对某个区域进行能源资源勘探的权利。而最主要的活动主体是众多的能源行业企业，如在石油行业，随着石油市场的发展，油气勘探开发的地理和地质条件越来越复杂，深水、两极及复杂油气藏产量比例越

来越高，目前，许多深水勘探技术领先的公司往往更乐于进行深水勘探，大型跨国石油公司成为深水勘探开发的主力军。目前，深水油气储量居世界前十位的公司是：BP、埃克森美孚、壳牌、巴西石油、道达尔、埃尼、雪佛龙、挪威国家石油、加州联合石油和BG公司。这些公司同样也是能源勘探权市场的主力军。此外，政府也是能源勘探权市场的重要活动主体，这是由能源资源的重要性决定的。政府在能源勘探权市场扮演双重角色，一方面，政府是能源勘探权的出售方，他们往往拥有批准能源企业勘探能源资源的权利，同时还要承担保护和协助能源企业开展勘探活动的责任；另一方面，一国政府往往会支持和协助本国能源企业参与能源资源勘探权的市场争夺。

（三）市场运行机制

能源勘探企业往往要通过竞标等手段获取能源勘探权，而且能源勘探权能够在能源勘探企业之间转换交易，构成了能源勘探权交易的一级和二级市场。如我国国土资源部发布的《页岩气探矿权投标意向调查公告》，公开对外招标，对投标人要求是注册资金3亿元以上的内资企业。这是我国首次全方位放开油气资源的勘探权。结果显示，70多家企业有意参标。其中，五大电力央企和各省能源（电力）集团、投资集团成为主力军，其中地方电力企业广州控股、川投能源也都积极参与勘探权投标。可见，在能源形势日趋紧张的情况下，能源资源勘探权已经成为能源企业争抢资源的主要目标，市场竞争激烈。

目前，国际上能源勘探权市场竞争激烈，各国政府和能源企业纷纷寻求机会，从能源勘探开始展开能源资源争夺。

二、能源资源开采权市场

采矿权是指具有相应资质条件的法人、公民或其他组织在法律允许的范围内，对国家所有的矿产资源享有的占有、开采和收益的一种特别法上的物权，在《中华人民共和国物权法》概括性规定基础上由《中华人民共和国矿产资源法》予以具体明确化。采矿权可有限制地转让，法律应明确并完善采矿权的抵押、出租和承包等流转形式：能源资源采矿权的交易流转就形成了能源资源开采权市场。

（一）基本含义

能源资源勘探完成后，就是能源资源的开发工作，能源企业在开发能源资源之前，必须通过市场取得能源资源开发的权力，能源企业就能源开采权所进行的竞争就构成了能源开采权市场。而能源开采权市场就是以能源资源采矿权为交易标的所形成的各种供求关系和运行机制的总和。

（二）市场主体与客体

能源资源开采权市场的客体是一项权利，即对某个区域进行能源资源开采的权利。开采权的客体应包括能源资源和矿区，具有复合性，并且矿区及其所蕴涵的矿藏种类规模不同对采矿权的取得及行使有着重要影响。而最主要的活动主体是众多的能源行业企业。能源资源开采是大型能源企业的主要业务，能源企业只有不断地开采能源资源，才能在激烈的竞争中站稳脚跟。此外，政府同样是能源资源开采权市场的重要活动主体和在众多市场上扮演的角色一样，政府在能源资源开采权市场上既是运动员，又是裁判员，它既要控制和出售能源资源开采权，又要不断地根据能源资源开采权市场的变化情况制定市场"游戏规则"，加强对市场的管理与约束。

（三）市场运行机制

和勘探权一样，能源企业往往要通过竞标等手段获取能源开采权，而且能源开采权能够在能源企业之间转换交易，构成了能源开采权交易的一级和二级市场。目前我国能源开采权一级市场比较活跃，各级政府往往通过招投标工作完成能源资源开采权的转让。

能源资源的重要性决定了能源勘探权和开采权的重要性，一国在建设和规范自身能源勘探权和开采权的同时，必将积极支持本国能源企业参与国际竞争，争取在世界能源市场上的有利地位，国家政府在能源资源性市场上将继续扮演重要角色。可以预见，今后相对落后国家尚未开发的能源资源已经成为各国能源企业争夺勘探权和开采权的主要目标，能源勘探权和开采权的争夺将愈演愈烈。

第三节　能源商品市场

能源商品投入能够直接转化为生产力。在众多能源市场平台中，能源商品市场是能源市场的基础市场，也是能源市场中最重要的子市场，甚至在大部分人眼中，能源市场就是指能源商品市场，国家和企业对围绕能源领域展开的争夺主要是基于对能源商品的争夺。目前主要的一次能源商品是石油、煤炭、天然气、核能和可再生能源。本部分主要选取煤炭、石油、天然气和可再生能源等一次能源市场和电力市场进行分析研究。

一、煤炭市场

煤炭市场就是指以煤炭产品为交易标的所形成的供求关系及其相关交易机制的总和，不仅包括有形和无形的交易场所，更包括看不见的供求关系和价格机制等一系列市场交易的内涵。

（一）煤炭市场的主体

煤炭市场的主体包括煤炭的产、运、销、需、管各方。正是它们在市场上的各种主体活动使得煤炭市场正常运转，并得以不断发展和完善。

"产"方主要是指众多的煤炭生产企业，它们构成了煤炭市场的主要供给主体；知名煤炭生产商主要分布在煤炭主产区，如美国的皮博迪煤炭公司、阿齐煤炭公司、澳大利亚的BHP公司、加拿大的拉斯科煤炭公司等。我国知名的大型煤炭生产企业如神华集团有限责任公司、山西煤炭运销集团有限公司、中国中煤能源集团有限公司、山西大同煤矿集团有限责任公司、山东兖矿集团有限公司等，当然除了知名煤炭供应商之外，还包括众多的中小型煤炭生产企业。煤炭企业属采掘业，是以天然资源为劳动对象的，与其他企业相比，煤炭企业的建设过程和生产过程，具有显著的单件性特点，每个矿井、各个水平、各个采区，甚至每个工作面，都各不相同，而就每项工作而言，都具有相应的目标和约束条件，这就决定了每一项工作都是一个"项目"，完全可以采用项目管理的方法对其进行管理，以取得最佳的经济效益和社会效益。

　　"运、销"方主要是指煤炭运输、物流与贸易企业，它们是连接煤炭供需企业的纽带和桥梁。首先煤炭运输方式多种多样，公路、铁路、水路都是煤炭运输的途径。以我国为例，由于煤炭资源分布的不均衡性，我国煤炭运力一直比较紧张，凡是能够提供煤炭公路、铁路与水路运输的企业都是煤炭市场主体之一。很长一段时间以来，我国煤炭的生产成本仅占到最后消费价格的百分之十几，中间环节的费用和成本高得惊人，运输和仓储等物流成本对煤炭价格的影响也是举足轻重的。除了运输，大量煤炭贸易公司在煤炭市场充当贸易中介的角色，成为煤炭市场上连接供需的主要中介机构，包括国内、国际各种规模的煤炭贸易公司都是煤炭市场不可或缺的运行主体。需要说明的是，很多大型煤炭生产企业能够集产、供、销、储、运等职能于一体，直接参与煤炭市场的各种活动，如澳大利亚的BHP公司，不仅生产、经营煤炭，还生产石油等其他矿产品，而且还拥有船队、信息咨询公司和国际贸易公司等，是一家实力雄厚的跨国公司。而众多的煤炭贸易公司，尤其是大中型贸易公司很多也是多种经营，煤炭只是其经营的产品之一。总之，众多的"运、销"企业构筑了煤炭市场的中介机构体系，是煤炭市场顺利运转的桥梁和纽带

　　"需"方主要是指众多的煤炭需求企业，既包括作为非终端需求企业的煤炭贸易商，又包括作为终端需求企业的煤炭消费企业。此处主要是指后者，根据煤炭的用途，煤炭需求企业主要包括火力发电厂、建材行业相关企业、供热企业、钢铁企业等。其中电厂是主要动力煤的需求方，世界上半数以上的动力煤用于发电，电煤是煤炭市场最活跃的交易标的，电煤的市场运行态势基本能够代表煤炭市场行情走势。鉴于我国的资源条件，我国火电厂基本都以煤炭为原料进行火力发电。我国火电厂的分布与煤炭资源分布呈相反的格局：火电厂大多集中在负荷中心地区即东部电能消费大省。东南沿海发达地区几乎都以自己的火力发电企业，构成了我国电煤的主要需求方。这种煤炭资源分布与火电厂分布的不均衡性是形成我国电煤运输压力的

主要原因。

"管"方主要是我国煤炭市场的监督管理方。国家能源局以及各地能源监管部门都是煤炭市场的活动主体之一，它们通过监管煤炭市场的运行来规范煤炭市场各主体的行为，以治理煤炭市场，促进煤炭市场的完善和发展。相关政府部门应该^明确、各司其职，为煤炭市场交易主体提供监督、引导、信息等一系列的政务性服务。一直以来我国煤炭市场管理混乱，有人把我国当前煤炭管理的现状戏称为"九龙治煤"，如国有煤炭企业负责人由国资委或组织部管，社保劳资由劳动保障部门管，财务上由财政部门管，资源由国土资源部门管理，安全监察由国家煤矿安全监察机构管理等。多头管理的弊端造成我国煤炭市场诸多问题。需要不断通过管理和组织机构改革来进一步完善我国煤炭市场管理主体，以配合我国现代化煤炭交易体系的建设。

（二）煤炭市场的客体

煤炭市场的客体是指煤炭产品市场上众多的煤炭类型及其加工制品。众所周知，依据不同的标准，煤炭有很多种分类方法，如前文提到的根据煤化程度，我国将所有的煤种分为褐煤、烟煤和无烟煤三大煤类；按照煤的加工方法和质量规格可被分为原煤、精煤、粒级煤、洗选煤和低质煤等五类。此处我们主要从煤炭市场占有率出发来分析煤炭市场的交易标的，煤炭市场上主要交易品种有动力煤和炼焦煤，以及各种各样的煤炭制品。

从世界范围来看，动力煤产量占煤炭总产量的80%以上，是煤炭市场的主要交易品种世界十大煤炭公司主要生产动力煤，其比重约占该十大公司煤炭总产量的82%；美国动力煤产量占其总产量的90%以上；我国动力煤产量中占到煤炭总产量的80%以上。在国外，动力煤绝大部分用来发电，工业锅炉&有一些用量。全世界约有55%的煤炭用于发电，煤炭需求的增量部分基本上都在电力部门，但中国例外，在中国实施工业化的进程中，各行各业都需要大量的动力煤。因此，动力煤是国内外煤炭市场最主要的交易品种。

炼焦煤也是煤炭市场的重要产品之一。焦炭由焦煤或混合煤高温冶炼而成，一般1.3吨左右的焦煤才能炼1吨焦炭。焦炭多用于炼钢，是目前钢铁等行业的主要生产原料，被喻为钢铁工业的"基本食粮"，是各国在世界原料市场上必争的原料之一。以我国为例，我国虽然煤炭资源比较丰富，但炼焦煤资源还相对较少，炼焦煤储量仅占我国煤炭总储量的28%左右。炼焦煤类包括气煤、肥煤、主焦煤、瘦煤，其他为未分牌号的煤；非炼焦煤类包括无烟煤、贫煤、弱黏煤、不黏煤、长焰煤、褐煤、天然焦，未分牌号的煤和牌号不清的煤。

除动力煤和炼焦煤之外，煤炭加工品，同样是煤炭市场的交易标的之一。焦炭、煤焦油、煤气是其典型代表产品，焦炭是冶金工业重要的原料，也是铸造的主要原料，煤焦油中含有大量的工业上稀缺的多环芳烃，煤气是民用和工业燃料它们都是由煤炭加工制成的。可见，煤炭市场交易产品品种繁多，不同类型的煤炭产品储量不同、品质不同、用途各异，其市场特征也往往不同。

（三）煤炭市场特征

1.煤炭市场产需的空间不平衡性

煤炭市场产需的空间不平衡性主要是指煤炭主要生产地和主要消费地区的不一致性这是由不同地区的煤炭资源禀赋和经济发展决定的。因此就引发了煤炭的国际和国内贸易与运输一如我国西部和北部煤炭储量丰富，但东南沿海经济比较发达，煤炭消费较多；又如世界煤炭市场产需的空间不平衡性同样明显，日本作为经济大国，其煤炭资源十分匮乏，主要依靠进口。

煤炭市场这种产需空间的不平衡性决定了煤炭贸易和物流的重要性，同时也使得煤炭市场格局相对稳定。如由于各个国家煤炭资源条件不同，国际煤炭市场存在供给与需求不相匹配的格局，主要依赖海运贸易来均衡资源煤炭作为价格低、体积大的大宗商品，运费占交付价格的比重较大，因而根据运距自然形成了大西洋和太平洋两大煤炭贸易圈。其中太平洋地区的动力煤贸易量通常占全球煤炭海运贸易量的60%以上。与两大煤炭交易圈相对应，国际煤炭市场大致可分为两个区域市场：亚太市场和欧美大西洋市场亚太煤炭市场的煤炭出口国家及地区主要有：澳大利亚、印度尼西亚、中国、俄罗斯、越南、朝鲜等；亚太煤炭市场的煤炭进口国家及地区有：日本、韩国、印度、中国台湾省、中国香港特别区、菲律宾、马来西亚等。

2.煤炭市场是垄断竞争性市场

无论是国内，还是国际煤炭市场基本都呈现垄断竞争性的特点。近些年来，皮博迪公司等世界十大煤炭公司依托核心竞争力，通过兼并重组等方式，大大提升了世界煤炭工业的集中化水平。十大公司核心竞争力优势明显。如皮博迪公司拥有世界上最大的露天煤矿，露天采炼技术和管理水平世界二流；鲁尔公司采煤技术和煤矿机械制造水平一直处于世界领先地位；能源的长壁采煤技术、煤层气的开采和高硫煤使用技术也处于世界领先水平；萨索尔公司的煤化工技术具有竞争优势；力拓公司和BHP比利顿公司的全球煤炭资源调配供能力世界第一，能够提供世界上任何市场、任何品种的煤炭。Xstrata是世界上最大的出口动力煤炭生产商，十大公司正是依靠核心竞争力，实现了做强做大，提高了全球煤炭产业的集中化程度。国际煤炭市场正是以大型煤炭公司为主体，众多小型公司为补充的垄断竞争性市场。

3.低碳经济影响煤炭市场需求

所谓低碳经济，是指在可持续发展理念指导下，通过技术创新、制度创新、产业转型、新能源开发等多种手段，尽可能地减少煤炭石油等高碳能源消耗，减少温室气体排放，达到经济社会发展与生态环境保护双赢的一种经济发展形态目前，各国都在大力发展低碳经济，控制煤炭消费。

4.煤炭市场供需品种的不平衡性

经济社会发展将对不同煤炭产品的需求造成一定的影响。如低碳经济的发展要求煤炭品质不断地提高，需要不断提高煤炭开发与利用技术，来提高煤炭产品的清洁程度在这种要求下，大型跨国煤炭公司的产业呈现出多元化的格局，基本形成了产业链，煤炭等产品在集团内部直接进行消化和深加工，大幅度减少了初级产品直接进入市场的数额，提高了产品的附加值，把集团产业优势转化成了竞争优势，提高了综合赢利水平。尽管它们的煤炭生产规模很大，但煤炭收入所占总收入的比重并不高，主要是深加工和相关产业规模很大。但是限于技术水平等原因，煤炭市场供需品种的不平衡性依然存在。

5.煤炭市场国际化程度日益提高

随着经济全球化和国际化程度的提高，煤炭市场的国际化程度也在不断提高。如全球大型煤炭公司都是跨国经营公司。前十位的跨国煤炭公司业务地域覆盖世界各大洲，生产企业所在国的数量一般在10～20个国家之间，其中部分公司海外经营盈利能力超过了本土。如美国煤炭产量前6名公司，澳大利亚煤炭产量前5名公司，南非煤炭产量前4名公司，均属于世界跨国煤炭公司。力拓公司生产业务遍及20多个国家，BHP比利顿公司生产业务遍及17个国家。

（四）煤炭市场的交易机制

煤炭市场上众多活动主体围绕煤炭产品所展开的业务活动能够顺利运转有赖于煤炭市场机制的良性运转，煤炭市场的交易机制是煤炭市场重要的组成部分。煤炭市场机制既包括煤炭市场组织管理体系，也包括煤炭交易所形成的供求关系及价格机制等一系列的内容，其中组织管理体系和价格机制是煤炭交易机制的核心内容。

组织管理体系是煤炭市场交易的主要平台和窗口。以我国为例，以前一年一度的煤炭订货会是主要的组织管理模式，在煤炭市场交易中扮演着重要的角色。目前，诸如中国（太原）煤炭交易中心、陕西煤炭交易中心、秦皇岛煤炭交易中心、徐州华东煤炭交易中心、内蒙古煤炭交易中心、东北亚煤炭交易中心等众多的煤炭交易中心和中国煤炭工业网等众多的煤炭专业网站，以及煤炭行业组织、能源管理部门等作为煤炭市场组织管理体系中的一员，都发挥着重要作用。

价格机制是所有市场的核心机制。以我国煤炭市场为例，我国从开始进行煤炭价格部分市场化改革，国家为了确保电价稳定，设定了国有大型电厂的电煤价格，"计划煤"与"市场煤"之间的价格双轨制度从此形成，全国煤炭订货会议也从计划经济时期延续下来几十年，这也是多年来煤电矛盾的根源所在。认识到价格双轨制度的问题之后，国家发改委将全国煤炭订货会改成仅一天的视频会议，以及一周的煤炭合同汇总会，"煤炭订货会"也从此改为"煤炭产运需衔接会"。但随后四年的

"衔接会"中，以煤炭和电力为代表的煤炭供需双方往往是不欢而散，无果而终。目前煤炭订货会已经基本失去了衔接产运需的作用。创新煤炭市场交易机制是我国煤炭市场化的发展方向。

随着我国社会主义市场经济的发展和深化，我国煤炭市场化改革在所难免，国家宏观调控下市场机制将成为煤炭市场运行的基本机制模式。世界主要发达国家的煤炭市场运行机制也大抵如此。但是考虑到煤炭资源的重要性，可以预见，今后国家政府对煤炭市场的干预将逐渐增加，其中宏观调控的方向与力度的强弱把握至关重要。

二、石油产品市场

就世界范围内而言，石油是最重要的能源资源，而且是一种极其重要的战略资源。因此，石油的安全供应不仅关系到人们的正常生活，也关系到一个国家的经济发展和社会稳定。通常，石油的安全供应也总是与国际政治斗争、全球战略利益争夺，甚至社会意识形态、人权、民族宗教冲突和矛盾交织在一起。历史上的石油危机也证明和奠定了石油资源的重要战略地位，因此，石油市场的竞争非常激烈。

（一）石油市场的主体

需求方相对更加复杂，几乎各行各业、生产生活都离不开石油产品的消费，更不用说大型石油需求商，如石油发电厂、炼油厂等，石油产品种类繁多，几乎所有工业部门都需要石油制品。而现代每个人的生活几乎都和汽车等耗油产品分不开。相对于石油供应商的集中，石油需求方往往种类、数量众多，相对分散。

（二）石油市场的客体

石油市场的客体是指石油市场上众多的石油产品。众所周知，依据不同的标准，石油产品有很多种分类方法，女可以根据其密度、硫含量、酸值进行分类，此处，我们主要从用途的角度出发对石油产品进行分类。

（三）石油市场的交易机制

石油市场上众多活动主体围绕石油产品所展开的业务活动能够顺利运转有赖于石油市场机制的良性运转，市场机制既包括市场组织管理体系，也包括市场交易所形成的供求关系及价格机制等一系列的内容，其中价格机制是交易机制的核心内容。

表2-1 石油产品分类

	类别	产品
1	石油燃料类	包括汽油、喷气燃料、煤油、柴油和燃料油等
2	溶剂油类	包括石油、橡胶溶剂油和油漆溶剂油
3	润滑油类	包括内燃机润滑油、齿轮油、车轴油、机械油、仪表油、压缩机油和汽缸油等

	类别	产品
4	电气用途类	包括变压器油、电容器油和断路器油等
5	润滑脂类	包括钙基润滑脂、钠基润滑脂、钙钠基润滑脂、锂基润滑脂和专用润滑脂等
6	固体产品类	包括石蜡类、沥青类和石油焦类等
7	石油气体类	包括石油液化气、丙烷和丙烯等
8	石油化工原料类	包括石脑油、重整油、AGO原料、戊烷、抽余油和拔头油等
9	石油添加剂类	燃料油添加剂和润滑油添加剂

就世界范围内而言，目前国际市场原油贸易大多以各主要地区的基准油价为定价参考，以基准油价在交货或提单日前后某一段时间的现货交易或期货价格加上升贴水作为原油贸易的最终结算价格。具体讲，全球石油定价基本以纽约商品交易所的WTI（美国轻质原油）价格、伦敦国际原油交易所的布伦特原油价格、新加坡市场上普氏能源咨询（Platts）评估的石油基准价为主要参考标准这些价格基本能够反映石油国际市场的供求情况，市场化程度较高。

目前，世界各国成品油价格的形成机制主要分为市场竞争形成机制和政府定价机制两种，一般来说，发达国家和竞争机制完善的国家多采用市场竞争方式，而一些市场经济尚不完善的国家多采用政府定价方式，但总的趋势是不断向开放、竞争的市场形成价格机制靠拢与过渡。竞争，是打破市场垄断的先决条件。然而，多年来，我国成品油一直采用政府定价的方式，以布伦特、迪拜和米纳斯三地的原油价格为基准，加上炼油企业一定的成本和利润的定价公式而产生国内成品油价格。这种定价方式主要是从生产者利益出发，保障的是供应方的利益，而忽略了需求方的利益，显然不利于形成公平竞争的市场氛围。

我国成品油价格改革踏上征途，且朝着国际化方向发展。遗憾的是，这项改革多年来似乎只是停留在让油价与国际接轨，而在定价机制与国际接轨方面却裹足不前，没有从根本上改变行政定价的实质。既非完全的行政化，又非完全的市场化，无疑是现行成品油定价机制的最大弊端。彻底消除眼下我国成品油市场的怪现状，关键是加快推进成品油市场化改革进程，促进充分市场竞争的形成要打破现行的"原油+成本"的基本定价框架，实行市场化定价，并彻底地开放市场，逐步破除行业垄断，促进和实现经营主体多元化。

（四）石油市场的国际贸易格局及流向

鉴于中东地区在国际石油市场上的地位，目前，世界著名的石油运输路线主要有以下三条：

第一，波斯湾—好望角—西欧、北美运输线：这条航线一般是VLCC级船舶航行的路线，也就是大于25万级别的巨轮。路线是这样的：印度洋——好望角——挂靠南非（德班或开普敦）——南大西洋——西欧（利物浦、鹿特丹）——北大西洋——美东（查尔斯顿、纽约、诺福克）；

第二，波斯湾——马六甲海峡——日本运输线：这条航路的路线是：印度洋——马六甲海峡——新加坡——太平洋——南中国海——日本东京、横滨、神户、大阪）；

第三，波斯湾——苏伊士运河——地中海——西欧、北美航线：这条航路路线是印度洋——苏伊士运河——地中海——意大利（热那亚、拿波里）——法国（马赛）——西班牙（巴塞罗那、瓦伦西亚）。

三、天然气市场

天然气与煤炭、石油并称目前世界一次能源的三大支柱。天然气的蕴藏量和开采量都很大，其基本成分是甲烷。它除了是廉价的化工原料外，主要作为燃料使用，它不仅作为居民的生活燃料，而且还被用作汽车、船舶、飞机等交通运输工具的燃料。由于天然气热值高，燃烧产物对环境污染少，被认为是优质洁净燃料。随着世界经济的发展，石油危机的冲击和煤、石油所带来的环境污染问题日益严重，使能源结构逐步发生变化，天然气的消费量急剧增长。天然气用于联合发电、供冷和供热、燃料电池等方面都具有十分诱人的前途，发达国家都在竞相进行应用开发。

（一）天然气市场的主体与客体

天然气市场的主体同样由"产、供、运、销、需、管"多方组成。世界大型能源供应商往往都涉足天然气行业，如皇家壳牌石油集团和中国石油天然气集团等。在天然气市场上，大型能源商的竞争日趋激烈。除了生产和供应商外，根据天然气的用途，发电企业、化工企业、供热企业，以及造纸、冶金、采石、陶瓷、玻璃等行业企业都是天然气市场的需求主体：产供需各方在市场上的交易博弈，促进了天然气市场的发展。

天然气市场上的交易客体主要是各种类型的天然气，按照不同的分类标准，天然气可以划分成不同的种类，按照天然气的性质来划分，除了常规的天然气之外，还有非常规的煤层气、页岩气等。如图2-1所示：

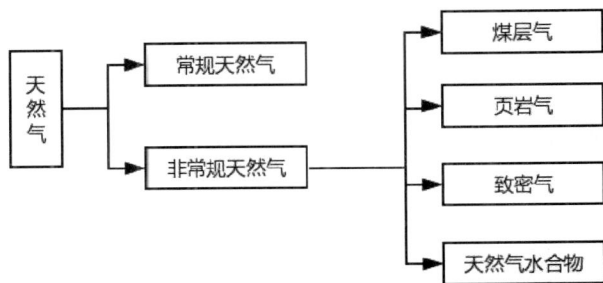

图2-1 天然气的分类

相对于煤炭和石油，天然气往往可以直接利用，加工品与衍生品相对较少，常见加工就是天然气液化，以方便储存、运输和利用天然气用途广泛，主要被用于发电，且有不少优势，效率高、成本低、速度快，此外废物排放水平大大降低；天然气也可用作化工原料，使用其加工的物质就有50种左右。天然气还被广泛地应用在民用及商业燃气灶具、热水器、采暖及制冷、造纸、冶金、采石、陶瓷、玻璃等行业，还可用于废料焚烧及干燥脱水处理。

（二）天然气市场的交易机制

和所有商品一样，天然气的开发、利用也受到其价格的严重影响，价格机制是所有市场机制的核心内容。作为重要的战略物资，天然气定价机制在很多国家都比较特殊。同法国、荷兰、日本，以及多数发展中国家一样，我国目前的天然气市场已经形成了一个垄断市场，定价机制也采用垄断定价法。具体而言，我国天然气的定价机制是根据天然气产业的上游生产、中游运输及下游销售三个环节进行定价。其中中上游价格由国家发改委制定，下游销售价则由地方发改委定价。另外，从天然气的产业链上来看，天然气价格也体现为三个部分：出厂价格、管道运输价格和终端市场价格。出厂价格加上管道运输价格形成了所谓的城市门站价，之后再加上城市输配费，才最终形成了终端市场价格

近些年来，我国天然气消费量、进口量的"双升"催促着我国天然气定价机制的不断改革，和煤炭、石油市场一样，我国天然气改革势必取消之前的"双轨制"，市场化趋势明显。国家曾决定取消价格"双轨制"，但鉴于当时计划内、外气价差距较大，一步取消存在困难，决定采取分步实施的办法，在当年推出天然气价格改革方案时，将计划内气量和部分计划外气量统一归并为一档气，其余为二档气，实行不同的价格。归并后一档气量占全部气量的85%以上。决定取消"双轨制"，合并一、二档气。天然气工作会议上提出的要不断推进天然气市场的体制机制创新，尤其是必须进一步完善天然气价格机制。由于现阶段我国天然气的进口比例还很低，定价的原则还是应该更多地考虑国内的因素。但是，由于天然气出口国的高度垄断地位，我们的议价能力受到较大的制约。不过当前如果进行定价改革具备一个最有利的外部环境，那就是目前从全球范围来看，由于非常规天然气的大量开采，总体供应比较宽松，且俄罗斯等传统出口大国的定价能力受到较大的挑战，使得天然气的现货价格跌得很低，已经与国产气的价格比较接近。综上所述，尽管我国天然气定价机制改革还面临许多问题，尤其在各方利益的均衡方面。

但是，由于进口气源的快速增长，以及我国总体天然气资源的相对匮乏，基于与进口天然气价格的适当联动机制应当尽快推出。总之，随着能源形势的不断变化，我国必须积极进行天然气市场的市场化改革，积极与国际接轨。争取在国际竞争中的有利地位。

目前，世界各国对天然气的争夺程度也越来越激烈。世界几大天然气国家也形成了类似于欧佩克（OPEC）组织的联盟——天然气出口国论坛（GECF）。由于天然气没办法装在桶里卖，而液化天然气成本又很高，组织刚刚起步，发展还不成熟，故在世界范围内还未形成太大的影响力。积极改革我国天然气的定价机制，优化我们的能源消耗结构，有利于我国争取在世界天然气定价问题上的话语权，提高中国在世界能源领域的地位。

（三）天然气的国际贸易格局及流向

作为三大化石能源之一，天然气的国际贸易在运输方面要求较高。BP（2018）统计数据显示，2018年全球天然气贸易的涨幅相对偏低，增长速度为4%。液化天然气贸易增长10.1%，而贸易增量几乎完全来自卡塔尔（增长34.8%）——卡塔尔在贸易增长中所占份额高达87.7%。在液化天然气进口国中，进口气量增幅最大的是日本和英国。液化天然气在全球天然气贸易中所占份额现在已达到2.3%。管道天然气贸易量仅增长1.3%，德国、英国、美国和意大利进口量的减少抵消了中国（从土库曼斯坦进口）、乌克兰（从俄罗斯进口）和土耳其（从俄罗斯和伊朗进口）进口量的增长。

四、可再生能源市场

可再生能源主要包括太阳能、风能、水能、生物质能、地热能和海洋能等目前可再生能源在一次能源中比重还比较低，但由于石油、煤炭等化石能源具有不可再生、储量有限、使用带来高污染等特点，可再生能源已经成为世界各国比较重视并大力发展的能源。因此，可再生能源市场成为能源市场的重要组成部分。

（一）可再生能源市场的主体和客体

可再生能源市场的主体同样由"产、供、运、销、需、管"多方组成相对于煤炭和石油等传统能源大型供应商的垄断性，可再生能源作为新能源，市场供应商相对规模可大可小，市场不完全竞争特征突出，如水电、生物质能等都可以小规模生产，许多传统能源经营商也投资一些可再生能源项目除了生产和供应商外，根据可再生能源不同的用途，电力、供热、化工等行业企业都是可再生能源市场的需求主体。产供需各方在市场上的交易博弈，促进了可再生能源市场的发展。

可再生能源市场客体是指各种类型的可再生能源，主要包括太阳能、风能、水能、生物质能、地热能和海洋能等。风能是指风所负载的能量，风能的大小决定于风速和空气的密度；太阳能是指太阳所负载的能量，它的计量一般以阳光照射到地面的辐射总量，包括太阳的直接辐射和天空散射辐射的总和；太阳能的利用方式主要有：光伏（太阳能电池）发电系统，将太阳能直接转换为电能；太阳能聚热系统，利用太阳的热能产生电能、被动式太阳房、太阳能热水系统、太阳能取暖和制冷；

水的流动可产生能量，通过捕获水流动的能量发电，称为水电；生物质能包括自然界可用作能源用途的各种植物、人畜排泄物以及城乡有机废物转化成的能源，如薪柴、沼气、生物柴油、燃料乙醇、林业加工废弃物、农作物秸秆、城市有机垃圾、工农业有机废水和其他野生植物等；地热能是贮存在地下岩石和流体中的热能，它可以用来发电，也可以为建筑物供热和制冷；海洋能是潮汐能、波浪能、温差能、盐差能和海流能的统称，海洋通过各种物理过程接收、储存和散发能量，这些能量以潮汐、波浪、温度差、海流等形式存在于海洋之中。例如，潮汐的形式源于月亮和太阳对地球的吸引力，涨潮和落潮之间所负载的能量称之为潮汐能；潮汐和风又形成了海洋波浪，从而产生波浪能；太阳照射在海洋的表面，使海洋的上部和底部形成温差，从而形成温差能：所有这些形式的海洋能都可以用来发电。

（二）可再生能源市场交易机制

可再生能源产业的发展有赖于各种机制的完善。目前来看，各国发展可再生能源应推动完善市场机制、价格形成机制、投融资机制、补偿机制等一系列产业发展机制，并随着产业发展不断完善相关政策措施。关于价格形成机制，应逐步建立能够反映资源和地域差别、电能供应质量、产业技术进步的，并与竞争性电力市场相接轨的可再生能源价格；关于投融资机制，应深化能源投资体制改革，鼓励各类市场主体参与可再生能源资源的开发，加快培育多层次资本市场，大力发展灵活多样的融资模式；关于补偿机制，应推进化石能源资源资产化管理，大幅提高资源权益金和级差收益比例，研究推进化石能源环境税或能源税，探索通过化石能源资源税费及国有能源企业资本预算收益对可再生能源进户支持；关于市场机制，应建立可再生能源并网接入标准，完善促进可再生能源：共应质量提高的经济激励机制，必要时对可再生能源实行市场配额制政策。

价格机制同样是可再生能源交易的核心机制，由于各国经济发展水平、资源环境状况、电力市场发育程度不同，世界各国在基本定价理论基础上选用的定价方式也有所不同：经统计，35个已经基本建立电力市场化发展机制的经济发达国家，大体有5类定价机制，分别是固定电价、招标电价、溢价电价、配额电价、绿电电价。其中实行固定电价的国家26个，实行招标电价的8个，实行溢价电价的6个，实行配额电价（包括实行配额制和强制市场份额制）的19个，实行绿电电价的1个每种定价机制在不同国家实施情况各有不同。

由此可见，可再生能源定价机制各国依据区域和能源种类等情况会有所不同。总之作为新能源，可再生能源市场的发展有赖于各种交易机制的完善，尤其是价格机制和补偿机制十分重要。

（三）可再生能源市场发展前景广阔

可再生能源因其可持续性、清洁、环保，是未来能源的发展方向。世界许多国家制定了可再生能源发展规划和战略目标。欧盟是世界可再生能源发展最快的地区，也是受益最多的地区。欧盟颁布的可再生能源发展白皮书，制定了2016年可再生能源要占欧盟总能源消耗的12%，2050年可再生能源在整个欧盟国家的能源构成中要达到50%的宏伟目标。2017年，主要的欧盟国家达成共识，分别制定了2018年和2020年可再生能源的发展目标，英国和德国都承诺，2018年和2020年可再生能源的比例将分别达到10%和20%。西班牙表示，2018年，其可再生能源发电的比例就可以达到29%以上。北欧部分国家提出了利用风力发电和生物质发电逐步替代核电的战略目标，并均已付诸行动。今后，随着技术的进步，可再生能源成本将进一步降低。预计2020年风电和生物质能发电以及2030～2040年太阳能发电成本将降低到可以与常规化石能源电力相竞争的水平。使得可再生能源实现快速发展，从补充能源上升为世界的主导能源之一。

我国有丰富的可再生能源资源。我国出台的《再生能源法》以及国家制定《可再生能源中长期发展规划》，都表明了我国政府支持推动可再生能源发展的决心和行动。2015年，我国可再生能源开发利用总量约1.5亿tee，为当年全国一次能源消费总量的7%，根据政府的规划目标，到2020～2025年可再生能源利用总量将达到2.7亿和5亿tee，分别占届时能源消费总量的11%和16%。目前，我国正重点支持并网风电、光伏发电、太阳能热利用、生物质发电和制气、生物液体燃料等技术的研发，并促进这些技术和水电的产业化和市场发展。

由此可见，可再生能源优势明显，能够有效地补充和替代化石能源，随着世界各国可再生能源的发展，可再生能源市场在能源市场中的地位将日益突出，前景广阔。

五、电力市场

(一) 电力市场的主体和客体

电力市场的主体同样由"产、供、运、销、需、管"多方组成。相对于一次能源市场，电力市场在一定的区域内垄断性更强。电力市场的供应方主要是各地的电力集团，一般地方电力集团往往集产供运销于一体。而需求方相对供应方要复杂得多，各行各业，生产生活都离不开电力。由于电力的特殊性，目前供电企业对电力市场客户主要有如下分类：按销售场所、渠道可分为直供、建售、城市、农村市场；按客户用电量大小可分为大客户与中、小客户；按电价类别可分为工业用电、农业用电、商业用电与居民生活用电等客户；按可靠性要求可分为一、二、三类负荷客户。这在一定程度上也体现了电力需求方的多样性。此外，在电力市场上，政府扮演着重要的角色。电力市场的客体相对于一次能源中的石油和煤炭而言，非常单纯，无论是火电、还是水电，电力基本是同质的。

（二）电力市场的特征

一是电力市场总体上具有较为显著的规模经济性和自然垄断性在电力市场的发电、输电、配电和供电四个业务领域中，发电具有一定的规模经济性，相关理论与实践证明：太小的发电单位是低效率的。但即使在一个独立的区域性电网内，也不能只建一家电站，仅仅从供电的安全和可靠性角度考虑，也需要对电源结构和布局做多元化安排。因此，电力生产显然不具有自然垄断性。输电和配电领域具有自然垄断性，因为输电和配电是通过物理电网进行的，如果有两家或两家以上的企业分别建设电网，就会造成低效率的重复建设当然，输电和配电业务的自然垄断性也存在明显的差别，由于输电网是电力系统的主要网络，因此输电领域具有显著的自然垄断性：而配电网是一种区域性的电网，它从高压电力输送网中取得电力，然后把电压降到适宜工商企业和居民用电所需的水平，最后输送给最终的用户，因此，配电领域的自然垄断性并没有像输电领域那么显著但是，从总体上来讲，电力市场具有较强的自然垄断性特征。

二是各业务领域具有紧密的垂直关系。发电、输电、配电和电力供应业务共同组成一个"电力产业供应链"，从发电到电力最终消费，各业务环节缺一不可，具有一定的系统性。因此，根据经济学的"木桶原理"，为保证"电力供应链的增值能力和运行效率，必然要求各业务领域协调发展因此，系统性和协同性也是电力市场的主要特征。

外部性是电力市场的又一经济特征。从电力产业的正外部性而言，电力产业作为国家的先行产业，与国民经济发展及其他产业具有密切的相关性电力产销适度增长是国民经济持续、快速、顺利发展的前提其作用主要体现在以下三个方面：一是为各行业提供动力支持，保障供给；二是通过电力建设带动机械制造等相关产业的发展；三是通过推行合理电价，降低国民经济运行成本电力市场的负外部性主要是环境成本问题。由于电力产业主要的投入物是能源，所有能源都涉及环境成本问题，如化石能源发电过程中污染物排放的高污染性、核事故对环境灾难性的破坏、水力发电对生态平衡的破坏等：

总体来看，电力市场的运行包括四个垂直相关的阶段：发电、输电、配电和供电。发电由发电厂完成，电能产生之后，还要通过输电和配电环节才能到达电力用户。在电力市场发电、输电、配电和售点四个业务环节，发电业务和售电业务具有竞争性或可竞争性，但发电业务存在一定的规模经济性，特别是核能发电和火力发电。输电业务和配电业务则具有自然垄断性，两者的区别是输电业务具有强自然垄断性，而配电业务则属于自然垄断性。虽然电力市场还包括发电能源供应、各种电力设备的生产和销售等业务，但这些业务属于一般性的竞争性业务。电力市场的主要业务及其性质特征如表2-2所示。

表2-2 电力市场的主要业务及电力特征

电力市场业务	市场特征
发电	可竞争性
输电	强自然垄断性
配电	弱自然垄断性
售电	潜在竞争性
发电能源供应（其他能源市场）	竞争性
电力设备市场（电力市场衍生市场）	竞争性

（三）电力市场的运行机制

综观世界电力市场，电力市场市场化改革趋势明显。欧美是电力市场市场化改革的先驱，欧盟颁布的强制性的开放天然气和电力市场的导则，要求其15个成员国在规定的时间及范围内分阶段开放电力市场。欧盟范围内的电力市场开放程度平均已达80%。其中德国、瑞典、奥地利、芬兰、英国、丹麦、西班牙电力市场已完全开放。2014年后，共有28个欧洲国家参与欧洲电力市场，在成为欧盟成员国的同时，10个新的欧盟成员国也开始逐步开放其国内的电力市场。相对于欧美电力改革的快速进行，日本电力改革相对缓慢，日本的电力事业法要求增加用户选择供电商的自由，为日本的电力市场化改革指明了方向，非洲是世界上电气化程度最低的大陆之一，为更好地发展电力，目前非洲已有30多个国家开始了电力改革，非洲电力改革主要着眼于引进竞争机制，规范电力市场。

目前，许多国家的电力工业都在进行打破垄断、解除管制、引入竞争、建立电力市场的电力体制改革，目的在于更合理地配置资源，提高资源利用率，促进电力工业与社会、经济、环境的协调发展。如为了提高电力工业的营运效率和改善供电服务，早在20世纪90年代初，英国就进行了电力民营化，实行发、输、配电分离，在发电环节实行竞争，输配电环节实行价格管制和统一经营，售电市场逐步开放的电力体制改革。90年代中期，澳大利亚、南美和北欧一些国家以及美国部分州也相继进行了以发、输电分离，发电领域引入竞争机制、开放国家电网、建立电力市场等为内容的改革。旨在打破垄断、实行竞争的电力体制改革浪潮正在进一步扩大。

在我国，电力工业快速发展的同时，电力体制改革也逐步深入，电力工业以"公司制改组、商业化运营、法制化管理"为改革目标的基本取向。国务院颁布的电力体制改革方案中明确提出了我国电力体制改革的总体目标是："打破垄断，引入竞争，提高效率，降低成本，健全电价机制，优化资源配置，促进电力发展，推进全国联网，构建政府监管下的政企分开、公平竞争、开放有序、健康发展的电力市场体系，改革方案颁布之后，我国便实施了"厂网分开"，重组原国家电力公司资产，组建两大电网公司、五大发电集团公司和四大辅业集团公司，成立国家电力监管委员会。今后，在发电领域将逐步引入竞争机制，逐步形成开放发电侧的经营模式，即各发电公司按电价竞争上网的市场机制，即形成了初步的电力市场化。

我国电力市场建设与改革，既要符合市场的一般规律，也要适应我国现阶段经济社会管理方面的要求，即我国电力市场建设应与市场经济体系和电力运行机制相适应，综合考虑能源和电力需求的布局、现行的行政管理、财税体制、电源结构、负荷特性、发电成本、用电效率差异等因素，以科学发展观为指导，以用最小的改革成本获得最大的改革效益为目标，尊重市场自然发展的客观规律，兼顾各个市场主体的利益，确保电力交易与电网安全校核的协同性，并根据客观存在的资源优化配置空间，建立分层、竞争有序、协调运作的三级电力市场体系，从而分层次实现跨大区、跨流域、跨省和省内的资源优化配置，促进区域经济的协调发展。一直以来，在交易机制方面，我国实行政府计划管理，从发电到用电，电价由政府物价部门核定，电量计划由政府经济运行部门制定下达，电能的生产与使用未形成市场交易的过程，南方区域电力市场建设的探索表明，建立以市场手段为基础、辅以必要的行政手段的电能交易机制，更符合我国现阶段的需求。

总之，应能源领域市场化、效率化、清洁化的要求，随着电力行业技术的进步，全球电力行业市场化程度将不断加大，但是考虑到能源和电力行业的重要性，政府干预必不可少，不可能做到充分市场化。而应电力市场发展的需要，新能源和可再生能源、小型分散发电技术等将得到长足的发展。

第四节　能源衍生市场

一、能源服务市场

与能源产品市场紧密相连的是能源服务市场，服务业的发展和社会分工的日益细化在能源市场上就表现为能源服务的发展，专业性能源服务在能源市场逐渐独立成单一的行为主体。合同能源管理是能源服务市场上典型能源服务模式，本部分将以合同能源管理为例，来分析能源服务市场的主体、客体、交易机制和运行模式等市场内容。

（一）市场主体与客体

1，合同能源管理的主体

合同能源管理的主体主要是指能源服务合同的签署方。一般一方是节能服务公司（ESCO Energy Service Company），另一方是用能单位。

节能服务公司是指提供用能状况诊断、节能项目设计、融资、改造（施工、设备安装、调试）、运行管理等服务的专业化公司，ESCO 是以提供一揽子专业化节能技术服务的以盈利为目的的专业公司，是集资金、技术、管理、咨询服务等多种功能于一身的服务提供商。在美国、加拿大和欧洲，ESCO已发展成为一种新兴的节能产业。近几年来，我国政府加大了对合同能源管理商业模式的扶持力度，国务院办公厅转发的《发改委等部门关于加快推行合同能源管理促进节能服务产业发展意见的通知》、财政部出台印发合同能源管理财政奖励资金管理暂行办法，从政策上、资金上给予大力支持，促进了节能服务产业的健康快速发展。合同能源管理公司由2016年的30家，发展到2019年通过国家发改委备案的有3210家，其中含第一批、第二批取消的32家。

合同能源管理的另一主体是社会用能单位，主要是指钢铁、水泥、冶金、焦炭、电石、煤炭、玻璃、电力等高耗能行业的企业。这些企业耗能多，有迫切节约能源的需要，往往需要节能服务公司提供必要的节能服务，以降低耗能成本，提高企业利润。

2.合同能源管理的客体

合同能源管理的客体是众多的耗能项目，往往由节能服务公司与企业就某个耗能项目签订能源管理合同，通过节能服务公司提供的设备和一系列服务达到节能的目的如西门子公司能够提供门类齐全的服务产品，帮助中国实现清洁发电、输电和智能配电，并提供节能产品。具体而言，其不但能够提供成熟的高压直流输电（HVDC）、新型直流输电（HVDC Plus）和特高压直流输电（UHVDC）系统，而且可以提供门类齐全的能源效率产品，包括面向整个能源管理流程的驱动解决方案和自动化技术与服务等诸多合同能源服务

（二）市场运行机制与模式

合同能源管理是国际上普遍推行的、运用市场手段促进节能的服务机制节能服务公司与用户签订能源管理合同，为用户提供节能诊断、融资、改造等服务，充分调动用能单位节能改造的积极性，是行之有效的节能措施。其基本模式有以下几种：

1.节能效益分享型

在项目期内用户和节能服务公司双方分享节能效益的合同类型节能改造工程的投入按照节能服务公司与用户的约定共同承担或由节能服务公司单独承担。项目建设施工完成后，经双方共同确认节能量后，双方按合同约定比例分享节能效益。项目合同结束后，节能设备所有权无偿移交给用户，以后所产生的节能收益全归用户。节能效益分享型是我国政府大力支持的模式类型。

2.能源费用托管型

用户委托节能服务公司出资进行能源系统的节能改造和运行管理，并按照双方约定将能源系统的能源费用交节能服务公司管理，系统节约的能源费用归节能服务公司的合同类型。项目合同结束后，节能公司改造的节能设备无偿移交给用户使用，

以后所产生的节能收益全归用户。

3.节能量保证型

用户投资，节能服务公司向用户提供节能服务并承诺保证项目节能效益的合同类型。项目实施完毕，经双方确认达到承诺的节能效益，用户一次性或分次向节能服务公司支付服务费，如达不到承诺的节能效益，差额部分由节能服务公司承担。节能量保证型合同适用于实施周期短、能够快速支付节能效益的节能项目，合同中一般会约定固定的节能量价格。

4.融资租赁型

融资公司投资购买节能服务公司的节能设备和服务，并租赁给用户使用，根据协议定期向用户收取租赁费用。节能服务公司负责对用户的能源系统进行改造，并在合同期内对节能量进行测量验证，担保节能效果。项目合同结束后，节能设备由融资公司无偿移交给用户使用，以后所产生的节能收益全归用户。

此外，还有混合型合同能源管理模式，是由以上4种基本类型的任意组合形成的合同类型。

（三）市场规范

合同能源管理作为一种行之有效的能源服务形式，在各国都有一定的市'场规范，以我国为例，针对合同能源管理模式，为规范合同能源管理服务合同，我国质量监督检验检疫总局和国家标准化管理委员会已经发布《合同能源管理技术通则》。同时，中国标准化研究院等单位起草的《节能量测量和验证技术通则》国家标准，该技术通则主要是解决节能量的计算问题。另外，针对过去几年合同能源管理发展存在的一些问题"我国正实施通过有经验的、独立的第三方机构检测、审核节能量，防止结算出现纠纷，各种审核标准也在进一步出台的过程中。

二、碳排放权（交易）市场

（一）碳排放权市场的主体和客体

碳排放权交易是指各国政府根据其实现对《京都议定书》的减排承诺，对本国企业实行CO_2排放额度控制的同时允许其进行交易。一个公司如果排放了少于预期的CO_2，那么就可以出售剩余的额度；而那些排放量超出限额的公司，则必须购买额外的许可额度，以避免政府的罚款和制裁，从而实现国家对CO_2排放的总量控制。可见碳排放市场的主体是国家政府和碳排放企业，而客体是碳排放权本身。

全球碳交易市场可分为配额交易市场和自愿减排交易市场配额交易市场为那些有温室气体排放上限的国家或企业提供碳交易平台以实现减排目标自愿交易市场则是从其他目标（如企业社会责任、品牌建设、社会效益等）出发自愿进行碳交易以实现减排。配额碳交易又可以分成两大类：一是基于配额的交易，即在"碳总量与贸易机制"下由管理者确定和分配（或拍卖）的。发达国家相互转让的分配数量单位，或在欧盟温室气体排放贸易机制下各成员国所拥有的欧盟配额；二是基于项目的典型交易，即《京都议定书》中规定的联合履行和清洁发展机制为基础的交易形式。

（二）碳排放权市场交易组织形式

目前，在欧洲、美国等金融发达国家和地区已形成了一些大型的碳排放交易中心。发展比较成熟的有欧盟CO_2排放量交易体系、芝加哥气候交易所等

1.欧洲CO_2排放权交易体系（EUETS）

为帮助其成员国履行京都议定书的减排承诺，欧盟正式启动了欧盟排放交易体系。交易体系范围涵盖27个欧盟成员国，其概况如下：

第一，欧盟现行的碳排放贸易体系可以概括为"配额一贸易"体系欧盟所有成员国都制订了国家分配方案，明确规定成员国每年的CO_2许可排放量规定的减排目标一致），各国政府根据总排放量向各企业分发配额，如果企业在一定期限内没有用完配额，则可以出售；若企业排放量超出分配的额度，就必须从没有用完配额的企业购买。

第二，EUETS是世界上第一个国际性的排放交易体系，也是全球碳交易市场的引领者。自运行以来，碳排放许可量的交易量与交易额一直占全球总量的3/4以上，成功地通过内部许可量交易实现了欧盟CO_2的减排。预计未来一段时期内，EUETS主导全球碳交易市场的趋势还将继续保持下去。

第三，欧盟正致力于建设一个全球性的排放交易网络体系。目前，它不但能够与《京都议定书》附件，国家的排放交易制度连接，还实现了与其他非机制下交易体系（如美国的区域排放交易体系）的连接。

第四，作为一个新生事物，EUETS也面临一些问题。最主要的问题是在限额体制下，如何建立一个透明的、合理的配额分配机制。该问题不仅存在于企业间配额的分配，也存在于各成员国间的配额分配。另外，由于市场深度不够、配额频繁调整以及经济萧条等因素，造成市场上排放配额价格波动很大。最近，欧盟考虑采用拍卖和基准机制来修改现行的配额交易体系，希望通过拍卖的形式来发放排放许可证。

由EUETS的运行可见，在推动排放权交易方面，欧盟走在世界前列。欧盟的EUETS交易系统，有一整套成熟的交易规则，制订了在欧盟地区适用的欧盟气体排放交易方案，通过对特定领域的万套装置的温室气体排放量进行认定，允许减排补贴进入市场，从而实现减少温室气体排放的目标。欧盟碳排放市场开始交易以来，交易量和成交金额稳步上升。

2.美国芝加哥气候交易所（CCX）

芝加哥气候交易所是全球第一个，也是北美地区唯一自愿参与温室气体减排交易，并对减排量承担法律约束力的先驱组织和市场交易平台。现已有200多个跨国参与者，分别来自航空、汽车、电力、环境、交通等数十个不同行业，包括美国电力、福特、IBM等公司。

在芝加哥气候交易所的减排计划中，许多北美公司和其他实体（如市政当局）自愿做出了具有法律约束力的减排承诺，以保证芝加哥气候交易所能够实现其两个阶段目标：在第一阶段，所有会员单位在其基准线排放水平的基础上实现每年减排1%的目标；在第二阶段，所有成员将排放水平下降到基准线水平的94%以下。

除上述两个比较成熟的交易体系外，其他国家还有一些小规模交易体系，比如：英国排放交易体系（UKETS）、日本自愿排放交易体系（JVETS）、澳大利亚新南威尔士州温室气体减排计划（NSW GGAS）等。与此同时，我国也在积极建立自己的碳排放交易市场。

（三）全球碳排放权交易市场

1.全球碳排放权市场架构

综观全球碳排放权交易市场，根据碳排放权交易的分类，全球碳排放权交易市场架构如图2-2所示。

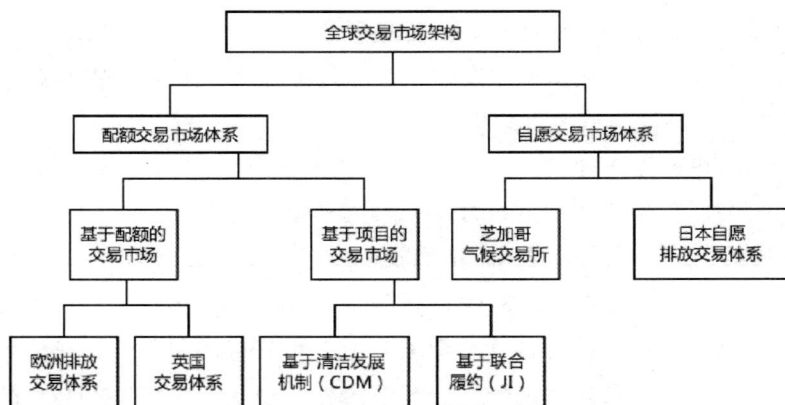

图2-2 全球碳排放权交易市场架构

2.全球碳排放权市场的发展趋势

近些年来，全球碳交易市场以每年100%多的增量高速成长。各国政府对气候变化问题日益重视，发达国家纷纷公布2020年减排目标，其中欧盟各成员国于2017年2月就减少温室气体排放最终达成一致：保证到2020年将温室气体排放量在2012年的基础上减少至少20%，使欧盟经济进一步向高能效、低排放模式转型。《美国清洁能源安全法案》也设定了美国的碳减排目标，规定美国到2020年将使温室气体排放量在2015年的基础上减少7%，到2050年减少83%。法案还制定了详细的碳排放总量与交易体系；尽管该法案在参议院的前途未卜，但美国政府对气候变化问题的重视以及对发展中国家的施压必将对全球碳市场发展产生重大影响。

根据发达国家提出的到2020年的减排承诺，发达国家需要实施比第一承诺期大得多的减排量，未来全球碳交易市场仍存在巨大的发展潜力，未来几年有望超越石油市场，成为能源相关市场第一市场。据碳领域分析和预测先驱碳公司的研究，若美国也加入碳排放交易系统，预计2020年美国将占市场份额的67%，交易额将达到1.25万亿欧元；而ELETS交易体系将占市场份额的23%左右，位居第二；2020年美国和欧洲总的碳交易量将分别达到380亿吨和90亿吨。根据该研究预测，2020年全球CO_2交易市场规模可达到311￡万亿美元，美国立法引入"碳总量和贸易制度"将从根本上改变全球的碳市场，造就和欧洲竞争的美国市场。

可以预见，未来全球碳排放交易市场格局将发生改变，美国将成为欧洲的主要竞争对手。与此同时，亚洲在全球碳排放交易市场中的地位将越来越突出。近些年来，亚洲的中国和印度已成为最主要的CDM市场卖家。2016年两国的CDM核准数量占全球总数量的60%，其中中国项目数量和交易量都位居第一。作为最主要的供应方，亚洲对全球碳排放交易市场有较大影响。

（四）我国碳排放权市场

1.我国碳排放权市场现状

根据《京都议定书》中"共同但有区别的责任"原则，中国目前还不承担温室气体减排义务。但是，中国政府高度重视并积极应对气候变化，先后发布了《对气候变化国家方案》《中国应对气候变化的政策与行动》白皮书等应对气候变化的政策性文件，并采取了一系列减缓温室气体排放的政策措施。

我国政府公布控制温室气体排放的行动目标规定，到2020年全国单位国内生产总值CO_2排放比2015年下降30%～35%，表明了中国政府对全人类长远发展高度负责的态度。目前我国还没有完整的碳交易平台，国内碳交易仍不具备明确的法律框架或政策。随着我国控制温室气体排放行动目标的公布以及重点排放领域统计、监测和考核办法的制定，预计碳排放权交易将成为未来推进我国环境政策发展的一个主要方向。目前我国正在为逐步建立全国性的碳排放权交易市场，做好基础性准备工作。

2.我国碳排放权市场发展趋势

根据国内外发展背景与要求，我国碳排放权市场发展有三大趋势：

一是碳排放权交易约束性指标出现，碳排放权交易的全面发展是大势所趋。

节能减排已经成为我国发展的主要议题，政府已明确把大幅降低能源消耗强度和二氧化碳排放强度作为约束性指标，有效控制温室气体排放，不仅是中国应对全球气候变化的积极表现，为国内碳交易提供了充分的政策保障，更为重要的是为中国碳市场提供了最为急需的发展动力，碳交易的全面发展已是大势所趋。

二是特定地区和特定行业的减排试点，是中国碳排放权市场的真正起步低碳试点是实现全国碳强度下降目标的关键举措，也是探索绿色低碳发展经验的有效途径。

三是将形成强制性碳交易为主、自愿减排为辅的有效机制。强制减排，即政府以法律法规或者政策推动，强制规定某些企业或者行业减排，比如电力、煤炭、有色、钢铁等传统高能耗行业，在政府强制减排下，一旦达不到减排标准，就需要去购买减排额度。全球碳交易市场99%是强制碳市场，只有1%不到是自愿碳市场。之前中国的碳交易之所以发展相对乏力，就在于中国没有强制规定减排义务，碳交易还停留在自愿交易阶段，规模极小。中国国内的企业或者其他机构没有必要购买碳指标，反观发达国家，由于对国内温室气体排放总量有严格控制，企业和机构对碳排放权都有着很大需求。随着我国单位碳排放强度降低的减排目标的出现，对于中国的特定行业和企业来说，就相当于减排任务出现，势必促进碳交易需求的激增。有需求就有发展，因此，这一事件早已成为中国碳交易展的风向标。

总之，中国碳排放权交易市场已经兴起，中国作为碳排放权的主要售卖方，碳减排市场的潜力在全球首屈一指。长远看来，碳排放权交易作为一种新兴的交易形式，如果我们能够利用好、开发好碳交易的市场，既能给中国带来可观的经济效益，也有助于提高中国能源使用效率，优化、调整中国能源利用结构。但是应当看到，作为一种战略性的资源，碳排放权的低价出售，也可能给中国带来风险。因此，国家在制定碳交易整体战略时应当把握适度原则，合理规范碳交易的领域和规模，防止过量出售碳排放权。中国应结合国际国内应对气候变化工作的进展，尽快规划中国碳排放交易框架，完善有关政策法规；开展建立碳排放交易市场的可行性研究以及碳排放交易的试点工作；设立具有一定官方权威性的交易中心，用市场导向来指导中国温室气体减排项目的实施，实现低成本减排。从国外的实践经验来看，企业是碳排放的主体，也是能最有效地管理自己排放的主体。建议国内企业加强对有关政策环境的认识和对自身排放情况的了解，积极关注应对气候变化的政策发展，努力规避政策环境变化带来的风险，保持竞争优势。

三、能源期货市场

20世纪70年代初发生的石油危机，给世界石油市场带来巨大冲击，石油价格剧烈波动，并催生了原油期货。原油期货诞生以后，交易量一直快速增长，目前已经超过金属期货，成为全球最大的商品期货。自此，能源期货开始迅速发展，在能源市场上发挥着重要的作用。

（一）能源期货的概念

能源期货市场有狭义和广义之分，狭义能源期货市场是能源期货合约交易的场所，即期货交易所。期货合约的种类很多，因此，不同的期货交易所经营不同的期货合约。世界上有许多期货交易所，最著名的有芝加哥商品期货交易所和纽约期货交易所等。广义的能源期货是指以能源期货合约为标的所形成的供求关系及其机制的总和，不仅包括有形和无形的交易场所，更包括看不见的能源期货供求关系和价格机制等一系列市场交易的内涵。

（二）能源期货交易标的及其发展

一般情况下作为商品期货交易的标的物，应该具备四个基本条件，即交易的大宗性、可储藏性、价格波动频繁且幅度较大和品质的可划分性。诸如石油、煤炭、天然气等商品基本能够满足作为商品期货的条件，因此，随着原油期货的诞生，30多年来，世界各地陆续推出了石油、天然气、煤炭和电力等能源期货产品。能源期货交易得到了长足的发展。

1.石油期货

石油期货主要有原油期货和油品期货两种：

原油期货是世界上交投最活跃的能源期货商品，主要集中在纽约商品交易所（NYMEX）、英国国际石油交易所（IPE）和东京工业品交易所（TOCOM）三家期货交易所。NYMEX的轻质低硫原油期货是世界上最具流动性的原油交易工具，也是交易量最大的实物商品期货合约。凭借卓越的流动性和价格透明度，此合约被用作主要的国际定价标准。交割地点设在俄克拉荷马州的库欣，这里有管道通往国际现货市场，也是美国石油现货市场的交割地。交割货品包括国内和国际市场上交易的多种等级的原油，能满足现货市场上的各种需求该合约推出后交易活跃，为有史以来最成功的商品期货合约，它的成交价格成为国际石油市场关注的焦点；ICE布伦特原油期货是一种基于期货转现货（EFP）的可交割合约，也可采用现金结算3布伦特原油是出产于北海的轻质低硫原油，同样是基准品质，被广泛交易；TOCOM原油期货则以中东原油为标的，将迪拜和阿曼的平均值作为基准价。此外，新加坡交易所（SGX）推出了迪拜酸性原油期货合约等。

油品期货，除了原油期货，其他石油期货品种还有取暖油、燃料油、汽油、轻柴油等。汽油期货的交易量仅次于原油。汽油是美国销售量最大的石油精炼产品，占全国石油消耗量的一半左右。纽约港是美国东海岸油品主要集散地，负责进口产品以及从纽约港和墨西哥湾精炼中心向国内其他地区发货。NYMEX汽油合约主要基于该港石油价格。NYMEX与联邦政府及州政府密切联系，不断发展监管手段以使该期货合约价格准确反映现货市场情况；ICE的RBOB汽油是一种批发型非氧化库存混合油，在纽约港驳船市场交易；TOCOM汽油期货的标的是JIS K2202 2级普通汽油，最大含硫量不超过百万分之十。合约价格不包括汽油税，买方收货须向卖方支付与汽油税相等的金额。可交割货品是在日本提炼或已备关的JIS K2202 2级普通汽油。交割方式是驳船交货，地点由卖方选择，交割日原则上由买方选择，可分批交割。买方和卖方匹配以抽签方式确定，除非交割双方在最后交易日至抽签公布日期间自行找到对方；取暖油又称2号燃油，是继汽油之后的第二大提炼产物，一桶原油中大约有25%的产出是取暖油。目前推出取暖油期货的交易所有NYMEX和ICE NYME取暖油期货合约的交割地是美国的金融中心——纽约港，实物交割。通过NYMEX的清算系统，还可以完成基于炼油毛利、地区价差以及纽约港取暖油与喷气燃油和柴油价差的取暖油互换期货交易。这些交易都是场外交易；柴油期货是欧洲精炼油、初级分冷油、取暖油以及喷气燃油市场的基准价格。ICE柴油期货的实体市场在安特卫普、鹿特丹和阿姆斯特丹交割的取暖油驳轮。欧洲及其他地区的所有燃油交易均用该期货合约作为定价参考。

我国燃料油期货获得了较大的发展，交易规模不断扩大，市场关注度显著提升。截止到2018年，燃料油期货各月合约累计成交已达21亿吨，累计交易金额6.8万亿元，累计交割133.04万吨。从2018年上半年全球能源期货期权的交昌量来看，上期所的燃料油期货交易量仅次于纽约商业交易所上市的WTI轻质低硫原油期货和洲际交易所上市的伦敦布伦特原油期货，成为全球第三大能源期货期权品种。

2.天然气期货

目前，推出天然气期货的主要是美国纽约商品交易所（NYMEX）。天然气占美国能源消费的近1/4，NYMEX的天然气合约价格被广泛地作为天然气的基准价格。合约的交易单位为每10000 MMBtu（百万，英国热量单位）。交割地点是路易斯安那州的亨利中心，该地区拥有产量丰富的天然气矿床，有16条跨越洲内与洲际的天然气管道系统交会于此，负责美国东海岸、墨西哥湾沿岸、美国中西部，直至加拿大边境的所有市场的天然气供应。鉴于天然气在能源市场上越来越重要的地位，其他国家的交易所也纷纷展开研究。

3.煤炭期货

相对于其他能源品种而言，煤炭开展期货交易的时间较晚，原因是多方面的，首先，一直到20世纪末，煤炭在世界主要工业化国家能源结构中的地位没有原油和天然气重要，国际贸易量有限，产煤国煤炭主要为了满足本国需求，因此，煤炭期货开发落后于原油、天然气等能源品种，其次，煤炭自身存在一些开展期货交易的困难，阻碍了煤炭期货品种的开发。煤炭属于大宗散装货物，种类与等级繁多，对于电煤这样的大类而言，质量等级划分存在一定的模糊性，而虽然一些更细分的子类明确划分不存在问题，但由于产量小，国外开展的期货交易的需求不是特别大。再次，煤炭是发电的主要原料，需求量大，运输需要庞大的运力支持，这在很多国家都是个瓶颈。最后，煤炭若保存期限过长，则存在自燃风险。这些因素给期货品种设计带来一定困难，推迟了煤炭期货的开发。随着全球原油使用量的不断增加，原油价格上升，煤炭的成本和储量优势开始凸现，在能源使用中逐渐得到重视，全球很多国家都开始研究开展煤炭期货交易的可行性。除此之外，很多交易所原有的商品期货品种和新开发的期货品种，由实物交割形式转向现金交割，提高了煤炭交易的活跃度，为煤炭期货的开发提供了新的思路。

目前，全球开展煤炭期货交易的交易所有三家，分别为美国CME推出的以中部阿巴拉契亚煤为标的的期货，ICE推出的以南非里查兹贝港、鹿特丹港煤炭和澳大利亚纽卡斯港煤炭为标的的三个煤炭指数期货以及澳大利亚ASX推出的以纽卡斯港煤炭为标的的煤炭期货。

4.电力期货

目前世界上先行进行电力市场化改革的国家都纷纷建立起了电力期货市场。最早引入电力期货交易的是美国的纽约商业交易所（NYMEX）。

世界上能源期货已经获得了较大的发展，尤其是石油期货在能源期货中占据比较重要的地位。其次是能源期货品种越来越丰富，交易规模越来越大。随着能源形势的日趋紧张和全球能源市场化程度的提高，能源期货将得到较快发展。

（三）能源期货市场的功能与交易主体

商品期货（市场）往往具有三大基本功能，能源期货概莫能外。根据其功能的发挥可以了解其交易主体的目的与行为。

一是价格发现功能。期货市场上聚集着众多的商品生产者、经营者和投机者，他们以生产成本加预期利润作为定价基础，相互交易，相互影响。各方交易者对商品未来价格进行行情分析、预测，通过有组织的公开竞价，形成预遍的能源商品基准价格，这种相对权威的基准价格，还会因市场供求状况变化而变化，具有一定的动态特征。在公开竞争和竞价过程中形成的期货价格，往往被视为国际能源商品现货市场的参考价格，具有重要的价格导向功能，能够引导企业生产经营更加市场化，提高社会资源的配置效率。

二是规避风险的功能。套期保值是能源期货市场基本运作方式之一，企业通过套期保值实现风险采购，能够使生产经营成本或预期利润保持相对稳定，从而增强企业抵御市场价格风险的能力。套期保值的基本做法是企业买进或卖出与现货市场交易数量相当，但交易方向相反的能源期货合约，以期在未来某一时刻通过对冲或平仓补偿的方式，抵消现货市场价格变动所带来的实际价格风险当然，由于现货价格和期货价格差别现象的客观存在，套期保值并不能完全消除风险，而是用一种较小的风险替代一种较大的风险，用现货价格和期货价格差别风险替代现货价格变化风险。

三是规范投机功能。资本具有天然的投机需求。利用能源期货市场可以吸引大量资金，从而为能源产业发展提供第一推动力。利用期货市场，交易商一方面可以规避国际能源价格波动的负面影响；另一方面，还可通过投机交易从市场价格波动中获取更多的利益。在规范的市场，投机行为要受到严格的监督和管理，投机者是在严格遵循交易规则的条件下获取正常经济利益，监督和管理使投机行为成为调节期货市场的工具。有了投机者的参与，期货市场的交易量增加，市场供求关系也可以更好地得以调节。

　　根据上述三大功能，能源期货市场的交易主体应该是具有规避风险和投机需求的能源生产、经营、需求者及投机者。其实，期货合约取得成功的一个重要因素就是存在规模巨大的套期保值者和投机者。

第三章　能源价格

　　能源价格机制是调节能源资源配置的主要市场机制，但由于受能源资源的特殊性和能源市场结构，以及能源与金融一体化发展等问题的影响，能源市场价格影响因素非常复杂，尤其短期，能源价格更是受到大量来自非市场因素的严重影响。由此形成的能源价格有时甚至完全脱离了能源供需的基本面因素能源价格形成和作用机制的复杂性要求我们加强对能源价格的研究。本章我们从能源定价的基本原理出发，将对影响能源价格的因素、能源定价模型，以及能源价格对市场的调节机制展开详细研究。

第一节　能源定价的原理与方法

　　虽然影响能源定价的因素非常多，但能源资源作为经济和社会发展的主要资源，其最终价格的确定必须基于基本的资源定价原理。综合来看，目前资源定价原理主要有资源稀缺理论、马克思主义价格理论和市场经济价格理论三种。

一、资源稀缺理论

　　资源的稀缺理论是相对于人类无限的需要而言的。人的需要具有无限增长和多样性。为了满足需求，就要生产越来越多的产品，也就需要更多的资源。而资源，尤其是在一定的时期内可用于满足需求的生产资源往往是有限的。并且，一种资源往往具有多种用途。这就使得有限的资源相对于人类无限、多样的需求显得远远不足。经济学所研究的就是如何对有限的且可以有多种用途的资源进行合理的配置以最大限度地满足人们的需要。

　　资源稀缺与资源短缺是有所区别的，资源稀缺是指经济社会中资源的一般内在性质，是指一般的、所有的资源而言；而资源短缺是资源的一种个别性状，是相对于其他资源而言的一种市场上相对供不应求的现象，反映着某种资源在市场上供应的程度和供求状况。两者之间存在联系但变化不总是一致的。稀缺是永久的，而短缺是暂时的。反映和解释资源稀缺的模型主要有边拓模型和李嘉图模型。基本模型如下：

$$G(t)=f[L_0(t),R_0(t)] \tag{3-1}$$

$$R_0(t)=g[L_1(t)] \tag{3-2}$$

$$L(t)=L_0+L_1(t) \tag{3-3}$$

其中，$G(t)$ 是国民生产总值；$L_0(t)$ 是劳动力投入生产最终的财富；$R_0(t)$ 是指中间产品生产；$g[L_1(t)]$ 是利用自然资源生产中间产品的过程

（一）边拓模型（frontier model）

边拓模型也称为边拓经济（frontier economy），是指相对于资本和劳动的供给量来说自然资源的供给量非常充足的一种经济状态。

（二）李嘉图模型（Ricardian model）

李嘉图模型也称李嘉图经济（Ricardian economy），是指原材料生产的单位成本随生产规模的增加而增加，资源可用性受目前利用率和累积用量影响的一种状态。

资源的稀缺性制约着经济发展的规模和增长速度。个别资源稀缺成为经济发展的"瓶颈"。能源作为经济发展的战略资源，其稀缺性是客观存在的，将通过影响能源价格和分配对经济的发展形成制约。

二、马克思主义价格理论

马克思主义价格理论的核心是劳动价值论，它认为价格是价值的表现形态，价值是价格的基础，制定价格必须以价值为基础，而价值量的大小决定于所消耗的社会必要劳动时间的多寡。任何商品的价格都可表示为：

$$P=C+V+M \tag{3-4}$$

式中：P 为价格，C 为已消耗的生产资料价值，V 为劳动者为自己的劳动所创造的价值，M 为劳动者为社会所创造的价值。能源资源的价格同样也是由这三部分构成的，可以依此进行能源资源价格的确定。

三、市场经济价格理论

市场经济价格理论的核心是效用价值论，它认为在市场经济中，决定市场价格的是供给和需求。任何商品的实际市场价格是供给和需求相等时的价格，即均衡价格。所谓自然资源价格理论模型是指包括了自然资源内在价值来源和外在价格形成在内的系统设计，其形成的资源价格既可以是市场交易的价格，也可以是资源价值所体现的资源价格，或是二者的综合价格。由于价格理论的不同，对自然资源价格的来源和构成说明不同；即使运用同一价格理论，由于自然资源的复杂性，从不同

的角度，对自然资源定价的思路和方法也不同因而形成了不同的自然资源定价理论模型。本着定价思想和定价方法相统一的原则，主要有以下几种资源价格理论模型。

（一）影子价格模型

影子价格是针对现实市场价格的缺陷，为实现合理分配稀缺资源而提出的一种理论价格。它是20世纪30年代分别由荷兰的詹恩·丁伯根（Jan Tinbergen）和苏联的康托罗维奇（Kantofo-viteh）提出的，前者主要是针对市场经济中的市场缺陷而提出的，因而在国外常称之为"效率价格"；后者主要是针对计划经济体系中如何实现全社会资源的最优配置而提出的，因而也称"最优计划价格"－二者'都是从资源有限性出发，以资源充分合理分配并有效利用作为核心，以最大经济效益为目标的一种测算价格，是对资源使用价值的定量分析。萨缪尔森发展了丁伯根的影子价格理论。从三个方面对影子价格作了补充：第一，影子价格是以线性规划为计算方法的计算价格；第二，影子价格是一种资源价格；第三，影于价格以边际生产力为基础。

自然能源影子价格的具体计算方法如下：

目标函数：

$$Z_{mm} = \sum_{j=1}^{n} G_j X_j \tag{3-5}$$

约束条件：$a_i x_1 + a_{i2} x_2 + L + a_{ij} x_j + L + a_{nn} x_n, b_i$。

式中：$i = 1, 2, \cdots, m; j = 1, 2, \cdots, n$；$C_j$ 为各类自然资源单位数量收益系数；X_j 为各类自然资源数量；a_{ij} 为约束系数；Z 为目标值（经济效益等）；b_i 为自然资源总量。

可以利用该规划的对偶规划求解自然资源的影子价格：（U_i），即：

目标函数：

$$Y_{\min} = \sum_{i=1}^{m} b_i U_i \tag{3-6}$$

约束条件：$a_{1j} U_1 + a_2 U_2 + L + a_{ij} U_j + L + a_{ni} U_m \cdots C_j; U_J \cdots 0$。

式中：$i = 1, 2, \cdots, m$；Y 为生产总成本；U_i 为决策变量即影子价格。

从数学规划角度来看，影子价格即是线性对偶规划的最优解。其经济含义是：在资源得到最优配置，使社会总效益最大时，该资源投入量每增加一个单位所带来社会总收益的增加量。由于影子价格是根据资源稀缺程度对现行资源市场价格的修正，反映了资源利用的社会总效益和损失，符合资源定价的基本准则，影子价格反映了资源的稀缺程度，为资源的合理配置及有效利用提供了正确的价格信号和计量尺度。自然资源的影子价格可以根据上述有关理论进行测算。

但是影子价格模型在资源定价中仍有很大局限性。主要表现在三个方面：一是理论上可以通过求解线性规划来获得资源影子价格，该方法所需资源和经济的数据量大，计算复杂，在实践中存在很大困难。因而在实际工作中，影子价格的获得常采用以下几种方法：以国内市场价格为基础进行调整；以国际市场价格为基础确定；机会成本法等。二是从线性规划模型来看，影子价格反映的只是一种静态的资源最优配置价格，不能表现资源在不同时期动态配置时的最优价格。三是根据影子价格的定义，影子价格与生产价格、市场价格差别很大，它只反映某种资源的稀缺程度和资源与总体经济效益之间的关系，因此，它不能代替资源本身的价值。

（二）边际机会成本模型

机会成本的概念是新古典经济学派提出的。是指在其他条件相同时，把一定的资源用于某种用途时所放弃的另一用途的效益，其中最高的一种就是它的机会成本。根据机会成本确定自然资源价格，不仅意味着将一部分资源开发利润计入成本，也意味着必须将未来所牺牲的收益计入成本。在无市场价格的情况下，用机会成本来间接计算资源价格，是一个可行的方法，因而机会成本理论被广泛地用于自然资源定价。其中边际机会成本定价模型就是较为先进和流行的一种。

边际机会成本（Marginal Oppotunity Cost，简称MOC）理论认为：自然资源的消耗使用应包括三种成本：一是边际生产成本（Marginal Production Cost，简称MPC），它是指为了获得资源，必须投入的直接费用；二是边际使用者成本（Marginal User Cost，简称MUC），即将来使用此资源的人所放弃的净效益；三是边际外部成本（Marginal External Cost，简称MEC），外部成本主要指在资源开发利用过程中对外部环境所造成的损失，这种损失包括目前或者将来的损失上述三项可以用下式来表示：

$$MOC = MPC + MUC + MEC \qquad (3-7)$$

MOC理论认为：MOC表示由社会所承担的消耗一种自然资源的全部费用，在理论上应是使用者为资源消耗行为所付出的价格P，即P＝MOC。而当P＜MOC时会刺激资源过度使用，P＞MOC时会抑制正常的消费。

MOC将资源与环境结合起来，从经济学的角度来度量使用资源所付出的全部代价，它弥补了传统的资源经济学中忽视资源使用所付出的环境代价以及后代人或者受害者利益的缺陷，可以说是一个新突破；另外，MOC可以作为决策的有效判据用来判别有关资源环境保护的政策措施是否合理，包括投资、管理、租税、补贴以及自然资源的控制价格等。但将其应用于自然资源价格测算仍存在着严重的缺陷，主要表现在以下几个方面：一是应用较困难。在公式3-7中，MPC的获取比较容易，而MUC、MEC则比较困难；二是缺乏可比性。由于同一资源在不同地区MUC、MEC计算的内容方法不同，这样使MOC缺乏可比性，难以进行时空分析和宏观上把握资源价格变化。

（三）可计算一般均衡模型

可计算一般均衡模型（Computable General Equilibrium Model，也称CGE

模型），它是一种宏观经济的自然资源价格计算模型。它是应用市场经济的一般均衡理论，分析自然资源供需达到均衡时的资源价格或自然资源边际贡献：CGE模型源于瓦尔拉斯的一般均衡理论，但又不同于这一理论。它取消了完全竞争的必要性假定，把政策的干预引入了模型，使之适合当今许多国家混合经济的条件。因此，它使一般均衡理论更接近经济现实。CGE模型作为一种建模技术，吸收了投入产出、线性规划等方法的优点，体现了部门间的联系，同时又克服了投入产出模型忽略市场作用等弊端，把要素市场、产品市场通过价格信号有机地联系在一起，既反映了市场机制的相互作用，又突出了部门间的经济联系。CGE模型20世纪60年代末出现于宏观政策分析和数量经济领域，随着经济理论的不断丰富、计算技巧的逐步完善，CGE模型的研究和应用日渐广泛。能有效应用于包括自然资源和环境在内的各种商品价格的计算。

由于CGE模型能有效地模拟宏观经济的运行情况，因此，它能用来研究和计算某一区域的经济在均衡条件下各部门商品的相对价格，以及在均衡条件下各部门的生产和消费情况。但把CGE模型应用于自然资源商品价格的研究，不仅需处理的数据量非常巨大，更主要的是在我国目前的经济统计工作中，还没有把各类资源及开发状况作为一个单独的部门来处理，因而，无法把资源商品纳入模型，直接计算资源产品的相对价格。较为现实的是，建立宏观经济的投入占用自然资源模型，通过可供资源量的变化，推求GDP的变化值；然后确定GDP变化值由于自然资源量变化的贡献量，推求资源的边际价格。这种方法只需在现有的CGE模型中加入自然资源条件变化的方程，实际操作较方便。

（四）市场估价模型

市场估价模型也称效益换算定价模型，它是基于人们对自然资源的开发利用既会给人类带来经济正效益，也会造成环境负效应的认识，通过自然资源在市场上的价值表现，将两种效益进行换算，通过直接或间接的市场价格来估算自然资源和环境资源的经济价值的定价模型。市场估价理论模型由一系列以市场为主的价值评估方法组成。根据市场信息完备与否，可分为直接市场方法（收益现值法、生产率变动法、疾病成本法和人力资本法、重置成本法、预防支出法等）、间接市场方法（后果阻止法、保护费用法、旅行费用法、工资差额法等），以及以调查为主的主观性较强的模拟市场方法（直接询问调查法、间接询问调查法、德尔斐法等）。除了模拟市场法采用问卷调查外，以上每种定价方法都有其特定的经验模型或具体模型。其中较为常用的模型有：收益现值模型、疾病成本和人力资本模型、资产价值模型等，举例如下：

1.资源价值的收益现值模型

资源价值的收益现值模型是根据某种自然资源的收益（或地租）来推算该资源

的价格。公式如下：

$$P = \sum_{i=1}^{n} \frac{P_i}{(1+r)^i} \qquad (3-8)$$

式中，P 为自然资源价格，P_i 为未来第 i 年的资源预期收益额（$i=1$，2，3，…，n）；n 为收益年限；r 为折现率。即以未来的收益率进行折现的模型来估算自然资源的价格。

2.人力资本模型

人力资本理论用于资源定价的思路是用收入的损失，估算由于环境污染引起的过早死亡的成本，进而推算出环境资源的价值。根据边际生产力理论，人失去寿命或工作时间的价值等于这段时间中个人的劳动价值，一个人的劳动价值是在考虑年龄、性别、教育程度等因素的情况下，每个人的未来收益经贴现折算成的现值。假设一个人在正常情况下，可以活到 t 年，由于环境污染而于 T 年过早死亡，则这个过早死亡的人所损失的劳动力的价值可描述为：

$$L_T = \sum_{i=T}^{\infty} Y_t P_T^l (H\gamma)^{-(t-T)} \qquad (3-9)$$

式中，L_T 为一个年龄为 T 的人未来收入的贴现值；Y_t 为预期个人在第 t 年内所得到的总收入扣除他拥有的非人力资本的收入；P_T^l 为个人在第 T 年活到第 t 年的概率，r 为预计到第 t 年有效的社会贴现率。

市场定价模型不仅是以资源使用的市场价值为基础进行定价，比较直观；而且定价的具体方法众多，在实际定价工作中，无论在计算资源商品价值还是计算资源服务价值方面，都有广泛的应用。但它也有明显的局限性。一是无论是直接市场法还是间接市场法，都是有关商品和劳务的市场价格计算，但许多资源根本没有相应的市场和价格。即使有，市场价格也多是扭曲的，无法真实地反映消费者的支付意愿或受偿意愿，不能充分衡量自然资源开发的全部成本；因而，必须把扭曲价格订正为有效价格，而这经常是很困难的。二是模拟市场法主观性较强，且每种方法的使用都有严格的前提和限制，因而调查结果也存在着产生各种偏倚的可能性。

（五）李金昌模型

我向学者李金昌在综合效用论、劳动价值论和地租论的基础上，建立了独具特色的自然资源的定价模型。该模型认为自然资源的价值 P 包括两个部分：一是自然资源本身的价值，即未经人类劳动参与的天然产生的那部分价值 P_1；二是基于人类劳动所产生的价值 P_2。即：$P = P_1 + P_2$。根据地租论，设 R_0 为基本地租或租金，a 为代表自然资源丰度和开采利用条件即地区差别、品种差别和质量差别的等级系数，则该自然资源的地租或租金 $R = aR_0$；I 为平均利息率。则该自然资源本身的价值 $P_1 = aR_0/i$；P_2 可以根据生产价格理论来确定。设 A 为支付在该自然资源上的人财物投入总额（折成资金），Q 为受益自然资源总量，N 为受益年限，则资源产业活动对该自然资源的总投入的每年单位资源量的分摊额为 $A/(N \cdot Q)$，再考虑投入资本的平均利润 p，即为社会投入单位资源所产生的成本加利润，它相当于 $(c+v+m)$；即：

$$\frac{A}{N \cdot Q}(1+\rho) = c+v+m \qquad (3-10)$$

其中，c 为物质消耗；v 为活劳动消耗；m 是利润。这部分价值是该自然资源每年的生产价值，它与地租或租金是同一层次的问题。所以，该自然资源由于社会投入部分产生的价值 P_2 只要考虑平均利息率，即可求得：

$$P_2 = \frac{A(1+\rho)}{N \cdot Q \cdot I} = \frac{c+v+m}{I} \qquad (3-11)$$

因此，该自然资源总的价值 P 即为：

$$P = P_1 + P_2 = \frac{1}{I}\left[aR_0 + \frac{A(1+\rho)}{N \cdot Q}\right] = \frac{1}{I}(aR_0 + c + v + m) \qquad (3-12)$$

其次，再考虑自然资源价值的大小。这主要取决于它的稀缺性。稀缺性主要体现在供求关系上。在供给量 Qs 一定时，其价格（价值）与需求量 Qd 大致成正比关系；在需求量 Qd 一定时，其价格（价值）与供给量 Qs 大致成反比关系。而在实际上，无论 Qs 还是 Qd，它们与价格之间并不都是固定关系。在不同的价格水平下，Qs 与 Qd 具有不同的伸缩性；在相同的价格水平下，Qs 与 Qd 的伸缩性也不尽相同。把这种伸缩性分别用供给量变化率与价格变化率的比值（即供给弹性系数 Es）和需求量变化率与价格变化率的比值（即需求弹性系数 Ed）来表示。Es 表示供给量变化对价格的灵敏程度，Ed 表示需求量变化对价格变化反应的灵敏程度。加入上述关系，则公式 3-12 变为：

$$P = \frac{1}{I}\left[aR_0 + \frac{A(1+\rho)}{N \cdot Q}\right] \times \frac{Q_d \cdot E_d}{Q_s \cdot E_s} = \frac{1}{I}(aR_0 + c + v + m) \times \frac{Q_d \cdot E_d}{Q_s \cdot E_s} \qquad (3-13)$$

第三，凡是资本，都应考虑时间价值。设 P 为现值，P_t 为第 t 年的价值，贴现率用 i 表示；则有：

$$P_t = P(1+i)^t \qquad (3-14)$$

所以，公式可变为：

$$P_t = \frac{(1+i)^t}{I}\left[aR_0 + \frac{A(1+\rho)}{N \cdot Q}\right] \times \frac{Q_d \cdot E_d}{Q_s \cdot E_s} = \frac{(1+i)^t}{I}(aR_0 + c + v + m) \times \frac{Q_d \cdot E_d}{Q_s \cdot E_s} \qquad (3-15)$$

上述两式即为确定自然资源价值（价格）的基本理论模型。它符合完全的生产价格应该等于成本加利润再加地租的原则，尤其是从资源租金角度把自然资源本身的价值考虑进去，使自然资源本身的价值有所体现。有关影响自然资源价值（价格）的其他因素均可以在这个公式的基础上加以考虑，对公式做出扩展。

（六）能量定价模型

能量定价的基本思路是，通过计算自然资源中所含有的总能量来确定自然资源价格。能量价值模型是根据自然资源经济系统所生产的总能量折算成货币价格的定价模型。其基本设想是自然资源是人类社会经济系统的组成部分，而能量与货币的转换在经济学上又是完全可能的。实际上，一个国家国民生产总值与它的总能耗的比例可以使能量同货币联系起来。确定能量单位价值的公式为：

$$UVE(能量单位价值) = GNP(国民生产总值)/TEC(总能耗) \qquad (3-16)$$

按照资源经济学的方法，首先计算出一种自然资源所生产的总能量，然后乘以能量单位价值，就可以得出这种自然资源的总能量价值，其公式即：

$$TEV(总能量价值) = TE(总能量) \times UVE(能量单位价值) \qquad (3-17)$$

能量定价理论用能量这个统一标准，将自然环境系统和人类经济系统联系起来，解决了经济学家和资源经济学家在资源价值评估中所遇到的统一性和准确性问题，是一种较好的计量资源价值的方法。

（七）能值定价模型

所谓能值是指某种流动或贮存的能量包含另一种流动或贮存的能量之量，它与能量有着本质的不同，是一种比值定义的概念。20世纪80年代后期，美国著名生态学家 H.T.Odum 在对不同生态系统中的能量流动进行系统研究的基础上，'根据不同自然资源对能量吸收转换的效率差异，提出能值转换率（Transformity）的概念，并以此作为评价自然资源和环境价值的尺度。由于地球上各种自然资源的能量都直接或间接来源于太阳能，所以实际应用的是太阳能值转换率，它指形成每单位某种自然资源的能量所需的太阳能数量。因而，太阳能值转换率是一个比值，比值越大，说明某种资源的太阳能值转换率越高，则在能量系统中的等级就越高，其经济效益就越大，价值也就越大。例如，太阳光能的能值转换率为1，风能的能值转换率为623，海浪能为 $17 \times 10^3 \sim 30 \times 10^3$，燃料的为 $18 \times 10^3 \sim 40 \times 10^3$，人类劳务为 $80 \times 10^3 \sim 50 \times 10^8$，信息资源为 $10 \times 10^4 \sim 10 \times 10^{12}$ 等。能值转换率的大小，从本质上揭示了不同资源能量、商品劳务和技术信息等存在价值差别的根本原因。

能值理论解决了一般能量单位难以解决不同类型、不同性质的自然资源的能量相互加减和比较问题，以太阳能值作为资源财富（资源资本）统一度量标准，从而为客观地评价和比较多种类型的自然资源的内在价值及其对人类经济系统的贡献提供了一种新思路。但需要指出的是，能值理论固然承认自然资源和环境的开发利用离不开货币能值的中介作用，但它摒弃了自然资源和环境价值的传统货币尺度，而是提出了用能值转换率（Tramformity）、能值投入率（Emergy investment ratio）、能值净产出率（Net emergy yield ratio）等一系列客观的指标来衡量各具体自然资源和环境的内在价值。由于能值和货币价值是两种完全不同的尺度，中间也没有过渡的桥梁，因而在现实资源管理和经济生活中还难以直接应用。

总之，以上是有关自然资源定价的几种主要和常用的定价理论模型。就模型本身而言，它们各有鲜明的特点，并与各自的价格理论相呼应；就实际应用而言，它们也各有长处和短处，对不同的自然资源类型或在不同的情况下，应选择使用。

第二节　影响能源价格的因素

能源价格直接反映着能源商品供需关系的变化，并调节着供需双方的资源配置和生产经营活动。它是国家制定经济政策和企业进行资源配置及生产经营决策的重要基础之一。总体来看，影响能源价格的因素有基本因素和二级因素之分，二级因素往往通过影响基本因素，进而影响到能源的价格。

一、基本因素

能源价格受多种因素的影响而波动，但是能源商品和其他商品一样，其价格由其本身蕴含的价值决定，并受伝求关系的影响而波动，所以影响能源价格波动的基本因素是其自身价值和供求关系，其他因素都是通过影响其价值和供求关系来影响煤炭价格的。

（一）价值因素

能源的生产和传输成本蕴含着人类的社会必要劳动时间，构成了能源自身蕴含的价值，以我国煤炭资源蕴含的价值为例，从煤炭价格结构来看，煤炭价格主要由生产成本和运输成本以及各涉及单位的利润构成。现阶段我国煤炭的生产成本仅占到最后消费价格的百分之十几，中间环节的费用和成本高得惊人。运输对煤炭价格的影响也是举足轻重的，运输成本是影响煤炭价格的主要组成部分。由于我国煤炭铁路运输距离远，线路复杂，而铁路运输不仅各个运行区段价格不同，而且费用构成非常复杂，比如不同技术水平的线路收费不同，不同性质建设资金来源的铁路收费不同，线路建设资金分摊方式不同等，很难对煤炭的铁路运输费用进行详尽描述。以主要运输通道计算，从山西、陕西和内蒙古西部地区运往东南沿海不同地区的运输成本可谓千差万别，铁路运输费用、运杂费（铁路建设基金等）、税金和利润等费用的总和，占到了最终用户煤价的一半以上，甚至高达2/3；可见能源传输的相关费用构成了能源价值的主要部分。

石油、天然气，以及新能源和可再生能源同样面临着生产和传输问题，能源的生产成本和传输费用是能源成本的主要内容，基本能够代表能源自身价值是决定能源价格的最基本和核心的因素。此外，近些年来，能源的环境成本也在通过各种税费逐渐地体现出来，成为能源价值的一部分。

（二）供求关系

供求关系是指在商品经济条件下，商品供给和需求之间的相互联系、相互制约的关系，它是生产和消费之间的关系在市场上的反映。经济学原理告诉我们，价格随供求关系的变化而不断变化，反过来价格同样会影响到供求关系的变化。

各种类型的能源作为商品，其价格变化自然要受到各种供求关系的影响。如国际石油价格一直随着供求关系的变化而变化，一旦供应紧张，国际石油价格就相机而动，随之上升。一旦需求受阻，国际油价往往会有所回落。

二、二级因素

（一）国家政策

国家政策是影响能源价格的主要因素，政府往往通过控制和调节能源价格调节能源市场的供求关系，以促进能源市场的健康平稳发展。以我国煤炭价格为例，现阶段我国正处在煤炭管理改革阶段，所以煤炭价格受国家政策的影响非常大。比如放开了电煤价格政策肯定会使得电煤价格产生波动。又如降低煤炭出口退税率政策肯定会影响到煤炭进出口的价格——如国家为了通过加强煤炭出口，减轻国内煤炭市场相对过剩的压力，制定了鼓励煤炭出口退税等优惠政策。在该系列政策的影响下，煤炭价格的变动在所难免。

（二）能源储运成本及其供需

能源储运成本是能源成本的主要构成部分，能源储运能力会不断地变化将影响到能源成本的变化，进而影响到能源价格。一般而言，在能源储运能力强的时期，能源储运成本低，在其他因素不变的情况下，能源价格往往会有所降低，能源需求会有所增加，而能源供给会有所降低；反之，在能源储运能力弱的时期，能源储运成本升高，在其他因素不变的情况下，能源价格往往会有所上升，能源供给会有所增加，而需求降低；可见，能源储运成本作为能源价格的主要构成部分将很大程度影响到能源价格，随着储运价格的波动能源价格必将同步波动。如我国煤炭市场，由于煤炭储运的压力较大，煤炭市场价格中储运成本占据了很大的比重，而且随着运力紧张程度的上升，煤炭价格也会不断上升。

（三）市场竞争

竞争主要是指能源供给方与能源需求方之间的竞争及其各自内部的竞争状况。能源行业虽然带有一定的自然垄断特征，但不能完全排除竞争。市场有效竞争（或可操作的竞争）的结果将使得价格趋于合理化，使得能源行业的利润率趋向于社会平均利润率。从供给方看表现为不同能源品种之间的竞争，同一能源品种生产企业之间的竞争，如常规能源与新能源之间的市场竞争与相互替代，同是电力企业尚有水电与火电的区分。从需求一侧看表现为不同需求群体之间的竞争，如电力企业用能与非能源企业用能之间的竞争，工业用能与商业、民用能之间的竞争等。

可见，能源市场中无论是供给方和需求方，还是供需双方内部，不同性质和不同类型的企业之间都存在一定的竞争关系，价格是竞争的产物，众多能源市场主体为了获取更高利润率而进行的竞争与博弈将对能源价格的波动带来有利或不利的影响。

（四）能源投资

能源投资是能源供给的基础，从能源勘探到能源开采，再到能源输送无不需要能源投资的支持。能源投资往往通过影响能源供给的变化影响能源价格。如为了缓解日益严重的能源供应和环境压力，目前各国进行大量的清洁能源和可再生能源投资，使得能源供需矛盾在一定程度上得以缓解，进而调节了能源价格，为经济的平稳发展打下了基础。如岩页气的投资和开发，将大大增加能源供给，满足或缓解经济发展对能源的巨大需求，在稳定能源价格方面发挥重要的作用；此外，对能源勘探、开发，以及储运等各方面的投资都将通过影响能源供给进而影响到能源价格。

（五）地缘政治

地缘政治因素对能源价格产生着重要影响，如中东等地恐怖主义活动频繁发生及对能源生产设施的可能破坏引起了全球市场对能否保证正常的能源供给的担忧，从而有可能在国际市场能源价格中形成所谓的"恐怖溢价"，并通过投机活动进一步放大。有分析认为，目前世界市场每桶原油的价格中大约10美元是对恐怖袭击的担忧等因素造成的"恐怖溢价"。此外，能源生产国的政治形势是影响国际能源市场价格的另一重要因素。

（六）其他因素

除了上述各因素之外，所有影响能源成本和能源供需变化的因素都将对能源价格产生影响。如安全生产和环境补偿成本的增加将增加能源供给成本，进而影响到能源的供需平衡，并通过影响能源供求关系影响能源价格。不同类型的能源价格存在一定的联动机制，相互作用与影响；又如上下游产品价格将对能源价格产生重要影响。上游产品价格降低，能源生产成本会随着降低，能源价格一般也会降低，但是对于能源而言，主要是受其下游产品的影响。以煤炭价格为例，主要耗煤行业特别是电力、钢铁、冶金、化工等重点耗煤行业的生产和需求状况是影响煤炭市场最重要的因素，决定煤炭价格的走势诸如汽车、钢铁、基础设施和能源建设等行业快速发展带动了煤炭需求，进而拉动煤炭价格的上升。

综上所述，能源价格受多种因素的影响，它们往往通过影响能源成本和供求关系来影响能源价格。能源价格波动必将对经济发展造成较大的影响，因而在能源管理改革和能源价格形成机制改革过程中，关注这些因素的变化显得至关重要。

三、能源供需模型

众多的相关因素变动将对能源价格产生影响，而这些因素往往通过影响能源供求关系来影响能源价格，如产业结构的升级与调整，居民生活质量的改善等生产、生活因素会直接导致对能源需求的变化；又如替代能源的出现，在改变能源供给结构的同时，也会对能源的需求产生间接的影响；而需求侧管理对能源需求的影响更为直接，由于能源利用过程中各种外部性日益凸显，促使能源开发企业增加资金提高能源使用效率，减少对能源开发领域的直接投资，促使终端能源资源得以有效利用。影响能源的供需变化，进而影响能源价格因此，总结上述影响因素，可以得出以下能源供需基本图示模型：如图3-1所示：

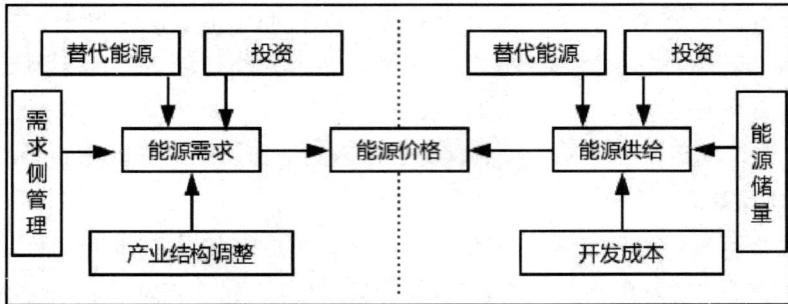

图 3-1 能源价格影响因素图示模型

由图可见，能源价格变化受多种因素的影响，这些因素通过影响供求关系影响到能源价格。需要说明的是图中只标识了部分因素，其他诸多因素以内向箭头表示。同样，对不同类型的能源也可以根据影响其价格变化的因素做出多因素图示模型。如图3-2所示是电力价格的多因素图示模型。

可见，诸多因素影响能源价格，任何一个因素的变化都将对能源价格产生影响，根据一般经济学研究方法，在假设条件下，如果这些因素能够以量化指标代替，就可以设计出影响能源价格的多因素数理模型。

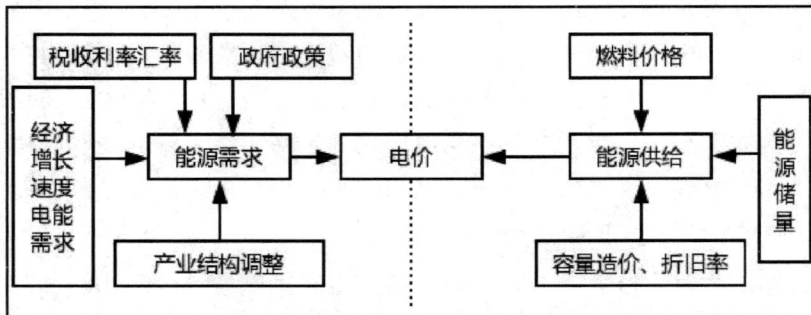

图 3-2 电价格影响因素图示模型

第三节 能源定价模型的设计与选择

一、多因素定价模型

能源价格受多种因素的影响，这些因素都是通过影响能源的供需对能源价格造成影响完全可以借鉴目前国内流行的多因素模型，设计出能源定价的多因素模型，进一步丰富能源定价理论。

（一）能源定价的单因素模型

借鉴金融学和其他领域的单因子模型，假定能源价格的变化受单一因素的影响。单因素模型的基本思想就是认为因变量的变化只受一个自变量的影响，此处我们假定能源供求关系是影响能源价格的唯一因素，而且能源供需的平衡程度可以通过能源供需总差额或一个失衡率指标来进行度量。则可以设计出能源定价的单因素模型如下：

$$P_i = f(E_{sd}) = a + bE_{sd} + \varepsilon_i \tag{3-18}$$

其中，P_i 代表某种能源的价格；a 代表能源价格中独立于市场的部分；b 代表该种能源价格对供求关系的敏感程度；E_{sd} 代表该能源供求失衡状况；ε_i 代表随机变量，也叫残差，用于测度 P_i 与平均价格之间的偏差。

如果能够在一系列假设条件下，通过历史经验数据，求得 a、b、ε_i 等，则影响能源价格随着能源供求关系的变化而波动。当然，单因素模型的应用面临诸多局限，基本只是一种理论上的设想，对于能源定价应该借助丰富的数学知识进行多因素定价。

（二）能源定价的多因素模型

很显然，影响能源定价的因素不止一个，这些因素的变动会引起能源价格的波动。如果把上述单因素模型中的能源供求因素分解成能源供给和能源需求两个因素，则单因素模型可以变为双因素模型。公式如下：

$$P_i = f(D, S) = a + bD_i + cS_i + \varepsilon_i \tag{3-19}$$

其中，P_i 代表某种能源的价格；a 代表能源价格中独立于市场的部分；b 代表该种能源价格对能源需求的敏感程度；c 代表该种能源价格对能源供给的敏感程度；D_i 代表该能源需求状况；S_i 代表能源供给；ε_i 代表随机变量，也叫残差，用于测度 P_i 与平均价格之间的偏差。

同样道理，如果把影响能源供需的经济增长、社会发展、资源禀赋、能源投资、能源技术等多种因素具体化，则影响能源价格的多种因素都可以纳入模型，公式 3-19 双因素模型将变为多因素模型。假定多种因素可以用 F_i 来表示，则能源定价的多因素模型变为：

$$P_i = f(F_1, F_2, F_3, L, F_n) = a + b_i F_i + b_2 F_2 + L + b_n F_n + \varepsilon_i \qquad (3-20)$$

其中，b_i 代表该种能源价格对对应因素的敏感程度；F_i 代表各种影响能源价格的因素。

上述模型只是多因素模型理论上的基本形式，或者说表达了多因素模型的基本思想。在多因素模型的具体应用中，一般要求各因素 F_i 之间不存在相关关系，即各因素之间的协方差为零。处理因素之间的相关性等问题需要借助主成分分析法、相关性分析、多重共线性分析和检验方法等进行分析研究，不同类型和性质；的能源定价可能要采用不同的分析方法，但是，无论哪种分析方法，都需要借助 spss 和 Eviews 等常用的多因素分析软件对大量的数据进行处理：

（三）多一因素指数模型

在多种多因素模型中，多因素指数法是一种常见方法。多因素指数分析法是指影响某个总量指标的因素是三个或三个以上的因素分析法多因素指数分析的原理与两因素指数分析法的原理相同，是两因素分析法的推广

多因素指数分析法的基本步骤是：

第一步，分析确定要研究的总量指标及影响总量指标的多个因素，并确定多个因素之间的逻辑关系。

第二步，将总量指标表示为多个因素指标的连乘积，并对多个因素指标按照逻辑关系排序，把数量因素排在前面，质量因素排在后面。

第三步，建立指数体系。即总量指标指数等于各个因素指标指数的连乘积，在计算某个因素的指数时，要把其他因素的变动固定下来。其同度量因素的选取原则是：排在前面的因素都固定在报告期，排在后面的因素都固定在基期。

第四步，根据统计资料，分别从相对数和绝对值上逐个分析每个因素的变动对总量指标变动的影响方向、程度和绝对值。

设 E 为某个总量指标，影响它的因素有 a, b, c, d，从逻辑关系上有 $E = a \times b \times c \times d$，则四个因素的指数体系为：

相对数：

$$\frac{\sum a_1 b_1 c_1 d_1}{\sum a_0 b_0 c_0 d_0} = \frac{\sum a_1 b_0 c_0 d_0}{\sum a_0 b_0 c_0 d_0} \times \frac{\sum a_1 b_1 c_0 d_0}{\sum a_1 b_0 c_0 d_0} \times \frac{\sum a_1 b_1 c_1 d_0}{\sum a_1 b_1 c_0 d_0} \times \frac{\sum a_1 b_1 c_1 d_1}{\sum a_1 b_1 c_1 d_0} \qquad (3-21)$$

绝对数：

$$\sum a_1 b_1 c_1 d_1 - \sum a_0 b_0 c_0 d_0 = \left(\sum a_1 b_0 c_0 d_0 - \sum a_0 b_0 c_0 d_0\right) + \left(\sum a_1 b_1 c_0 d_0 - \sum a_1 b_0 c_0 d_0\right) +$$

$$\left(\sum a_1 b_1 c_1 d_0 - \sum a_1 b_1 c_0 d_0\right) + \left(\sum a_1 b_1 c_1 d_1 - \sum a_1 b_1 c_1 d_0\right) \qquad (3-22)$$

其中：

（1）$\dfrac{\sum a_1 b_1 c_1 d_1}{\sum a_0 b_0 c_0 d_0}$ 为总量指标指数，表明总量指标变动的相对程度；

$\sum a_1 b_1 c_1 d_1 - \sum a_0 b_0 c_0 d_0$，表明总量指标变动的绝对程度。

（2）$\dfrac{\sum a_1 b_0 c_0 d_0}{\sum a_0 b_0 c_0 d_0}$ 表明因素 a 对总量指标变动的影响方向。

$\sum a_1 b_0 c_0 d_0 - \sum a_0 b_0 c_0 d_0$ 表明因素 a 对总量指标变动的影响程度。

（3）$\dfrac{\sum a_1 b_1 c_0 d_0}{\sum a_1 b_0 c_0 d_0}$ 表明因素 b 对总量指标变动的影响方向。

$\sum a_1 b_1 c_0 d_0 - \sum a_1 b_0 c_0 d_0$ 表明因素 b 对总量指标变动的影响程度。

（4）$\dfrac{\sum a_1 b_1 c_1 d_0}{\sum a_1 b_1 c_0 d_0}$ 表明因素 c 对总量指标变动的影响方向。

$\sum a_1 b_1 c_1 d_0 - \sum a_1 b_1 c_0 d_0$ 表明因素 c 对总量指标变动的影响程度。

（5）$\sum a_1 b_1 c_1 d_1 - \sum a_1 b_1 c_1 d_0$ 表明因素 d 对总量指标变动的影响方向。

$\sum a_1 b_1 c_1 d_1 - \sum a_1 b_1 c_1 d_0$ 表明因素 d 对总量指标变动的影响程度。

如果把上述公式中的总量指标确定为能源价格，如 a、b、c、d 四大因素确定为影响能源价格的因素，通过一定的数理方法完全可以得出能源定价的多因素指数模型，

以上仅是能源多因素定价模型的基本思想和方法。此处只做理论分析，不做实证研究。希望能够起到抛砖引玉的效果，使得后续研究能够通过实证丰富能源定价的多因素模型由于本章第一节已经探讨了多种能源定价方法，所以此处仅就多因素分析法的设计思路进行简单介绍，下面主要是根据能源的类型对能源定价方法进行选择一般而言，根据能源是否具有可耗竭性可以做出不同的选择，

二、可耗竭能源定价模型

考虑到煤炭、石油、天然气等可耗竭能源的特点，在众多的定价方法中，边际机会成本模型最适用于可耗竭能源的定价。在完全竞争市场中，能源资源价格等于其边际机会成本（Marginal Opportunity Cost，MOC）可耗竭的能源资源的边际机会成本包括四部分：

第一，边际生产成本（MPC）：指资源勘探和生产过程中每增加一单位产品所消耗的各种生产要素的成本。

第二，边际使用者成本（MUC）：即可耗竭能源由于当期使用而给未来使用者造成的净利益损失，这部分成本可看作是能源资源的原始价值，可视为能源企业获得能源开发权的全部支出。

第三，边际外部成本（MEC），指能源开发过程中引起的对生态环境系统的损害以及对他人造成的不宋J影响二

第四，资源耗竭后的市场退出成本（ME′C），是基于能源行业资本密集度高、资产专用性强等特点考虑，指能源企业调整、关闭导致的资本沉淀、人员重新安置等市场退出成本。

即可耗竭的能源资源的边际机会成本：

$$MOC = MPC + MUC + MEC + ME'C \tag{3-23}$$

根据前文所述，MOC将资源与环境结合起来，从经济学的角度来度量使用资源所付出的全部代价，它弥补了传统的资源经济学中忽视资源使用所付出的环境代价以及后代入或者受害者利益的缺陷，可以说是一个新突破。在理论上应是使用者为资源消耗行为所付出的价格P，即$P = MOC$，而当$P < MOC$时会刺激资源过度使用，$P > MOC$时会抑制正常的消费。

三、可再生能源定价模型

如果说边际机会成本模型最适用于可耗竭能源资源的定价，那么对于风能、水能等可再生能源，考虑到经济学的基本原理，成本加成定价法是可再生能源定价最合理的方法。

采取成本加成定价，即以平均成本（AC）为基础，追加一个按加成率（S_i）计算的利润确定价格成本加成定价法的基本表达为：

$$P_i = AC_i + AC_i \cdot S_i \tag{3-24}$$

其中，P_i代表某种能源的价格；AC_i代表该种能源的平均成本，S_i代表加成率，即该能源销售中单位成本的附加利润。

如果按销售利润率（d）定价的方法（$d < 1$），则有：

$$d_i = \frac{P_i - AC_i}{P_i} \tag{3-25}$$

由公式3-24可推出：

$$P_i = \frac{AC_i}{1 - d_i} = AC_i \times \left(1 + \frac{d_i}{1 - d_i}\right) \tag{3-26}$$

即能源的价格决定于能源的成本和利润率。该方法的特点是逻辑关系清晰、应用简便…而且价格通过线性关系直接反映成本变化。此定价方法受到众多企业和政府有关管理部门的认同进一步可以利用西方经济学原理对能源企业的利润最大化进行管理。

即能源企业利润可以表述为：

$$\pi = TR - TC \tag{3-27}$$

则当利润达到最大化的时候，能源价格P可表述为：

$$P_i = MC_i \times \left(1 + \frac{1}{|\varepsilon| - 1}\right) \qquad (3-28)$$

综上所述，能源定价方法非常多，也可以根据不同的能源类型选择不同的能源定价方法。但是不同地区、不同的市场类型、不同的能源形势，不同的国家政策等因素对能源定价造成各种各样的影响，如鉴于能源资源的战略性，国家的能源控制和垄断将使得某地区能源价格完全扭曲，不能再利用市场定价方法。因此，无论采用何种能源定价方法，都必须根据客观形势，考虑多种因素对能源价格的影响，多因素定价法将是未来能源定价的一个发展方向。

第四节　能源价格对市场配置的调节

能源价格的形成受多种因素的影响，而能源价格的变化将通过影响能源供需对经济发展等诸多方面产生影响。本节将在研究能源价格波动特征的基础上，重点研究能源价格对市场的调节作用

一、能源价格波动的特征

由于能源的重要性和特殊性，以及能源金融化趋势使得能源价格，尤其是石油、电力等能源产品价格与一般实物产品价格有很大不同，价格波动剧烈频繁，表现出金融时间序列的很多特点，如波动聚积、记忆性等特点，而较少表现为完全无记忆的随机游走序列'如国际石油价格由于其特有的现货与期货相连的定价方式，使得石油价格同时具有金融和期货市场的时间序列特点。

在能源市场上，参与市场交易的各方主体，往往根据获取的市场信息，并结合对未来市场的预期和判断，指导它们的实际交易行为。这些实际交易行为将对最终价格的形成产生一定的影响，并反映在最终形成的价格中。能源市场中参与市场交易的主体大致包括：生产方、需求方和由于能源金融化发展而加入进来的投机方。由于信息不完全和信息获取是有成本的，各方只能根据自己所获取的信息，决定自己的交易策略，各方交易策略的实施，通过影响能源现期货的供'求，进而影响能源价格。因此，通过分析能源价格波动特征，可以大致了解各交易主体的交易行为特征，以及对价格形成的影响。

理论分析和实证研究表明，能源价格波动的基本特征如下：价格的短期波动主要是由投机者的行为支配，而中长期价格行为是由消费者（需求方）和生产者（供给方）行为控制的。因此，对能源供需状况的分析研究依然是掌握能源价格波动特征的基础。

二、能源价格对市场的调节作用

能源价格特殊的地方主要表现在影响能源价格的因素较一般商品复杂得多，加之能源金融化发展趋势，导致能源价格波动甚至出现混沌等复杂动力学特征。u 但无论其变化多么复杂，能源价格作为市场最主要的调节机制，其价格变动仍然是实现能源资源优化配置最主要的市场调节者。从长期来看，能源价格和能源供需之间互动影响是能源价格对市场调节的直接体现和反映。能源价格直接影响到能源市场的均衡，能源市场均衡可分为单一能源品种的局部市场均衡和多能源市场品种的一般市场均衡。

（一）能源市场的局部均衡

马歇尔创立的局部均衡理论，把单一商品的市场看成是总体经济的一个很小部分。相对于总体经济来讲，单一商品市场的小规模特点给我们分析市场均衡问题带来了两个方便之处。首先，我们可以认为消费者在单一商品上的支出仅占他（她）全部支出的一个很小比例，一元钱的收入中仅拿出很少一点来购买这种商品，因此收入效应很小，可以忽略。也就是说，消费者收入的变动对单一商品的需求量影响甚微，近乎没有影响，因而可以视作无影响。其次，所研究的商品市场的小规模也使得该种商品的价格化对其他商品几乎没有什么替代效应，因而可以认为其他商品的价格不受所考虑的这种商品价格的影响即局部均衡是指在假定其他市场条件不变的情况下，孤立地考察单个市场或部分市场的供求与价格之间的关系或均衡状态，而不考虑它们之间的相互联系和影响。例如，在考察石油市场时，假定石油市场价格由石油市场供需决定，而不考虑煤炭、天然气等其他能源品种市场供求和价格变化的影响。

当某种能源品种（或某个局部能源市场）的供给与需求在量上相等时，该能源品种市场（或该局部能源市场）便达到了均衡状态。因为能源市场是由多种能源品种构成、且各能源品种之间存在着相互替代性，所以，单一能源品种市场的均衡是短暂的、不稳定的，一旦与其相关市场发生变化，均衡就有可能被破坏下面以国际原油市场为例，分析国际原油市场均衡的形成。

传统经济学商品价格的形成是当该商品的供给等于需求时，市场达到均衡，由此供给（或需求）量所决定的价格就是该商品的均衡价格，、在封闭的市场，且不存在库存的条件下，商品的供给量为产量，需求量为消费量但是因为石油市场受战争、意外事件的影响较大，战争和意外事件可能造成石油供应中断，由此对全世界经济生产产生较大的影响；所以现在很多国家都建立了相应的石油储备。因为库存的存在，当年的消费量就不等于当年的需求量，当以往的一部分储备转化为供给时，当年的石油产量也不等于当年的供给量；所以原油市场均衡，不能直接利用产量等于消费量关系式进行分析。如果将国际原油市场看作一个虚拟的商品市场，该市场的流入就是国际原油出口国的总出口，流出就是国际原油进口国的总进口。从这个角度来说，可将从国际市场的流出（进口）视为需求（包括当年的消费和储备），将流进（出口）视为供给，国际原油市场出清，意味着进口等于出口，此时国际原油市场达到均衡，由此确定了均衡的国际原油价格。在供给与需求函数变量的选择上，需求（进口）设定为国际原油价格、世界经济活动水平（实际GDP）和OECD国家石油储备量的函数；供给（出口）方程的因变量为国际原油价格，设国际原油价格为原油出口量、OPEC上期原油产量的函数。根据上述分析，构建原油需求和供给计量经济模型如下：

第一，原油需求函数：

$$\ln IM = a \ln PC + B \ln G + C \ln SD + d \tag{3-29}$$

其中，IM为国际原油进口量；PC为国际原油价格；G为世界实际的GDP；

SO为OECD国家的石油储备量；a、b、c分别为国际原油需求关于原油价格、世界实际的GDP和OECD国家的石油储备的弹性；d为常数项。

根据市场价格机制，原油价格上升，需求减少即进口量与原油价格呈反向关系；当世界经济处于上升期，各部门扩大生产，从而增加对原油的需求，各进口国增加原油进口，即进口量与世界经济活动水平（实际GDP）呈正向变动关系；同样OECD国家增加石油储备需增加原油进口，而减少石油储备，意味着动用一定量的石油储备满足国内需求，这会导致石油进口量的减少，因此OECD国家石油储备量国际原油进口量也呈正向变动关系。即根据理论分析和弹性意义，初步判断：a<0，b>0，c>0。

第二，原油供给函数：

$$\ln PC = \alpha \ln EX + \beta \ln QO(1-) + \gamma \tag{3-30}$$

其中，$\ln PC$为国际原油出口量；$QO(1-)$为OPEC时期原油产量；α、β为国际原油价格关于原油供给和OPEC原油产量的弹性系数；γ为常数项。

对供给方程而言，国际原油出口量越多，表明国际原油市场供给量越多；供给增加，油价走低；反之，国际原油出口量减少，表明供给减少，油价走高，因此，国际原油价格与国际原油出口量呈反向变动关系；由于OPEC在国际石油市场上的地位，OPEC的产量政策通常作为油价变化的一个指标，增加产量会使油价下跌，减少产量会使油价上升，另外假设市场信息不完全，市场对OECD的产量变化有一个滞后期，从而OPEC上期原油产量与国际原油当期价格之间存在反向变动关系。即从理论上分析，初步判断：$a,\beta<0$。

（3）市场均衡：

$$IM = EX \tag{3-31}$$

即国际原油市场总出口量等于总进口量，国际原油市场出清，供需达到平衡，由此确定的价格即为原油市场均衡时的价格，还可以进一步利用模型分析各因素（自变量）变化对均衡价格和均衡数量的影响。

上述分析只是对问题的一种简单化处理，实际问题要复杂得多，诸如国际石油市场的结构、OPEC的石油生产行为、OECD石油储备的使用机制等可能都会对实际的均衡产生一定的影响：如QPEC通过对成员国产量实行配额方式管理，进而对OPEC总产量加以限制的产量政策，会对国际石油市场的均衡产生一定影响。

首先，供求定理表示在其他条件不变的情况下，需求变动分别引起均衡价格和均衡数量的同方向变动；供给变动分别引起均衡价格的反方向变动和均衡数量的同方向变动。

其次，石油输出国组织采取配额制方式，在成员国之间分配产量，限制国际石油市场的总产量，因为它们清楚，在石油需求既定的情况下，控制产量就可以达到控制均衡价格的目的，如果他们认为均衡价格偏低，就会减产，削减各成员国份额，使均衡价格回升；如果它们觉得市场均衡价格偏高，这样不利于OPEC成员国长期利益，它们就会要求成员国增产，促使原油价格降低。

最后，由于石油为各国的重要能源，其需求价格弹性较小，需求量的下降幅度会小于价格的上涨幅度，使得价格上升所造成的销售收入的增加量必定大于需求量减少所带来的销售收入的减少量。

因此，石油输出国组织通过限制石油产量，影响和控制石油市场均衡价格和均衡数量，达到保证各成员国石油输出收入的目的。

同样道理，在一定条件下，其他不同品种的能源也可以达到能源价格和能源供需的局部均衡，但是同样要受多种因素的制约和影响。

（二）能源市场的一般均衡

关于市场均衡分析比较经典与常用的是瓦尔拉斯的一般均衡分析方法，瓦尔拉斯出版的《政治经学概论》一书中，提出一般均衡理论模型，该理论模型涵盖了整个经济体系中所有的商品及生产要素，并以各个市场同时达到均衡为目标，故称之为一般均衡理论。瓦尔拉斯的一般均衡理论只是理论模地，利用该模型对实际问题做具体明确的定量分析比较困难，因此，后继的研究者在瓦尔拉斯一般均衡模型的基础上发展出一系列均衡分析的定量分析工具：如投入产出模型、瓦尔拉与帕累托一般均衡数学模型等，其中最流行的是可计算的一般均衡（Computable General Equilibrium，CGE）模型，世界上第一个CGE模，型应是约翰森（Johansen）年提出的。在此之后，CGE模型的发展似乎出现了一段时间的中断，直到70年代都没有显著进步。在70年代，有两个因素引起了人们对CGE模型的兴趣。一是世界经济面对诸如能源价格或国际货币系统的突变、实际工资率的迅速提高等较大的冲击；

二是促使近20年来CGE模型的应用不断扩大的因素是其细化处理的能力日益提高。作为政策分析的有力工具，CGE模型经过40～50年的发展，已在世界上得到了广泛的应用，并逐渐发展成为应用经济学的一个分支。基于能源CGE模型的能源—经济—环境分析将在本书别的章节运行详细研究。本节对能源市场的分析主要从供需平衡的角度进行。

多种能源品种市场的均衡分析。就所有能源品种市场的供求和价格之间的关系，以及同时均衡问题进行的一种分析。均衡假设各种商品的价格和供求是相互影响的，一种能源市场的均衡只有在其他所有能源品种市场都达到均衡的情况下才可能实现。例如，国际市场达到均衡时，如果煤炭市场未达到均衡，假设供不应求，煤炭价格上涨，此时石油相对于煤炭来说比较便宜，由于石油和煤炭的互补性，必然有一部分煤炭需求转化为石油需求，打破石油市场的均衡。所以，由于能源品种之间的互补性，只有当所有能源品种都达到均衡，且没有其他因素变化时，各能源品种数量和价格才能达到一种稳定状态。

多种能源品种的一般均衡分析，是指各单一能源品种市场同时达到均衡，满足一般均衡的前提条件包活：一是能源经济系统中只存在唯一的信号，即能源价格。经济行为人都是唯一地根据能源价格信号做出自己的行为选择；二是每个经济行为人都能及时准确地获取完全信息；三是从非均衡状态到均衡状态的调整在瞬间完成。即分析过程不涉及均衡状态的变化过程和达到均衡状态所需要的时间，简言之，采用静态均衡分析方法。

假设某一能源市场由煤炭、石油、天然气和电力（水电+核电）四种一次能源市场组成。各能源品种的供给量既受自身价格的影响，同时还受其余三种能源价格的影响，以及受到价格之外其他变量的影响，公式如下：

$$S_i = f\left(P_i, P_j, X_i\right) \tag{3-32}$$

其中，S_i表示第i种能源的市场供给；P_i表示第i种能源的价格；P_j表示第j种能源的价格$j \neq i$，i，j=煤炭、石油、天然气和电力（水电+核电），X_i除价格外的其他变量或一组变量构成的向量，如对煤炭来说，可以考虑：煤炭生产要素的价格、煤炭生产技术、政府对煤炭供给的相关政策等。同样地，设各能源品种的市场需求函数为：

$$D_i = g\left(P_i, P_j, Y_i\right) \tag{3-33}$$

其中，D_i表示第i种能源的市场需求；P_i表示第i种能源的价格；P_j表示第j种能源的价格，$j \neq i$，i，j=煤炭、石油、天然气和电力（水电+核电），j为除价格外的其他变量或一组变量构成的向量，比如对煤炭来说，可以考虑：煤炭利用技术、煤炭互补品的价格，以及政府对煤炭供给的相关政策等因素的影响。

只有当市场供需平衡，即满足：$S_i = D_i$，i=煤炭、石油、天然气和电力（水电+

核电）时，这四种能源品种构成的多能源品种市场才达到均衡，由此确定的各能源品种价格为均衡价格，各能源品种供需量为均衡数量，只要影响这四种能源市场供需的任何一个因素发生变化，整个市场的均衡就会被破坏，此时，市场参与主体将根据各能源品种变化了的价格信号，对自己的市场行为做出调整，使得所有能源品种重新达到供需平衡。市场迅速从原均衡状态进入一种新的均衡状态。

此时，市场均衡模型是由四种能源的供给函数、需求函数和平衡函数十二个公式构成，如果在上述理论分析中引入时间因素，静态分析就会变成动态分析，模型将会变得更加复杂。由此可见，借助西方经济学原理和数理方法可以对能源价格和能源供求的调节及其互动关系进行全面的分析研究，为能源市场管理奠定一定的理论基础。

三、能源价格与一般价格水平

能源价格一方面作为能源市场的调节机制，发挥能源资源配置的作用；另一方面，能源作为一种基本生产要素，能源价格的变动意味着企业原材料成本的变动，尤其是当能源价格大幅上涨时，追逐利润最大化的企业就会尽可能将产品成本上涨的压力通过产品价格或其他方式向下游使用者转移，如果这种转移比较顺畅，最终将发生大面积产品价格上涨的现象，即一般价格水平的上涨。

（一）能源价格波动的传导

能源在经济生活中往往以一种原材料或是一种生产要素的形式投入到生产中，并扮演着重要的角色，经济中的所有产品的生产都离不开能源这个要素微观经济活动认为价格是市场最重要的信号机制，同样地，能源价格的波动对经济体系的诸多方面具有很大的影响。

根据价格学原理，市场经济条件下各种商品价格的有机联系构成统一的价格体系，表现出价格链条的系列衔接性。在价格链条上任何一个环节商品价格的变动'，都会通过成本推动或需求拉动向其他环节传导，这是价格运行的一般规律。能源作为一种生产要素，处于价格链的最前端，因此，其对其他产品价格水平的影响，主要是通过成本推动形式进行传导的。

能源价格上涨首先会对耗能密集型原材料行业产生影响。例如油价上涨会使得钢铁行业的运输成本增加；钢铁企业的生产离不开电力，平均而言，我国钢铁企业吨钢耗电在450千瓦时左右，因此电价上涨将导致钢铁企业的生产成本增加，这些耗能密集型产品将被作为原材料广泛地投入到下游产品的生产中，例如汽车工业是钢材消耗的主要行业之一，在汽车生产过程中，钢铁消耗占原材料消耗的60%～70%。最后，交通工具成本的上涨将使运输成本面临上涨压力，进而使购买运输服务的消费者面临涨价的压力。能源价格上涨通过产业链逐级传递，并最终到达消费者领域，影响一般价格水平。

（二）能源价格上涨对一般价格水平的影响

能源价格上涨最直接的影响是提高产品生产成本，产生成本推动型即通货膨胀。能源价格波动通过产业链以投入成本变化的方式影响与其直接相邻的部门。这些部门又根据自己投入成本的变化以不同的形式影响与其相关联的部门，各部门投入成本的变化必然影响这些部门最终产品的价格，进而影响总体价格水平。如原油价格上升，石油炼制部门原材料将大幅上涨；炼制部门投入成本的上升，使其利润减少，对利润最大化的追求，迫使其尽可能将投入成本的上升以各种方式转嫁给其下游化工部门或终端消费部门，下游部门将以相同的方式进一步转嫁，最终传导到消费领域，推动物价总水平的上升。

研究能源价格波动对通货膨胀影响使用的方法主要是时间序列中的自回归（VAR）模型和向量误差修正模型（VECM）方法。与利用时间序列的方法相比，利用投入产出法研究能源价格与通货膨胀之间的关系不需要较长的历史数据，只要一张详细的投入产出表，数据比较容易获得；其次利用时间序列方法需要各研究变量是完整的，这个条件不是任意变量组都能满足的；最后利用投入产出表法可以考虑不同情境下能源价格与通货膨胀率之间的关系，模拟不同情境下通货膨胀的变化轨迹，这是时间序列法和CCT模型不容易实现的。以我国2017年投入产出表为基础数据，设定五种情景，运用迭代方法经十次迭代，可以看到在不同情景模式下，能源价格上涨对各部门价格和一般价格水平的影响具体如表3-1和表3-2所示：

表3-1 情景设定描述

情景	特征描述
情景1	以涨价的形式将成本上涨的压力全部向外转移
情景2	以压缩利润空间的方式吸收成本上涨的压力
情景3	同时运用涨价和压缩利润空间的方式消化成本上涨的压力
情景4	以涨价的形式将成本上涨的压力全部向外转移的同时，工资按上次总价格水平上涨幅度调整
情景5	同时运用涨价、压缩利润空间和减少税收的方式吸收成本上涨的压力

表3-2 各情景十次迭代后的投入成本

情景	石油开采	煤炭采选	天然气开采	石油加工	化工	农业	交通运输	建筑	其他工业	非物质生产部门	一般价格水平
情景1	118.6	130.12	136.75	152.56	150.08	121.60	145.16	146.28	140.56	130.97	156.63
情景2	99.92	99.98	99.94	109.21	100.16	100.00	99.77	99.99	100.00	99.98	100.02
情景3	100.1	100.28	100.37	102.91	100.57	100.25	100.56	100.61	100.36	100.28	101.62
情景4	147.5	144.90	159.65	182.86	170.10	129.53	169.73	160.34	156.96	146.61	172.25
情景5	100.1	100.33	100.47	100.74	100.62	100.27	100.73	100.60	100.40	100.32	101.67

根据上述结果可知情景2的结果最好，一次迭代后基本完全吸收了油价波动所产生的影响，达到了新的均衡，且对一般价格水平没有产生影响。情景3和情景5的结果也是可以接受的，经过十次迭代后的累积效应：一般价格水平上升了约1.6个百分点，各部门的投入成本上涨幅度都比较小，只有石油加工部门的涨幅略高，其余部门的投入成本上涨幅度都没有超过1个百分点。情景1和情景4是我们应该力求避免的，这种毫无限制的原材料和劳动投入成本的转嫁会引起各部门投入成本的大幅上涨，引起奔腾式的价格水平上涨，引起恶性通货膨胀，将对经济生产和人民生活造成极为严重的不利影响。

需要说明的是，上述模拟分析一个重要的假设前提是：价格传导机制是完全畅通的，实际情况可能不完全相同，如我国对成品油价格实行政府管制，这就将原油经成品油的传导机制人为地掐断了，即使不实行政府管制，市场也不是完全通畅的。如有些产品需求价格弹性较大，一旦涨价，产品需求量将大幅减少，这就大大地限制了企业向外转移成本上涨压力的能力。所以实际中能源价格对，一般价格水平的影响要小于上述分析结果。

四、能源价格对相关部门生产的影响

根据前文分析，通过产业链的价格传递机制，能源价格波动除影响本行业的利润走向外，还对其他相关行业产生重要影响，其影响大小受各工业行业的主要原材料在产业链上距离能源的远近、相互间的关联性等制约，影响程度上存在差异。较其他能源品种而言，石油价格波动相对剧烈频繁，所以下面主要分析石油价格波动对我国相关部门的影响。此处主要分析上游的原油开采行业、中游炼油和石化行业，以及下游的农业、交通运输业和汽车行

（一）石油开采业

石油开采行业是国际油价上涨最直接的受益者。石油开采企业是石油的主要供给方，石油价格上涨，在其他条件不变的情况下，该类企业利润率将随之上升，我国原油价格与国际原油价格实现逐步接轨，国际国内油价实现了联动，因此当国际油价上涨时，油价上涨使石油开采类企业在生产经营过程中处于较为主动的地位，行业盈利能力及资金收益达到历史最高水平。如2017年1~12月，石油和天然气开采业销售收入总额达到12466.493亿元，同比增长29.19%；石油和天然气开采业利润总额达到4044.293亿元，同比增长44.79%.2017年上半年，我国石油和天然气开采业规模以上企业实现产值6760.3亿元，同比增长12.3%。

但是石油价格的频繁剧烈波动给石油开采行业带来较大的运营风险，而且我国目前大陆多数油田已经进入开发中后期，产量下降，成本增加，油田产量递减和生产成本上升是很难逆转的趋势，随着国际油价的波动起伏，石油开采行业中长期存

在一定的风险。

（二）炼油行业

原油成本通常占炼油企业主营业务成本的80%以上，该行业消耗了原油消费总量的72%左右，原油价格上涨，将直接增加炼油企业的成本；而且根据目前我国石油定价机制，成品油价格涨幅滞后并小于原油价格涨幅，因此石油加工及炼焦业的利润空间应该明显缩小，近几年原油价格大幅上涨，我国许多炼油企业处于亏损状态。

但是我国石油行业主要由少数几家企业垄断经营，他们大都是上下游一体化经营企业，企业内部上下游之间结算价格通常低于市场原油价格。另外，近几年政府根据国际成品油价格上涨幅度对国内成品油价格进行过几次上调，因此，炼油企业利润虽然受到一定的影响，但作为上下游一体化的石油企业利润却处于历史高位。而对于那些单纯经营炼油业务而并非上下游一体化的公司，影响较大。

（三）石油化工行业

虽然国际原油价格上涨对石化行业成本影响较大，但由于石化行业产品的特性决定了石化行业主要是受经济形势的影响，而不是国际原油价格的影响，如金融危机前几年，虽然国际原油价格大幅波动和上涨，但由于世界经济形势较好，对石化产品需求旺盛，使得石化产业很容易将来自原油价格上涨的压力较为"顺畅"转嫁出去，事实也证明，2015~2013年石化类产品的价格一直处于高位。如2016年聚丙烯平均价格与上年相比就上涨了11.25%，其他如聚乙烯、聚氯乙烯等石油化工产品价格都有较大幅度的上升。

（四）农业

石油价格的上涨给农业带来较大的负面影响，加重了农业生产和农民生活负担。石油价格上涨导致了农用生产资料，如化肥、农药、塑料薄膜等涨价，增加灌溉、耕田、运输等农机具用油的成本。尽管政府为减轻油价上涨对农业的影响，采取了一系列措施控制农资涨价，延缓或小幅调高柴油价格，但这些行政手段执行、监督都比较困难，实施效果不是很好，将来政府应更多地借助经济手段进行调控，世界不少国家政府通过对农用柴油实行减税或补贴的方式，降低农机作业成本，减轻农民使用农业机械的负担。

（五）交通运输业

交通运输业是耗能大户，其能源消费量仅次于工业。油价上涨对航空、铁路、公路、水路运输影响程度不一。影响最大的应该是公路和航空，铁路和水路影响较小。航空燃料油消费占我国民航运营总成本的20%左右，是民航运输成本中最大的一块。航油的涨价明显加大民航运输成本，而目前各航空公司竞争异常激烈，航油价格上升的成本很难转嫁出去；公路运输因为进入门槛低，竞争最为激烈，因此其燃油成本更是难以转嫁，因此公路运输往往以超载、利润吸收方式化解能源价格风险，油价冲击最为严重；城市公交和出租行业的票价由政府确定，因此大部分影响自行消化，所以受油价冲击也较大；铁路和水路运输由于进入门槛高，且具有规模效益，竞争没有公路和航空运输激烈，使得铁路和水路运输受油价波动冲击较小。

虽然交通运输业受油价上涨冲击较大，但由于机场、港口和高速公路具有一定的资源垄断性质，它们短期内受油价冲击较小，另外由于我国目前处于快速增长时期，这些行业能够享受需求快速增长带来的产业机会，只有当原油价格持续或永久性上涨时，对这类企业的影响才会慢慢体现，但受影响的程度远远低于民航、公路运输和市内公共交通，以及铁路和熟路运输。

（六）汽车行业

能源价格上涨不仅造成汽车制造业本身成本的增加，同时拉动了汽车制造业上游钢铁、有色金属、零部件等部门成本上升。由于产能增长远远高于实际需要，导致汽车行业竞争异常激烈，汽车公司竞相降价争夺客户，因此难以将成本上涨压力向消费者转移。最近几年，随着油价的不断攀升，汽车制造业利润一直走低。此外，能源价格的持续上涨将影响到人们对汽车的消费，高油价通过对消费者的购车选择产生影响，进而对汽车制造业产生较大影响，节能型和新能源汽车将成为未来汽车市场的新宠。

五、能源价格调节作用的局限性

由于决定能源价格形成的因素非常复杂，很多时候，尤其是短期受某种突发因素的影响，形成的能源价格根本没有合理地反映能源市场供需状况，乃至完全脱离供需基本面，这样的能源价格将失去调节能源市场的能力和作用「例如，我国煤炭行业集中度低，进入门槛低，小煤窑泛滥，市场过度竞争，形成价格偏低。偏低的价格（低于边际机会成本）进一步刺激过度开发利用，恶化环境，并造成资源的大量浪费c有数据表明，我国煤炭资源平均回收率仅为30%左右，而美国、澳大利亚、德国等发达国家的资源回收率高达80%左右。价格偏高（高于边际机会成本）则抑制合理消费，影响经济发展和社会福利。因此短期内，不合理的价格将造成能源调节作用的失效。这是能源价格调节作用的一大局限。

综上所述，在市场经济条件下，能源价格是不断波动的，能源价格的波动将对经济产生各种各样的影响，能源价格通过影响各行业的发展对经济发展造成一定的冲击和影响，必须重视能源价格的调节作用，管理好能源市场，为经济发展服务。

第四章 国际能源贸易与能源金融

由于能源分布受地域的影响，同时能源在空间上分布不均匀，因而国际能源贸易的蓬勃发展成为必然。能源贸易由最初固定价格的长期供货合同，逐步发展为现货贸易，随着能源贸易规模的进一步扩大，能源价格决定因素日益复杂，能源价格波动变得越来越剧烈和频繁，为规避价格风险，现货价格与期货价格挂钩，期货价格在能源价格发展中的作用和地位逐步得到加强，能源期货市场得到迅速发展。能源产业发展的另一显著特点是，能源与金融的日益融合，二者的融合为能源产业的发展注入了新的活力。能源金融的发展，一方面使得能源价格风险管理越发显得重要；另一方面也为能源价格风险管理提供了更加有效的管理工具。

第一节 国际能源贸易

一、国际能源贸易的特征

（一）从能源种类来看

1.世界石油贸易

第一，世界主要石油出口国的出口贸易特征。

在世界石油贸易中，关于石油的交易主要交易品种是原油，原油贸易占石油贸易的70%以上。自20世纪60年代世界石油中心由墨西哥湾转向中东以来，在国际市场上石油出口主要来源于中东，而且据BP（2017）数据显示，2017年全球原油出口贸易为38，76亿吨，中东为18，29亿吨，占当年全球原油贸易的44.2%，其次是前苏联地区，占17%，西非占11.8%，这三大地区占比超过70%。总体而言，由于受到资源禀赋的制约，因而世界石油出口贸易格局相对比较稳定。

第二，世界主要石油进口国的进口贸易特征。

原油进口主要集中在美国、欧洲、日本、中国和印度，2017年这五大国家/地区原油进口量占世界总进口量的80%，美国和欧洲占总进口量的近50%。欧盟近年来大力发展可再生能源，原油进口量呈稳步下降态势，2016年占全球进口总量的28%，2017年下降到27%，2018年进一步降到了25%。2017年受金融危机影响，美国、欧洲、日本石油进口均较2016年有所下降，降幅最大的是日本，由上年的2.03亿吨降到2017年的1.77亿吨，下降了13%，但2018年，除欧洲地区外，美国和日本进口量又有所回升。作为新兴经济体的中国和印度伴随着经济的高速增长，石油进口也呈现出强劲增长势头，2016年中国与印度原油进口占全球原油进口贸易份额分别为9.1%和6.5%，2018年分别增长到12.5%和8,6%，年均增幅均超过10%，中国2017年、2018年分别以14%和15%的速度递增。

中国主要原油进口来源地为中东、西非、前苏联地区以及亚太地区，近两年加强了与前苏联地区的石油贸易，减少了对中东地区的依赖，2018年从中东进口石油1.18亿吨，占总进口量的40%，较2016年下降了约2个百分点，从前苏联地区进口3300万吨，占进口量的11%。从西非进口4370万吨，占总进口量的15%，从印度尼西亚等亚太国家进口2880万吨，约占10%。进口来源地更加合理化，今后若干年中国的石油需求将仍然增长强劲，新增石油需求主要都将通过国际石油贸易来满足，开拓新的、安全的进口贸易渠道仍将是一项艰巨的任务。

2.全球天然气贸易特点

第一，世界主要天然气出口国的出口贸易特征。

与石油贸易相比，全球天然气贸易量小得多，但由于近年来石油价格在高位剧烈波动，天然气贸易呈显著增加的趋势。2018年全球天然气贸易量为69.75千亿立方米，较2017年增长13.5%，2017年较2016年增长7.7%。天然气贸易国际化程度不高，区域性特点非常显著，无论进口还是出口贸易集中度较石油都小得多。世界主要的天然气出口国为俄罗斯、挪威、卡塔尔和加拿大，它们的出口贸易占全球天然气贸易的一半左右，其中2018年俄罗斯天然气出口占全球总量的20.5%（BP，2018）。

第二，世界主要天然气进口国的进口贸易特征。

天然气进口主要集中在美国、德国、日本和意大利等国，2018年四国天然气进口贸易量占全球贸易量的37.6%，美国最多，占比为10.8%。从来源看，美国主要集中在加拿大，占其进口贸易量的88%；德国主要集中在俄罗斯、挪威、荷兰，三大来源占其总进口贸易量的95.7%；意大利主要集中在北非的阿尔及利亚、利比亚，俄罗斯以及欧洲的荷兰、挪威和亚洲的卡塔尔，其中阿尔及利亚占比36.6%，俄罗斯占比18,8%；日本主要集中在亚太地区的印度尼西亚、马来西亚、卡塔尔和澳大利亚以及俄罗斯，五大来源占其进口贸易量的77%。

中国2016年进口天然气为64.4亿立方米，2017年增加到96.3亿立方米，增幅超过70%，2018年进口量进一步增加到663.5亿立方米，较上年增幅超过了100%。中国天然气进口来源主要为澳大利亚、土库曼斯坦、印度尼西亚、马来西亚和卡塔尔，其中2018年从澳大利亚进口152.1亿立方米，占比31.88%，从土库曼斯坦进口135.5亿立方米，占比21.71%。过去十年中国天然气消费量年均增长约16%，与此同时，中国的天然气产量也呈快速增长的趋势，但增速低于消费，受制于资源禀赋和开发利用水平限制，未来中国会越来越依赖国际天然气市场，为此中国应尽早着手，开拓周边贸易资源。

3.全球煤炭贸易特点

第一，世界主要煤炭出口国的出口贸易特征。

与天然气贸易类似，煤炭贸易的国际化程度也不高，区域性特色比较显著，目前国际主要有两大煤炭贸易圈：大西洋贸易圈和太平洋贸易圈。太平洋贸易圈是世界煤炭贸易最活跃的地区，该地区主要煤炭出口国为澳大利亚、俄罗斯、印度尼西亚，其中澳大利亚是全球最大出口国，其出口量约占全球贸易的30%左右；大西洋贸易圈主要煤炭出口国为哥伦比亚和南非。

第二，世界主要煤炭进口国的进口贸易特征。

目前，印度尼西亚是我国最大的煤炭进口贸易国，澳大利亚、越南、蒙古和俄罗斯紧随其后，上述五国进口煤炭占我国全部进口量的84%。

日本、韩国和中国台湾由于资源短缺，一直是最主要的煤炭进口国及地区。中国和印度近年来煤炭进口需求不断增加，随着人们对煤炭资源战略重要性认识不断加深、跨国企业重组对国际煤炭市场格局的影响，主要煤炭进口国都加紧了海外煤炭资源的开发，未来国际煤炭市场的进口贸易竞争将趋于激烈，中国应从能源安全战略高度出发，尽早布局，争取主动。

（二）从能源性质来看

1.从垄断性转向竞争性

能源贸易从垄断性向竞争性转变。由于发达国家率先进入工业文明时代，因而ZE业比较发达，对能源的需求也相对于发展中国家较高。特别是美、日、欧为首的发达国家。因而在能源市场上，呈现出以美、日、欧为主导的能源进口垄断。在统计数据之后，我们发现，欧佩克对于石油的消耗是数量巨大的，基本上形成了一种垄断的趋势，无论是在石油消耗上还是在石油储备上，其中，放眼整个世界，大约有69%的已知石油储备也掌握在OPEC国家。而发达国家对于能源的垄断绝非仅仅只限于石油行业。除了石油之外，对于煤炭的垄断力量也是相当可观的。加拿大、澳大利亚、南非等对煤炭出口的垄断是全世界看在眼里又无可奈何的。而20世纪70年代以前，以美国、荷兰、英国为首的七大石油卡特尔，也就是被世人称作的"七姐妹"，这七大集团对于整个世界石油市场的主宰作用是不容小觑的；随着世界商业中心的转移，欧洲资本主义崛起，欧佩克开始登上了世界石油主宰的舞台，而主要的垄断手段就是"限产保价"，通过这个战略来控制石油牌价，从而达到垄断进而集聚巨额财富的目的。但垄断只能带来短期的巨额财富，而不是一个长久之策 随着世界经济贸易格局一体化的发展，石油市场也发生了很大的变化，整个石油市场的规模相对于21世纪有了很大的拓展，石油的需求市场也随之大大扩展，而石油的出口地区和进口地区也逐步增加，供应地区呈现多元化的趋势，市场格局发生了变化，整个石油产业也开始从垄断转向竞争。在整个亚洲地区，尤其是东亚和东南亚地区由于其得天独厚的先天自然地理位置使得经济发展非常迅速，高速增长的经济，整个消费市场的活跃，这都使得能源需求不断增加，而自身拥有的能源远远满足不了这样的需求，因而进口行业就显得炙手可热，能源进口量大幅攀升。而一些非欧佩克国家和地区，最显著的例子是俄罗斯、中亚、北海等，这些地区拥有丰富的石油资源，因而很好地适应了整个世界能源发展潮流，成为很好的主要石油出口国，整个世界对石油的需求增长也带来了这些国家和地区石油出口量，的增长，这在一定程度上是对欧佩克出口垄断的打击，国际石福市场也即从垄断体制逐步重构为竞争体制，"全球燃气、电力供应体系也正经历类似于世界石油市场体制的演进过程，都为市场竞争体制的形成提供了条件"。

2.兼具政治性和经济性

国际能源贸易兼具政治性与经济性。能源贸易具有市场的私人营利性，但能源问题不仅是经济问题，而且是重要的政治和安全问题。因此，能源贸易不只是纯粹的贸易，大多数国家都把能源战略当成国家安全战略的重要组成部分。

3.能源特定性决定了能源贸易的一些特性

能源由于其本身具有一定的特殊性质，这就决定了其运输方式只能是固定的，如石油。煤炭的运输不能依靠空中运输。正是由于这样的特殊性，从而给能源贸易造成了诸多不便，同时由于能源的运输量较大，因而只有一些巨头公司才能承担起这个责任，这很容易造成以一些大型能源公司（有时是私营企业）为首的垄断，这正是能源贸易自由化的重要障碍。

4.能源与环境联系密切

使用能源为人类造福不少，但同时对环境的影响也是十分巨大的。近年来频频出现的生态环境问题，与能源的扩大使用有着密不可分的联系。首先，抛开对外界的影响不说，光是能源使用对能源自身就有非常大的影响，矿物能源通常都是不可再生能源，如煤炭、石油，它们的形成需要经历上亿年，而能源的消耗使得整个世界能源储备一点点减少，最终被挖空也是极有可能的，这不利于人类的延续发展。其次，能源的使用对外界的影响显然是越来越明显的，大气的污染、水资源的污染以及整个生态环境的恶化，这无一不与能源的使用息息相关。在2008年，欧盟委员会关于这个问题做工严肃的重视，成立了一系列法案，决定将国际航空业纳入欧盟的碳排放交易体系（EUETS）中。欧盟关于过境飞机征收碳排放税的做法固然有利于环境保护，但可能在全球引发贸易战，国际能源贸易必然受此影响。

二、国际能源贸易与经济发展

能源贸易对整个世界经济的发展均有影响，不仅对于能源出口国有重要的影响，同时对能源进口国也有不容忽视的影响。能源贸易是国家对外贸易的有机组成部分。面对全球能源短缺危机和在可持续发展方面遇到的问题，能源的输入与流出活动将关系到国家的能源安全乃至经济安全。

现代经济学理论认为，进口会导致进口国家财富的不断流失和减少。但能源是一种特殊产品，它作为一种产出物，计入国民经济账户；同时还作为一种基本生产要素，是其他产品和劳务得以形成的基础和动力源泉。一般认为，能源产品的进口对一国经济来说也是一种"注入"，有助于国民收入的增加。

能源贸易对经济增长的影响机制如图4-1所示。

首先，国内生产的能源一部分用于国内消费，一部分用于出口。用于国内消费的能源一部分用于能源行业的再生产，即能源行业的自耗能；另一部分用于国民经济其他部门生产和服务需求。用于出口的能源，根据现代经济学观点，进口是一种"流出"行为，那么出口便是一种"注入"行为，这对于出口国家而言是有利的，财富不断增长，国民收入不断增加。若考虑乘数的作用，国民收入会成倍增加。由于一定时期内，国内生产的能源产品总量是一定的，因而用于出口与用于国内消费两部分之间具有此消彼长的关系。

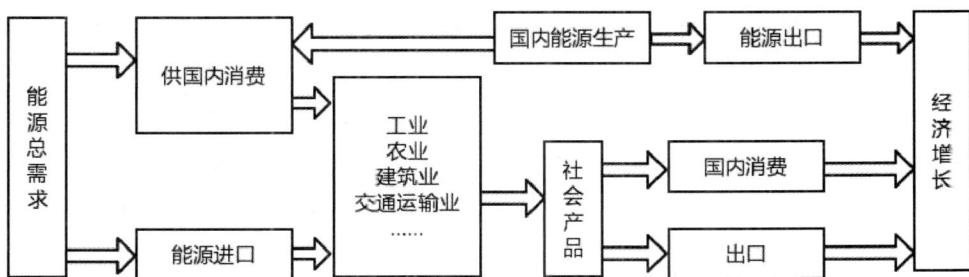

图4-1 能源贸易对经济增长的影响机制

其次，国内总的能源需求量一部分来源于国内，一部分来源于进口，二者之间也存在着此消彼长的关系。根据前述分析可知，能源进口通过满足各部门必要的投入要素需求，增加了这些部门产品的增加值，从而增加了国民收入。

最后，能源进口和出口对于国民经济都有促进作用，但相比较而言，能源进口的作用更大。原因在于，能源是一种基本生产要素，处于产业链最前端，属于初级产品，附加值不大，而进口则通过产业链，大大增加了中间产品和最终产品的附加值，乘数效应明显，对经济增长的拉动作用大大增强。

第二节　能源金融化与能源期货市场

一、能源金融化

在整个世界经济发展过程中，能源产业和金融产业都占有重要的份额，对于社会经济的发展具有十分重要的作用。作为动力的能源能够推动着整个经济向前发展。而金融的出现更是影响着整个世界经济的变革，社会经济生活的各个领域都能与金融扯上关系。能源产业与别的产业不同，最大的不同之处在于，它是一种密集型产业，其发展需要巨额的资金作为支撑。这就与金融行业产生了关系，需要金融机构的大力支撑，当然，并不是所有的金融机构都能担当这样的重任，只有大型的金融机构才有担当这个重任的资本和条件，以便在能源产业进行融资时能够提供持续的、大规模的资金。而金融行业放贷不是随随便便的，也会找有一定偿还能力的，实力比较雄厚，有一定信用基础的产业，能源产业正好符合这样的要求。因而，就出现了能源和金融的合作。近些年来，随着世界能源进出口贸易的发展，能源金融化的趋势更加明显。而能源由于其本身的特性（主要是需求性），因而越来越受到金融市场投资者的青睐，这也衍生出了"能源期货"，能源期货的价格也正是整个能源市场为能源定价的主要依据。因而可以说，能源与金融两者是相互依存的，一方的变化势必会影响另一方也发生变化。

目前看来，整个国际上俨然已经形成了能源金融一体化的格局。这个变化在能源市场上有所表现，在金融市场上也有所表现。而最为现实的一个例子就是，在能源企业中，越来越多的能源企业愿意将部分闲散资金投入到金融市场中，而对于金融企业来说，越来越多的金融企业愿意接管一些关于能源企业的投资的业务，在这个合作过程中，双方共同获利。能源与金融虽然结合了，但从学术上讲，并没有一个准确的定义来定位能源金融这个词的含义。显然，之所以学术界迟迟不能轻易给能源金融做一个定论，是因为能源金融概念的边界和内涵涉及较广，而且随着世界经济的发展，还不断发生着变化。用系统学的观点来看，本书认为，能源金融既包含了能源系统的一些方面，又包含了金融系统的一些方面，是二者结合后产生的新的金融系统。

任何企业的融资都要受其信用评价影响。在能源行业，这一点尤其重要，因为能源行业给人的感觉就是一个高风险行业。所以对于能源机构而言，知道那些信用评级机构如标准普尔（（Standard&Poor's）和穆迪（Moody's）公司等是怎样进行信用评级是至关重要的。他们也应该知道某一评级机构或第三方机构在评估他们时哪些要素是关键要素。

在能源部门，公司评级机构通常会审查：

· 企业战略。

· 能源市场参与情况和能源业务的多元化情况。

· 公司竞争优势。

· 风险管理操作。

· 能源市场与业务风险的管理和监管。

· 风险承受能力：公司是如何管理其价格风险（市场风险）的。

· 能源公司衍生工具组合投资的估值方法。

· 信用风险政策。

· 企业和风险管理控制系统。

· 影响向能源市场供给的因素，包括营运成本、财务风险和绩效。

一项有利可图的能源交易业务的关键是其风险管理操作。大多数商业信用调查机构在进行风险管理评估时，评估重点集中在交易业务的管理监督能力、风险承受能力、信用风险政策以及在适当的地方控制风险管理步骤的系统和报告结构。这些评估能够帮助评级机构决定一家能源交易商能否在能源市场取得成功。这意味着，有效地执行含有衍生工具在内的合适的价格风险管理策略能够帮助一家能源机构获得评级机构的良好印象。

一些评级机构（如标准普尔）将风险控制系统作为被评估对象获得投资级别信用品质的绝对必要条件。对标准普尔而言高于BBB，或者对穆迪而言高于Baa的级别就是典型的被认为是投资的级别。

假如存在显著的能源价格风险，并且预计交易者会去投机，那么能源部门的总体风险就会很高。这就意味着，能源部门平均信用质量评估等级按标准普尔规则来算会是在BB类中的较低级别。

高信用品质的能源交易商通常有较高的信用评级。因为他们不仅向人们供应实物能源，而且这些公司常常还拥有下列中的一部分或全部：

· 领先的国内或国际市场地位［如壳牌（Shell）或英国石油（BP）］。

· 业务的多元化和（或）上、下游领域的一体化，以此来减少时务利润侵性（Eaxon公司多年来一直认为没有必要进行套期保值，因为该公司既有上游的原油领域产业，在下游也有自己的炼油厂和加油站）。

· 作为低成本的工业能源给料的供应商的优势（石油、天然气、电力、石化）。

· 专业运用和出售金融衍生工具，以及大量的现货流动性。评级机构会密切关注被评估对象的风险管理操作，因为很多人将其视为一笔成功的能源交易业务的绊脚石。评级机构希望用到下列事项的有效监控：

- 公司文易业务的完善监管。
- 市场风险。
- 信用风险政策。
- 用来控制和监控公司现货和衍生品交易及结算过程的系统。

评级机构也会为衍生工具的使用寻找两个清晰的管理控制结构。他们也希望看到一套已制定好的政策，以确定下列报告在每一个工作日开始就能做出并发到高级管理层。

一份"日头寸报告"包括：

- 盯市（mark-to-market）。
- 对手的信用风险（credit exposure）
- 风险价值（VAN）报告。
- 发生的任何意外事件的详细报告（如政策违例、交易限制违约等）。

拥有强大的高级管理层也会被评级机构关注（这通常在有关账户的信息披露或公司官方访谈时被要求）。

从理想的角度来说，信用评级机构想看到董事会很有兴趣去积极监督交易操作。这可从下列情况中得到解释：某一组织的大宗能源交易要得到董事会的批准，董事会附属委员会要对该组织交易风险管理政策的内外部审计负责。

二、能源市场上期权的种类

能源期货市场上最普遍的期权如IPE/NYMEX等都是美式期权，但是在场外交易市场（OTC）上，最多见的却是亚洲期权（路径依赖期权）。区分一个期权是美式期权、欧式期权或亚洲期权非常重要，因为我们要通过不同模型对它们估价。布莱克——斯科尔斯模型并不适用亚洲期权，因为亚洲期权是基于整月的平均价格，一组对数正态分布的算术平均分布具有分析上不易处理的性质。

（一）美式期权

看涨期权（上限期权）价值的下限为零，价位的上限取决于标的能源期货或互换市场价格和期权的敲定价格（执行价格）两者之间的较大者。期权的价值不可能为负值。

看跌期权（下限期权）价值的下限为零，价值的上限取决于标的能源期货或互换市场价格和期权的敲定价格（执行价格）两者之间的较高者。期权的价值不可能为负值。

看跌期权（下限期权）的最大价值为期权的敲定价格。因为标的期货/互换的价值不可能为负，所以看跌期权（下限期权）的最大收益位于期权的敲定价格（执行价格）和零之间。

到期期限——当一个看涨期权（上限期权）具有较大时间价值/较长有效期时，它的价值不小于相应的期限较短的美式看涨期权。例如，一个在12月到期的两平看涨期权（上限期权）和一个在来年1月份到期的两平看涨期权（上限期权），后者的期权价值就大于前者，这是由于后者多了一个月的时间价位。

美式看涨期权（上限期权）的售价不能小于相应的欧式看涨期权（上限期权），基本上前者成本更高。这是因为美式期权持有者有权在期权有效期内的任何时间执行期权。而欧式期权就没有如此大的灵活性，该类期权只能在特定的日期执行，一般都是期权的到期日。

（二）欧式期权

看涨期权（上限期权）换市场价格和期权的敲定价格负值。

看跌期权（下限期权）换市场价格和期权的敲定价格价值的下限为零，价值的上限取决于标的能源期货或互（执行价格）两者之间的较大者。期权的价值不可能为价值的下限为零，价值的上限取决于标的能源期货或互（执行价格）两者之间的较高者。期权的价值不可能为负值。

看跌期权（下限期权）换市场价格和期权的敲定价格负值。

看跌期权（下限期权）值不可能为负，以看跌期权和零之间。价值的下限为零。价值的上限取决于奈的能源期货或互（执行价格）两者之间的较高者。期权的价值不可能为价值的上限为期权的敲定价格。因为标的期货/互换的价（下限期权）的最大收益位于期权的敲定价格（执行价格）。

（三）亚洲期权

在场外市场交易的能源期权绝大部分是由亚洲期权构成的：亚式的上限期权、下限期权和零成本的双限期权。亚洲期权是一种路径依赖期权，有时候也被认为是一种回顾期权，即期权持有者有权按期权有效期内标的能源市场的平均价格来执行期权。亚洲期权比一般的欧式期权便宜，这是因为平均价格的波动率要小于一个时点上的波动率，而欧式期权中涉及的正是一个时点上的波动率。在能源市场上，我们经常会接触到类似互换那样涉及长期平均价格的金融衍生品，亚洲期权就是其中一种，该类期权一般包含整个月的平均价格（大约20天）。

三、能源期货的经济影响

能源期货和期权合约及市场给市场参与者和公众带来了很多利益。其中最重要的利益之一就是形成了一个高度可见的、有效的价格发现机制。期权合约在近似于完全竞争的条件下进行交易，有大量的买方和卖方对同质产品进行交易。交易所制定的规则防止了操纵，保证公正、公开和诚信的交易。此外，还有高效的、几乎无成本的信息系统。除了财务责任之外，进入这个市场没有其他障碍。在这样的条件下产生的价格可以被认为是"适当的"价格,因为它代表了成千上万的独立的市场参与者所作决策的一致结果。

在能源期货市场产生之前。没有可见的、广泛报出的基准价格。所报的价格经常受到调整和折价的影响,这使它们在决策时毫无用处。欧佩克的标价经常受到政治因素以及供求因素的影响。不同的大型石油公司经常以区别很大的价格向他们的客户出售产品。此外,一个市场报出的能源现货价格通常不能代表其他地区的价格。

期货价格不受到标价和现货市场价格问题的影响。期货价格在集中的市场确定,代表了在某个地点(合约交割地)交易的标准化产量和品质的石油产品。不同品质产品的现货价格通过基准价格加上或减去适当的品质差价计算出来。类似的,不同地点的现货价格也可以用这种基准价格加上或减去运费差价计算出来。即使对于那些不参与现货市场的人来说,这种客观的基准价格信息也很有用。每日的期货价格在世界范围内可以通过报纸和电子媒体迅速获得。

现货价格和期货价格之间的关系向那些现货市场参与者进行买入、卖出和储存产品的决策发出了有用的信号。例如,倒挂市场向存货持有者发出一个这样的信号:立即卖出产品可以获得更多的利润,从而避免存货成本。当产品卖出时,希望在未来拥有产品的公司将同时买入期货合约来锁定产品的价格。通过这样做,有可能以更便宜的价格获得产品,并且无须支付储存成本。如果期货价格高于现货价格,就会存在储存商品并在期货市场上对存货进行套期保值的动机。在这种情况下,期货市场将会支付部分或全部的储存成本。因此,期货市场提供的信号发挥了跨时间配置产品的功能,可以平稳现货市场供求的季节性变动。

期货市场规避价格风险的能力平稳了商务流动,也方便了市场参与者制订计划。因为公司可以提前锁定石油产品的买入价格和卖出价格,所以市场更少受到冲击和短缺的影响。这降低了市场参与者经营的风险。因此,它们可以接受较低的毛利,这些利益可以以较低的能源价格和降低能源短缺可能性的形式传递给消费的公众。

由于期货市场使公司能够提供各种新风险管理工具,因而增强了场外(OTC)交易市场。衍生品、远期、互换以及专业化的期权都是场外交易市场的产品。然而,正是期货市场允许公司卖出场外交易产品来对他们的价格风险进行套期保值。

期货和期权市场也提供了一种投资公众从能源价格的变动中获益的机制。期货合约以足够小的单位来表示,因而小交易者使用它们是很节省的。在没有能源期货市场以前,公众唯一可用的工具是投资于能源相关公司的股票。

四、能源行业的结构性变化

在20世纪70年代,由于欧佩克改变做法向小型炼油商提供优惠的价格,导致了能源短缺,联邦政府对此做出反应,实施了价格控制。这个石油和天然气的双层定价体制支持了许多小型炼油厂，否则它们根本无法在市场中生存。此外，这个两层定价体制使消费大众在能源成本上额外花费了好几百万美元。

对石油价格解除控制导致石油行业的合并趋势，小型炼油厂由于不再受到价格控制的保护，因而无法竞争，正在被更大的、更有效率的公司吞并。甚至大型石油公司也正在缓慢地收购或兼并规模相似的竞争者。这些变化在世界范围内发生，甚至外国生产商也在购买下游的生产能力，这使他们能够在世界范围内销售石油炼制产品。在这个趋势中最值得注意的是沙特阿拉伯人、委内瑞拉大和墨西哥人，他们正在加速渗入最终产品市场，并通过购买炼油厂或通过在向炼油商供应原油的交易中讨价还价来增加在下游业务方面的老练程度。

另一个重要的趋势是标价定价体制的终止。石油行业曾一度依赖于僵化的标价定价体制。在这个定价体制下，大约75%的原油按照标价进行交易，只有大约25%的原油在现货市场交易。一般来说，只有边际原油才在现货市场交易。渐渐地，原油以现货市场价格进行交易，标价也在定期改变以反映现货价格。从本质上说，是石油市场驱动了石油价格，而不是欧佩克和大石油公司。

随着标价定价体制的消失，石油价格对供求变动的反应更为迅速，波动更为频繁。由于期货市场是现货市场价格高度可见的、广泛和即时可得的代表，因而期货和期权市场在决定现货市场价格方面起着重要作用。因此，期货市场为能源市场提供了一个价格发现机制。

在20世纪80年代对天然气价格解除控制，在20世纪90年代对电力价格解除控制，结果导致了相似的合并趋势和规模经济，从而对天然气和电力公司造成影响。期货市场上更为可见的天然气和电力价格刺激了现货市场的发展。

高度可见的价格发现机制对减少能源贸易公司的数量做出了贡献。在能源期货市场产生之前，能源贸易公司通过记录不同市场的标价提供中间商服务，并时刻准备以有利的价格进行买卖。商品的使用者由于缺乏寻得最低价格的专业技能，因而从贸易公司获得商品并支付本来不应该出现的较高价格。这些较高的价格被传递给了公众。随着期货价格的出现，每个人都知道原油、取暖油、汽油、天然气、丙烷和电力的价格。因此，能源贸易公司获利的机会急剧减少，有时会迫使他们退出市场，最终导致了较低的价格并传递给消费大众。

在能源期货市场发展以前，小型经纪人和小型石油公司依赖于主要的供应商获得产品，并按照标价来确定产品价格。现在，这些小型公司在面对他们的供应商时处于一个较好的讨价还价的地位，因为他们能够知道产品的当前市场价格。

五、能源金融市场发展面临的问题

（一）能源金融市场化程度低，能源金融产品单一

能源与金融的联合是近些年来才出现的，可以归入新兴事物的行列，新事物的出现必然是不成熟的，停留在一个初级阶段，这也正说明这个新模式比较稚嫩，不能担当起完全满足能源经济发展的重任。具体的表现就是，在目前已有的金融机构中，无论是大型金融机构还是小型金融机构，它们所能提供的能源业务都比较少，项目比较单一，同时，在能源金融产品的开发创新上更显得不足。发达国家尚且如此，发展中国家在这方面更可以用"落后"二字形容。

（二）融资渠道少，资金缺口大

融资渠道主要是针对能源企业而言的，由于我国能源市场与金融市场两者的发展都不成熟，因而能源市场与金融市场的结合也不怎么成熟。能源企业的融资方式比较单一，融资渠道主要只有传统的几种，也就是自筹资金和银行贷款。这种单一的融资方式同时也造成了能源行业巨大的资金缺口。

（三）能源企业风险交易能力低

能源安全被好多国家都划分为国家安全战略的重要组成部分，也就是说能源危机会直接影响到一个国家的安全。我国能源市场的发展起步较晚，同时由于我国特殊的国情，我国能源企业的交易充满各种各样的风险。同时这又造成我国能源市场不能很好地与国际能源市场接轨，更不能很好地与国际金融市场接轨。

六、能源金融化发展趋势

世界上出现的第一家能源交易所是在威尔士的卡迪夫，出现了一家煤炭交易所，它参照并运用了当时金融交易的管理模式来管理煤炭交易。但能源与金融在真正意义上的融合，并获得前所未有的发展是在20世纪70年代石油危机后。随着能源金融化的进一步发展，能源金融一体化在能源与金融市场实践中有了更多的表现，具体反映在以下几方面。

（一）金融支持在能源工业发展方面发挥了重要的作用

能源行业资金需求量巨大，勘探开发活动中不确定性因素很多，导致资金投资风险很高。投资能源行业也就面临着风险很高但同时如果投资成功那么回报也是相当可观的情况。在进行能源融资时，规模是巨大的，而且方式比较灵活，限制比较少。一般来说，最常见的也是人们使用的频率高的融资方式是通过证券市场以及银行借贷进行融资，而这两种传统的融资方式已经远远不能满足能源市场这个新兴市场。而改变这种现状的一个重要做法就是通过政府或金融机构来建立能源产业基金，这也是近些年来国际上许多能源企业融资的做法。就拿欧洲举例来说，欧洲一些小

的发达国家都逐步建立起石油基金，如挪威。北美一些国家也是如此，如墨西哥，以及亚洲的一些国家，如阿塞拜疆。石油产业基金的建立，不仅能够使国内的资源勘探技术得到应用并加以改进，同时还能增加世界石油市场运转过程中的主动性，支持企业参与国际石油风险市场运作，以及为推动能源结构转型和能源的可持续发展建立各类能源基金。

（二）大型金融机构日益成为能源领域举足轻重的投资者

能源行业的投资即存在着巨大的风险，这让没有一定实力的投资者望而却步，同时又具有巨大的收益性，这又驱赶着成千上万的投资者纷纷涌入。金融机构审时度势逐渐成为众多投资者之中的佼佼者，越来越多的金融投资机构除了发展本机构的业务外，将很大一部分精力投入到能源市场上来。这不仅包括能源产权市场，同时还包括能源期货市场。由于能源资源本身的稀缺性，以及一些战争、突发事件等带来的巨大影响，月折旧可以让能源投资者获得一定的溢价。而能源实物资源较少，优良资源已经被瓜分殆尽，这就让投资者更多的转向一些能源虚拟市场的投资，如石油天然气期货。然而，追逐资本是资本主义的本性，无论是能源事物资产还是能源虚拟金融都是这些金融机构投资的一部分，期间必定不会安置与此让其本身升值，而要在不同市场上进行流转，这样才能够获得更多的收益。

（三）能源效率市场是新出现的能源金融模式

在20世纪70年代中期，市场上开始兴起一种新的节能机制，这是以前从未有过的。这种名为"合同能源管理"的新机制从出现以来，发展形势十分迅猛，而这种发展机制下的一个新的类种—"节能服务公司"发展的脚步也十分迅速，特别是在北美地区，这种新兴方式更被作为一种产业，呈现出一种产业化的优势。实质上也是如此，合同能源管理机制的实质正是与整个世界发展需求所一致的，它通过减少能源费用来支付节能项目的全部费用，而由于其与以往能源投资不同的特性，也因此受到越来越多的能源金融投资者的青睐。节能服务公司（ESCO）正是在这种机制和追捧下应运而生的。与传统的节能投资风险承担方法不同的是，传统中，节能投资风险是由实施节能投资的企业承担的，而合同能源管理机制下，风险是由投资企业与愿意进行节能改造的用户共同承担的，当然，共同承担需要签订相关的节能服务合同，而这样做的好处就是，能够使双方共同减少损失。这种风险共担，盈利共享的运营模式有助于推动节能项目的开展。

第三节　能源期货市场的价格风险管理

一、能源价格风险概念

（一）风险

风险一般是指未来结果的不确定性或波动性，在金融领域表现为未来收益、资产或价值的波动性或不确定性，学术界对风险的定义虽然说法不一，可大同小异。具体而言，可以将风险的特点概括为：

第一，风险属于未来事件，未来事件的结果会随着时间、环境等客观条件的变化而变化，即具有客观的不确定性。

第二，在浩瀚的宇宙中，人只是一种渺小的生物，人的主观能动性是极其有限的，因而，人类的预测能力是非常有限的，因此，对于风险的预测，也会出现程度与结果的差异，即主观上的不确定性。

第三，风险具有双重性，包括风险收益和风险损失两个方面。

（二）价格风险

能源的价格风险这个问题是与企业其他管理项目不同的一个项目，是在以上关于风险的概念和分类中衍生出来的。下文对其进行着重论述。

价格风险是指纽约商品交易所的价格变动。一家公司可能已经对很多客户承诺了取暖油的销售价格，在公司购买到取暖油或者确定油料价格之前，存在油价上涨的风险。在不采取避险措施的情况下，油价的波动会让销售商辗转难眠。

所谓能源价格风险，是指因能源价格的波动给能源生产者或消费者等各方带来的收益上的不确定性。能源价格风险大小直接影响能源生产与消费的各种选择，因此，有效的度量能源价格风险，并在此基础上，进行有效控制和管理对能源市场参与各方均具有重要意义。

二、能源价格风险的度量

（一）在险值

度量价格风险最主要，也是最常用的工具是在险值（Value at Risk，Var）。最初出现 Var 是在 20 世纪 80 年代末，而最初出现则是由于交易商对金融资产风险测量的需要。实际上，Var 只是一种用于测定金融风险并加以管理的工具 J 在传统的对风险管理的过程中，由于受到生产力水平的制约以及各种社会条件的限制，因而对于风险的预测与管理主要以老管理者的经验和直觉，而 Var 的出现改变了这种落后的方法，使得管理者对于风险的预测和衡量变得更加科学。在险值法的基础理论是概率论和数理统计理论，这正是其与传统风险管理更加科学进步的地方。因而，这种技术很快被整个国际上一些相关行业采用。

从字面意思不难理解，在险值，就是虽然处在风险中，但还是很有价值。严格的定义如下：

假设 R 是描述组合收益的随机变量，那么用 $f(R)$ 来表示其概率密度函数，置信水平是 c，那么收益小于 R^* 的概率为

$$Probility\left[\,R < R^*\right] = f_{-\infty}^{R^*} f(R)dR = c \tag{4-1}$$

VaR 不是仅仅只是笼统的一种，而是有两种情况，这两种情况分别是绝对风险值和相对风险值。我们用下列公式来表示绝对风险：

$$VaR(绝对) = -R^*W \tag{4-2}$$

相对 VaR 是指相对于收益期望值的最大可能损失。下面公式可见：

$$VaR(相对) = -R^*W + \mu W \tag{4-3}$$

其中，μ 是收益的期望值；W 是头寸大小。而在现实生活中的具体实践中，相对 VaR 的使用频率更高一些。

通常通过计算会产生一个 VaR 值，这个值在本次计算中是固定的。具体而言，这个值涉及三个重要因素：第一个是持有期；第二个是置信水平；第三个则是基础货币。什么叫作持有期呢？这里我们通俗一点来解释，假如这场交易会产生两个风险，那么这个风险的结束到下个风险的开始中间这一段时间就被称作持有期，也就是说持有期是一个时间范围概念。那么讨论完持有期，我们就来解释一下置信水平。有了风险必定会有一定的承担者，而这个主体对风险的偏好程度就被称作置信水平，通常置信水平有一个范围，一般在90%～99.9%之间。在险值（VaR）通常会以一个国家的货币作为基准。因此，VaR 这种方法相对于其他预测风险的方法更具有优越性。

（二）VaR 的计算

虽然在计算 VaR 时可以采用的方法很多，但总体而言，最常见的使用最广的还要数以下几种，下面来进行简单论述。

1.方差协方差方法

记 $\{P_t\}$ 为某金融工具的价格的时间序列，R_t 为收益，在金融市场价格的随机游动假说下，P_t 服从独立的正态分布。由以下收益（R_t）的定义：

$$R_t = (P_t - P_{t-1})/P_{t-1} \tag{4-4}$$

可知，当 P_{t-1} 已知时，收益序列 $\{R_t\}$ 服从独立的正态分布。设

$$R_t \sim N\left(\mu, \sigma_t^2\right) \tag{4-5}$$

令 $Z_t = (R_t - \mu)/\sigma_t$，则有 Z_t 服从标准正态分布，

$$Z_t \sim N(0,1) \tag{4-6}$$

由式 $Probility\,[\,R<R^{*}\,]=\displaystyle\int_{-\infty}^{R^{*}}f(R)\mathrm{d}R=c$ 对风险值的定义，得到下式：

$$Probility\,[\,R<R^{*}\,]=Probility\,\big[\,Z_t<(R^{*}-\mu)/\sigma_t\,\big]=c \qquad (4-7)$$

对给定的置信水平 c，对应的标准正态分布的分位点为 a（由标准正态分布表查表可得），所以有

$$I\big[(R^{*}-\mu)/\sigma_t\big]=a \qquad (4-8)$$

代入式 VaR（绝对）$=-R^{*}W$ 和式 VaR（相对）$=-R^{*}W+\mu W$，我们得到以下结果：

$$VaR（绝对）=-\mu W--\alpha\sigma_t W$$
$$VaR（相对）=-\alpha\sigma_t W \qquad (4-9)$$

正如上面讲到的，实践中经常用到相对 VaR，亦即采用式 VaR（相对）$=-R^{*}W+\mu W$ 计算时刻 t 的风险值。以下我们谈到 VaR 时均指相对 VaR。

当资产组合包括两种以上资产时，我们用向量形式来表示。假定组合中有 n 种资产，每种资产的收益为 $R_i(t)(i=1,L,n)$，令向量 $R(t)\big[R_1(t)R_2(t)LR_n(t)\big]^{T}$，并假设 $R_i(t)$ 服从多元正态分布，记向量 $F=(\rho_{i,j})_{n\times n}$ 为 n 种资产的相关系数矩阵，$w_1+w_2+\ldots+w_n=1$。另记投资组合的收益为 $R_p(t)$，则有

$$R_p(t)=w_1R_1(t)+w_2R_2(t)+L+w_nR_p(t) \qquad (4-10)$$

$R_p(t)$ 是服从正态分布的，根据上面的公式，可以计算出风险值 VaR_P 为

$$VaR_P=-\alpha\sigma_t W \qquad (4-11)$$

剩下的问题就是计算投资组合的标准差 σ_p 了。

通过以上一系列公式推导，我们可以发现，如果 t 处在正态假设下，那么得到 VaR 的值就更加容易，通过估计每种资产的标准差以及这些资产之间的相互关联即可。

2.历史模拟法

历史模拟法一个重要的要素就是历史数据。通过对这些历史损耗数据以及收益数据进行计算分析得出新的数据排列，按照从小到达的顺序进行排列，从而可以一目了然看到相对应的分位点 R^{*}，从而计算出 VaR。

如果投资组合之后，发现历史数据并不充足，或者根本没有数据时，那么就要进行简单的改进。而改进必然要对症下药，搞清问题的所在。这就首先要对基础金融工具进行分析检测，然后考虑其他的风险因素，通过分析这些相关因素的数据，从而间接得到所需要的数据。

3.Monte Carlo 方法

这种方法与历史模拟法有着很大的不同，历史模拟法只需要对历史数据进行整理，进而分析就可以得到一定的结果，而 Monte Carlo 方法则没有这个优势，估计

风险值不能利用已有的数据，而是要搞清风险的分布区域，从而来估计分布的参数，然后利用相应的"随机数发生器"来得出大量的符合历史分布的可能数据，进而来确定组合的可能收益。

在关于能源价格风险的计算中，J P Morgan 集团做出了重要的贡献。可以说，它为后来人们估算能源价格风险提供了许多有益的借鉴。从该集团致力于在互联网上公布的名为风险度量（Risk Metrics）的方法和数据，采取的计算方法就是人们经常使用的 VaR 的方法，它假定对数价格的变化服从独立异方差的正态分布：

$$r_t = \ln(P_t) - \ln(P_{t-1}) \sim N(0, \sigma_t^2) \tag{4-12}$$

在这个公式中，P_t 代表的是某种金融工具的价格，时间范围是 t，并将时间间隔定为 1 天。

"如果 P_{t-1} 是已知的，此时。如果假定 n 的分布是均值为 0，方差为 σ_t 的正态分布"。在这里不难看出，方差的时变性被放在了一个重要的位置。

历史模拟法的优点是显而易见的。首先，概念简单，操作方便，便于解释；其次，在分析收益的分布时没有假定性，这就意味着，无论是在形式上还是参数的选择上，都不对其造成影响，因而也就没必要将其纳入到探讨范围；最后，历史模拟法作为一种非参数方法，使得我们不必估计波动性、相关性等参数，那么也就避免了参数估计的风险，即所谓"模型风险"。这是历史模拟法明显优于方差协方差方法和 Monte Carlo 方法的地方。Mahoney 发现，历史模拟法能够在所有置信水平下（可以高达 99%）得到 VaR 的无偏估计，而方差协方差方法在置信水平高于 95% 时就开始低估 VaR 了。

历史模拟法在应用中也有一些问题。一个是需要的数据量比较多，这一点在有些金融工具中是比较困难的，对一些经常调整的投资组合尤其困难。另一个缺点是估计的结果完全依赖于历史数据集合的选取，隐含的假设就是：过寺的信息能够充分描绘未来的风险水平。另外一个需要考虑的问题就是，如何来正确选择历史数据区间长度（T）。这个问题在计算 VaR 的过程中是一个不容忽视的问题。在进行问题处理时，一方面我们希望得到很多的充足的数据，认为数据越多越好，越能够正确反映所关心的历史分布的尾部。但另一方面，数据多了也会产生一定的新问题，时间的快速逝去使得一切事物变性增大，整个系统本身也不例外，会随着时间的变化发生一定的波动。而我们在进行计算时往往希望得到一些及时的新的数据，而不是一些陈旧的数据，因为离预测那天越近的数据中会包含一些更加有价值的接近预算的信息，而这样得到的结果也就更为可信。所以，这是一对矛盾，我们在选择数据的长度上，是一个两难的选择。

基于上述对历史模拟法的认识，一种改进的思路是：不直接采用收益分布的历史数据，而是采用预测误差的历史数据。这里采用 ARMA 模型预测未来收益，所以，把这种 ARMA 模型和历史模拟法相结合的方法叫作带有预测的历史模拟法（HSAF）。

HSAF 的计算过程包括以下四步。

第一，计算样本收益率的绝对值。

第二，建立 ARMA 模型。

第三，计算样本内的预测值和预测误差。

第四，计算 VaR （预测值+误差对应的分位数）。

第五章　新能源的开发利用与经济发展

随着环境问题在世界范围内的日益严重，新能源的开发和利用日益得到了世界各国的重视。针对我国能源消耗总量大、单位能耗高、污染严重的现状，我国政府非常重视新能源和可再生能源的开发和应用，大力发展循环经济与低碳经济，以促进我国经济发展的转型升级。

第一节　我国能源利用状况以及新能源政策

一、我国能源利用状况

（一）我国能源现状

改革开放以来，中国的能源工业在数量上和质量上都有了巨大的发展和进步。中国一次能源的生产总量和消费总量分别达到 12.4 亿吨标准煤和 13.6 亿吨标准煤，均居世界第三位。中国一次能源约产量构成如下：原煤 99800 万吨，占 67.2%；原油 16300 万吨，占 21.4%；天然气 277.3 亿立方米，占 3.4%；水电 2224 亿千瓦时，占 8%。综上所述，在进入 21 世纪之后，中国已拥有世界第三位的能源系统，成为世界能源大国。

（二）中国能源利用中存在的问题

1.我国的人均能耗低

我国能源消费总量巨大，超过俄罗斯，仅次于美国，居世界第二位。但由于人口过多，人均能耗水平却很低。从世界范围来看，经济越发达，能源消费量越大。21 世纪中叶，中国国民经济要达到中等发达国家水平，人均能源消费量还将有很大的提高。

2.我国的人均能源资源少是一大挑战

我国具有辽阔的国土面积，丰富的物种资源，自然资源总量在世界上的排名居前七位，标准煤总量约有4万亿，位居世界的前三位，而石油的资源总量为930亿吨；天然气为38万亿立方米；水力上可开发的装机容量有3.78亿千瓦，位于世界首位。但是我国是一个人口大国，这么多资源总量被我国十几亿人口一平均，人均资源占有量却很少，这是我国社会可持续发展的一个重要的制约因素，是我国社会发展能源面临的一个重大挑战。

3.以煤为主的能源结构亟待调整

以煤为主的能源结构，必然带来一些问题，需要采取有力措施加以调整。

第一，大量燃煤对环境有非常不利的影响。我国的燃煤量占世界总量的27%，是世界上以煤炭为主的能源消费大国，而煤炭燃烧时排出的热量要远远高于天然气和石油，这加大了温室效应，不利于环境的发展。

第二，大量用煤导致能源效率低下。中国能源效率比国际先进水平低10个百分点，主要耗能产品单位能耗比发达国家高12%~55%，这一现象与以煤为主的能源结构有密切关系。一般来说，以煤为主的能源结构的能源效率比以油气为主的能源结构的能源效率约低8至10个百分点。

第三，交通运输压力巨大。中国煤炭生产基地远离消费中心，形成了西煤东运、北煤南运、煤炭出关的强大煤流，不仅运量大，而且运距长。大量使用煤炭给中国的交通运输带来的压力十分巨大。

第四，将能源供应安全问题提到议事日程上来。中国未来能源供应安全问题，主要是石油和天然气的可靠供应问题。

二、我国的新能源政策

（一）我国新能源政策的历史演变

从我国开始意识到能源将日益成为国民经济发展瓶颈和节能的重要性、倡导能源供给多元化开始，政府及主管部门就制定并出台了一系列法律、法规和政策，对新能源发展发挥着重要的作用。

1.萌芽阶段

20世纪80年代初，我国确定了"以电力为中心"的能源发展政策，但仍然把新能源列入国家重点科技攻关计划。"七五"计划提出，要对能源结构进行调整改善，提倡进行多元化结构调整，在有条件的地区，进行新能源诸如太阳能、风能、地热能等的开发和利用，并明确有重点、有步骤地建设核电站。1987年，我国正式出台了信贷政策和支持新能源发展政策，在农村，建立能源专项贴息贷款，对于建设风电厂、生产太阳能热水器等新能源项目由中央出资进行补贴。在1988年，将"资源节约和综合利用计划"代替了五年计划中的"节约能源计划"，所以说，20世纪80年代是我国新能源产业从关注到研究的萌芽阶段。

2.起步阶段

1994年7月4日，国务院批准了我国的第一个国家级可持续发展战略—《中国21世纪人口，环境与发展白皮书》，确立了"因地制宜，多能互补，综合利用，讲究效益"的政策，这说明了我国的新能源有了一个新的发展阶段。

1994年，《风力发电场并网运行管理规定》出台，在此规定中，明确对风电产业发展持鼓励政策。

1995年，《中华人民共和国电力法》明确提出要对新能源和清洁能源发电进行支持利用，同年1月《中国新能源和可再生能源发展纲要（1996—2010）》出台，明确规定要加快新能源和可再生能源的发展速度。

1996年，国家经贸委出台的《"九五"新能源和可再生能源产业化发展计划》和国家计委出台的《节能和新能源发展"九五"计划和2010年发展规划》都对风能、海洋能、地能等新能源的开发利用做出了相关的论述，以期更好地开发使用新能源。

1998，先后颁布了《节约能源法》《重点用能单位节能管理办法》《节约用电管理办法》和《中华人民共和国建筑法》，这些法律法条都有鼓励新能源开发和利用的相关规定。1998年，太阳能，垃圾、生物质发电以及大型风力机等新能源被国务院列入了重点发展的产业目录当中。

1999年，国家计委、科技部在《关于进一步支持新能源与可再生能源发展有关问题的通知》中，明确了新能源发电项目可由银行优先安排贷款，且贷款以国家开发行为主，鼓励商业银行积极参与。

由此可见，20世纪90年代国家支持发展新能源产业的政策更加明晰，措施更为具体，说明了这一时期新能源产业发展政策已经起步。

3.强化阶段

21世纪以来，我国对新能源的开发与利用给予了高度重视，已将新能源作为战略新兴产业进行大力扶持和发展，并为此出台一些政策来进行鼓励扶持。

2002年6月，清洁生产概念由《中华人民共和国清洁生产促进法》提出，清洁生产指通过改进设计、以清洁的能源和原料为基础，使用先进的技术设备，改善管理等措施来提高资源的利用率，避免生产中产生污染物，从而减轻生产对人类的生存健康和环境的危害，同时，在本法中还对激励措施和不清洁生产的产品目录及标准做出了规定。

2005年2月，十届人大常委会在第14次会议上通过《可再生能源法》，这有利于促进可再生能源的开发和利用，增加我国的能源供给，改善我国的能源利用结构，促进环境的健康发展，进而实现我国社会经济的可持续发展。

2007年7月25日，《电网企业全额收购可再生能源电量监管办法》开始实行，该办法对电力企业全额收购其电网覆盖范围内的可再生能源并网发电项目上网电量进行了规定。

2008年3月18日，《可再生能源发展"十一五"规划》（以下简称《规划》）出台，该《规划》中提出：到2010年可再生能源在能源消费中的比重达到10%及全国可再生能源年利用量达到3亿吨标准煤。

2009年12月，第十一届全国人民代表大会常务委员会第12次会议通过《关于修改〈中华人民共和国可再生能源法〉的决定》。

2010年4月1日，《可再生能源法修正案》实施规定，国家财政在可再生能源发展专项资金的基础上设立可再生能源发展基金。10月18日，《国务院关于加快培育和发展战略性新兴产业的决定》以下简称《决定》发布，该《决定》指出：在"十二五"期间我国将对新能源、新能源汽车等七大产业进行重点培育和发展，完善新能源、资源性产品的价格机制及税收机制，实施新能源配额制并落实新能源发电全额保障性收购制度等。

（二）新能源在"十三五"期间的发展趋势

1.光伏产业持续发力

近几年，全球光伏产业新增机将继续保持在30%以上增速，主要依靠技术进步和成本降低。2014年，在非洲、南美洲、中美洲、中亚、东欧等国家和地区，太阳能光伏产业也正在扩大规模。国内光伏产业经过了调整后，各地方政府陆续出台多项支持政策，从国内外看，光伏产业在"十三五"期间还将进一步发展。

2.海上风电行业进一步规范

2014年6月，国家发展和改革委出台海上风电上网电价政策。通过特许权招标确定海上风电项目，其上网电价按照中标价格执行，但不得高于以上规定的同类项目上网电价水平。这一政策将促进风电产业步入商业化正轨。此外，对于风电制造业门槛抬高和行业规范化治理的重视，将有利于风电行业走出无序竞争，提升行业集中度。

3.核能行业前景较为乐观

2014年，国家能源局发布《能源发展战略行动计划（2014–2020年）》，到2020年，核电装机容量达到58吉瓦，在建容量达到30吉瓦以上。以此计算，2019—2020年将迎来新建核电站投入商业化运行的密集期，每年将有3~8台核电投运。对核电企业及其相关业务都是较大的利好消息。

4.储能行业崭露头角

储能技术是一种多学科交叉合作的战略性前沿技术，带动了一个新兴的战略性产业一储能业——的发展。当前，部分储能公司已经从初创阶段进入到批量生产时期，凭借强大的资金和技术支持实现了产业化。作为一个新兴行业，储能业在"十三五"期间将迎来一个快速发展的时期。

在全球能源危机和环境恶化的背景下，新型绿色能源发展潜力加大，受到国际社会的普遍重视，各国政府纷纷制定出相关的激励政策与措施。未来3~5年，清洁能源将成为中国能源发展的首要方向，光能、风能和核能将作为新能源的三大支柱产业，存在明显的增长空间。陆续出台的新能源发展政策、逐步成熟的新能源技术、迅速壮大的新能源企业，都将进一步推动我国新能源产业化快速发展。

（三）我国的新能源政策的完善

1.深化能源管理改革

我国的能源管理在中央部门和地方政府以及相互间的统筹需要协调加强，形成一个统筹有效、分工合理的新能源管理，从而有利于强化国家对新能源产业发展做好总体规划，发挥好国家的宏观调控。例如，西部地区的一些省（市、区）的风能蕴藏量大，但由于西部地区的经济不发达，有丰富的煤炭资源，因此使得西部地区的供电压力不大，且风电发展上网需要补贴，增加地方政府财政负担，其发展风电的积极性不高。这就需要中央政府和地方政府对能源等进行跨地区和跨部门的协调。

2.完善财税政策

为了促进我国新能源产业发展，我国应借鉴欧美国家的经验，制定一些有利于新能源发展的相关激励政策。

一是财政补贴政策。对于市场潜力较大的新能源项目，中央和地方应根据责任分担的原则给予一定比例的补贴；对于新能源研发、人才培训以及产业发展的宣讲活动，政府应给予一定补贴；关于新能源产品的使用成本高问题，例如太阳能电池、太阳能热水器和风力发动机等新能源的安置费用，政府应给予一定比例的补贴。

二是税收优惠政策。为了带动有潜力的新能源技术的推广应用及其新能源产业的快速发展，对社会效益好、环保效益高的新能源技术开发及其产品实施税收减免；对于使用进口新能源设备的企业，政府可以酌情对其实行关税减免。对于生物质能的发展，应减免生物质原料加工转化成新产品的增值税。

3.重视传统节能技术的研发

从我国的能源消费结构来看，虽然水电经济性好，但资源总量有限；核电受技术、安全等因素制约；风电、太阳能等新能源发电成本高，短期内无法有效替代化石能源，所以在相当一段时期内，我国在能源上的消费仍以煤炭、石油常规能源为主。由此来看，我们既要重视开发新能源，同时也要提高煤炭、石油等常规能源的利用效率。从当前来看，我国煤炭的利用率低于25%，和发达国家相比，我国的煤炭热量利用率尚有10%左右的差距，因此来看，我国在制定相关的政策时，既要注重加快新能源的开发，也要注重对传统能源节能减排技术的研发。

4.完善金融政策

国际经验表明，金融支持也是新能源业发展的重要条件。新能源产业不仅需要一个稳定的融资机制，更需要信贷支持政策。因此，政府应出台相关的支持新能源发展的信贷政策，发挥政策性银行的作用，对新能源项目提供长期低息贷款和优先贷款。在我国当前经济增长速度放慢的情况下，能源新技术的开发从传统金融机构中得到的支持不大，新能源开发可以利用风险投资、私募股权投资、个人投资等重要的资源。但目前我国对这些重要资源的利用却不够充分。因此，需要对制度尽快完善，比如可以健全股市中小企业板、创业板、柜台交易等的退出平台，使"创投"可以更好地顺利退出；各级政府可以设立一些关于风险投资引导基金，从而使创投的投资风险降低；另外，也可以对国外比较成熟的风险投资模式和经验进行借鉴，来健全我国的风险投资补偿机制，比如可以在税收上提供优惠政策。

5.加强新能源的国际合作

能源保障是全球性问题，为了抗击全球金融危机和应对全球气候变化，各国需要协调行动，因此，国际社会需要建立互利合作、协同保障的新能源安全机制。我国在新能源国际合作方面，必须以全球视野去面对能源安全问题，一方面应致力于改善与其他国家的双边能源关系，并以此作为对外合作和战略的基础；另一方面，我国也应积极参与多边能源合作法律准则的制定，避免能源和技术交易中的恶性竞争。我们更应从加强对话交流、开展务实合作、共同应对挑战等方面入手，加强与美日欧等新能源和节能环保技术的合作，推动我国新能源的稳步发展。

第二节　大力发展循环经济与低碳经济

社会经济迅速发展的同时，出现了一系列严峻的生态问题，如资源枯竭、环境污染和生态失衡等等，这些都制约了我国的社会经济的发展。为了实现经济的可持续发展，必须要改变以往的经济增长模式，发展循环经济和低碳经济。

一、循环经济

（一）循环经济的产生与发展

循环经济思想以美国经济学家K.鲍尔丁（K.Bounding）提出的"宇宙飞船理论"为萌芽标志。他指出，当前人类的经济发展模式是"资源—产品—污染排放"的单向流动线性模式，这种模式在资源有限及环境承受力有限的前提下，必然会引发资源危机，地球就像茫茫宇宙中一艘孤立无援的宇宙飞船一样，最终会因为资源耗竭而走向灭亡，而解决的唯一方法就是对现有资源尽可能地进行循环使用。虽然鲍尔丁没有明确指出循环经济这一词，但是通过他的思想可以明确看出这一概念。他的思想启发人们在20世纪60年代末开始对资源与环境的国际经济进行关注和研究。

20世纪60至70年代，世界各国主要关注环境污染、环境保护、环境治理等问题，但只是关注人类经济活动造成的环境后果和生态影响，以及产生污染后的末端治理方式，并没有从经济运行机制和传统的经济流程的缺陷上揭示产生环境污染及生态破坏的本质，没有从经济和生产的源头上寻找问题的症结所在。因此，"边生产、边污染、边治理"和"先生产、后污染、再治理"成为那个时代的主要特征。

D.L.米都斯（D，L，Meadows）发表的罗马俱乐部的第一份题为《增长的极限》的研究报告，报告认为，由于世界人口增长、粮食生产、工业发展、资源消耗和环境污染的指数增长，地球的支撑能力将会达到极限，避免因超越地球资源极限而导致世界崩溃的最好方式是限制增长，即"零增长"。《增长的极限》发表之后，在国际上引起了强烈的反响。虽然该报告的结论存在明显的缺陷，但是，报告反映出的资源环境与经济发展之间存在的不可回避的矛盾，引起了世界各国的广泛关注和重视，对唤起人类自身的觉醒和对前途的忧患，有着十分重要的意义。

联合国成立的以布伦特兰夫人（G.H.Brundland）任主席的世界环境与发展委员会，经过3年多的研究，该委员会于1987年向联合国提交了《我们共同的未来》报告。该报告分"共同的问题""共同的挑战""共同的努力"三部分，在分析了人类面临的一系列经济、社会、环境问题后，提出了可持续发展的概念，并对可持续发展的内容进行了较为深入的讨论。

《里约环境与发展宣言》（又名《地球宪章》）和《21世纪议程》两个纲领性文件：一致认为工业革命以来所沿用的那种以"大量消耗资源"和"经济粗放型"为特征的传统发展模式，虽然满足了人类的短期需求，但是牺牲了人类长远发展的利益，没有带来全球普遍和共同的发展，是不可持续的，也是必须要摒弃的。同时，《21世纪议程》否定了"高生产、高消耗、高污染"的传统工业模式和"先污染、后治理"的传统环保道路，主张实施人与人以及人与自然之间和谐的可持续发展战略。以这次大会为标志，人类对环境与发展的认识提高到了一个崭新的阶段，是人类迈向新的文明时代的关键性的一步。

总的来看，循环经济从萌芽到快速发展，标志着人类对赖以生存的地球环境的尊重，以及对环境和资源保护意识的大大增强，这都将促进循环经济的飞速发展。

（二）循环经济的基本理念和科学内涵

1.循环经济的基本理念

循环经济的现实意义在于转变经济增长方式，因此，循环经济理论是一种关于增长与发展的理论。资源节约和环境友好是发展循环经济最核心、最重要的两个基本理念，而可持续发展理论是资源节约和环境友好的最佳诠释。

可持续发展主要以人类的长期发展为立足点，其主要包括以下三个方面。

第一，可持续发展对经济增长持鼓励态度。它既在经济增长数量上有所追求，也注重质量上的提高。可持续发展需要保持一定的经济增长速度为基础，只有经济有所发展，人们的物质生存质量才能得到不断提高和发展。

第二，可持续发展以资源的永续利用和建设良好的生态环境为标志。经济和社会需要发展，但是这种发展不能以超过资源和环境的承载力为代价。可持续发展着重点在这种承载力之内，从根本上对环境问题有所解决和突破。由此也可以看出大力发展绿色能源的重要性和紧迫性。

第三，可持续发展以社会的全面进步为发展目标。可持续发展以社会经济发展为基础，以生态环境的保护为发展条件，以社会的进步为发展的最终目的。总的看来，可持续发展是以人为本的生态环境—经济—社会三者为一体的复合系统的健康、稳定、持续的发展。

可持续发展应遵从公平性、持续性和共同性三个基本原则。大力发展循环经济的理论依据主要体现在这三个原则中。对于公平性原则，可以理解为：大力发展循环经济不仅是重视当代人、本国人公平获取资源、公平享有生态系统、改善和提高生存环境的权利，同样也是强调后代人有获取同等可持续发展的权利。对于持续性原则，可以理解为：大力发展循环经济是生态持续性的有力保证，是经济持续性的必要条件，是社会可持续性的必备手段。对于共同性原则，可以理解为：大力发展绿色能源不仅是人口、资源、环境的相互协调，也是各区域间、各区域内的相互协调。

2.循环经济的科学内涵

循环经济是指按照清洁生产要求及减量化、再利用、资源化原则，对物质资源及其废弃物实行综合利用的经济过程。

准确理解循环经济这一概念，关键在于把握四个基本要求：一是循环经济必须符合生态经济的要求，即必须按照清洁生产的要求运行；二是循环经济必须遵循"3R"原则，即在指导思想上，循环经济方式必须与以往单纯地对废物进行回收利用方式相区别；三是循环经济要求对物质资源及其废弃物必须实行综合利用，而不能只是部分利用或单方面的利用；四是循环经济要重在经济而不是重在循环。

在循环经济中，要充分考虑经济效益问题，因而人们必须把它理解为一个经济过程。作为一种经济运行方式，循环经济和传统的经济运行方式相比，就是要求把经济活动在不妨碍甚至提高经济效益的前提下，组成一个"资源——产品——再生资源"的反馈式流程，因而在本质上是一种生态经济和再生产的经济过程，是用经济学、生态学规律指导人类社会所产生的一种经济活动。

需要着重指出的是：循环经济所指的"物质资源"或"资源"，不仅是自然资源，而且包括再生资源；所指的"能源"，不仅是指一般的能源，如煤、石油、天然气等化石能源，而且包括太阳能、风能、潮汐能、地热能、生物质能等绿色能源。

它注重推进资源、能源节约、资源综合利用和推行清洁生产，以便把经济活动对自然环境的影响降低到尽可能小的程度。

（三）循环经济的"3R"原则

"3R"原则，即减量化（Reducing）原则、再利用（Reusing）原则、资源化（Recycling）原则。

1.减量化（Reducing）原则

减量化即在用料、消耗和排放等方面进行减量。它主要包括三个方面：一是减少输入端的资源用量，二是减少过程中的物质用量，三是减少输出端的废物排放量。输入端是指减少用于进入生产消费过程中的物质总量，从而达到节约资源的目的。过程中的物质减量是减少生产过程、消费过程中对物质消耗的用量，尽可能地提高对物质资源的利用效率，来达到减量的目的。减少输出端的废物排放量是指减少各种废物的产生量，尤其是要减少那些不利于环境发展的有毒污染物的排放。也就是说，从源头减少进入生产和消费过程的物质量直至全过程，都要最大限度地节约资源、使用资源、减少排放。偷工减料显然不是循环经济意义上的减量化。

2.再利用原则

再利用原则主要是增加对产品的利用次数，使产品的使用时间延长。再利用原则是过程性的方法，这个原则要求产品和包装容器能以原始的形式来被多次利用，使产品和包装物等资源尽可能地被多次使用，延长其使用时间，避免被早早地废弃。需要说明的是，循环经济中的再利用原则和废品回收利用两者是不一样的。废品回收利用是我国计划经济下的产物，当时由于物资比较匮乏，为了缓解物资供应短缺而采取的办法，废品利用的作用只是在微观经济领域，对整个社会和环境的改善和影响几乎没有。

循环经济则是将可持续发展理论作为自身的思想基础，以科学发展观作为指导，在循环经济中，要求所有的物质和能源能够得到合理和长久的运用，尽可能地减少对大自然的影响和作用，使得废弃物在生产和消费过程中尽量减少以至于不产生废弃物，从而从根本上解决环境和发展两者之间的矛盾和冲突。由此可以看出，循环经济和简单的废物回收是完全不同的两者。

3.资源化原则

资源化是指将废弃物重新变成资源投入生产过程，资源化原则主要是针对输出端的物品的重新利用。资源化原则要求产品和包装物等物品在完成自己的功能后可以以再生资源的方式重新投入到使用当中，能够被多次和反复循环使用，也就是说将资源进行回炉，重新投入到生产环节，而不是进行一次性的消费。从这个角度来看，在循环经济中，是没有"废弃物"产生的，所谓"废弃物"或者垃圾只是"被放错位置的资源"。需要说明的是，循环经济也不等同于简单的废物循环，从深层次来看，它不仅要求要节省资源，还要求在节省资源的同时满足人们的消费需要，更满足人们对日益增长的生态、生活、健康、环境等的需要，从而最终实现人与自然持续和谐发展。从这个意义来说，循环经济不仅是对生产模式产生了影响性的改变，也对人们的消费模式和生存观念有重要的影响作用。

（四）循环经济发展的特征

1.观念先行性

发展循环经济首先就需要人类改变以往的发展观念。只有人类有意识对以往的生存模式和发展模式进行反思，认识到其中的局限性，对循环经济的本质和内涵有一个深入透彻的理解，对人类以往的生存和发展中遇到的资源困境有一个深入的认识，对发展循环经济对人类的生存与发展的重要意义有一个切实的领会，才能从自身改变行为方式，以一个主动积极的心态来自觉实践循环经济。而如果人们对传统的观念没有一个彻底的改变的话，是很难在行为上有所改变的，在人们的日常生活、技术创新等各项活动中也就仍然有传统模式的痕迹，这就使得循环经济不能得到突破性的发展。

2.物质循环性

循环经济的发展是在一定的条件支持下，如观念、技术、制度、物质等，将地球系统在内的各种各样的资源按"资源——产品——再生资源"的流程组织起来，使地球上的资源在人类社会的经济、社会、生态等系统内部实现循环利用，在这个过程中同时将废弃物达到最小限度，进而实现人与自然的可持续发展。

3.技术先导性

发展循环经济需要以科学技术进步为先决条件。发展循环经济，其资源的开采〉产品的生产、废弃物的预防和控制、资源的再生等，其各个环节都需要以先进的技术条件来支持，如果没有先进的科学技术，就没有办法来发展循环经济。因此，人们需要大力发展科学技术，推进技术创新，对发展循环经济需要用到的科学技术进行着重研究，要用高新技术来解决循环经济发展过程中遇到的技术难题，进而推动循环经济的发展。在发展循环经济的过程中，着重需要构建由清洁生产技术、替代技术、减量化技术、再利用技术、资源化技术、无害化技术、系统化技术、环境检测技术等共同构成的技术体系，从而为发展循环经济提供一个强有力的技术支撑。

4.，效益综合性

循环经济不仅仅是经济发展的问题，其追求的效益也不仅仅是经济效益。循环经济追求生态系统、经济系统和社会系统的和谐统一，因此其追求的是生态效益、经济效益和社会效益的综合与统一。生态效益、经济效益和社会效益之间的关系是辩证统一的，它们互为条件、相互影响、互利共赢。

5，主体多元性

循环经济是人类探索的一种新的生存和发展模式，需要每个人及由个人组成的组织来参与进来，其主体具有多元性，具体来说，包括政府、企业、高等院校与科研机构、公民等。而且，循环经济在发展的不同阶段，需要有不同的主体参与其中，因为各个主体的作用不同，其主体地位也各不相同。

（五）循环经济的运行模式

1."小循环"模式——企业和家庭

当理论上把小循环界定在企业的清洁生产方面时，这容易使家庭成员或工作单位的职工认为，循环经济是企业的事情，与己无关。家庭也是社会中的基本单元，也是循环经济发展的基础力量。应当将家庭的清洁生活也纳入到循环模式。应当让每个公民、家庭、单位尽快行动起来，从一点一滴做起，从力所能及做起，从当下做起，为增强可持续发展能力做出贡献。

第一，企业——清洁生产与清洁工作。

通常意义上，企业内部的清洁生产就是小循环，这是实现循环经济的基本形式。清洁生产不是说把卫生搞干净了，不但是指生产场所清洁，而且包括生产过程对自然环境没有污染，生产出来的产品也应是清洁产品和绿色产品。清洁生产主要是通过将企业内部各个工艺间的物料循环，使物料得到充分的利用，使上一道工艺的废料变成下一道工艺的原料，如此循环，从而做到污染物的"零排放"目标。清洁生产的实施工具主要包括清洁生产审计、环境管理体系、产品生态设计、环境标志、环境管理会计等，其中，以清洁生产审计为前提和核心。

清洁工作是指在工作范围内，在工作的各个环节及过程当中尽最大可能的将物资循环利用，减少废弃物的产生，从而使投入到工作中的物资得到最大限度的利用，从而形成节约物资，循环利用的工作方式。

第二，家庭——清洁生活。

清洁生活是指在家庭生活的范围内，将投入到家庭生活中的物质资源最大循环地利用起来，减少家庭废弃物的产生，在源头上减量化，实现物质资源的循环利用、充分完全利用，进而形成人们节约使用物资、循环利用物资的生活方式。

2."中循环"模式——企业之间

生态工业园区作为循环经济实践的重要形态，是继经济技术开发区、高新技术开发区之后的第三代园区。生态工业园区是发展循环经济的重要载体，它具有高科技、高产业链、集约性、共生性等特点，而不仅仅只是企业群的简单集合。在生态工业园区中，一个企业产生的废物或者副产品转变成为了另一个企业的原料。也就是说，在生态工业园区内，各家企业之间是紧密相连的，各企业之间可以通过交换废物、能量、信息等，形成一个各具特色，互赢互利的生态产业网络，在这个生态网络中，物质能量可以得到最大化地利用，排放的废弃物是最少的。与小循环相比较来看，"中循环"可以看作是企业之间的循环经济。

3."大循环"模式——社会领域

"大循环"模式主要体现在社会层面，它是指在整个社会中，实现城市和农村、工业和农业等之间的物质循环。主要是以污染预防为出发点，通过废旧物资的再生利用，实现可持续消费，在满足人类基本生活需求的同时，以实现物质间的循环流动为基本特点，将社会、环境的可持续发展当作循环经济的最终发展目标，将各种资源和能源高效利用起来，降低污染物的排放。要提高产生和服务的利用率，最终实现整个大循环。

（六）循环经济中的基本规律

1.生态经济规律

循环经济必须建立在生态经济的基础之上，没有生态经济做基础的循环经济，是没有生命力的。

作为循环经济运行基础的生态经济，是一种尊重生态规律和经济规律的经济。这种生态规律究其核心，是生态系统中物质循环动态平衡规律。基于以生态系统为基础的经济运行，包括生产、分配、交换、消费的各个环节，是由生产力与生产关系在生产力发展到一定水平上所形成的全开放系统。这种经济运行只有毫不间断地与生态环境进行物质和能量交换，才能存在和发展。从这个意义上说，经济规律究其核心是生产力发展的规律，而生产力发展的源泉，就是生态系统能够不断地提供优质、大量的物质资料，因而生态系统和经济系统构成一个矛盾统一体。由于在经济运行过程中生态经济规律的存在，因而在生态循环经济的过程中，就要求人们必须把人类经济社会发展与其依托的生态环境作为一个统一体，把经济系统与生态系统的多种组成要素联系起来进行综合考察与实施，从而通过经济、社会与生态发展之间的全面协调，达到生态经济和循环经济共同的、最优化的目标。

2.两种资源并存和统一规律

循环经济所指的"资源"包括自然资源和再生资源，"能源"包括传统意义上的一般能源和绿色能源。这些资源，从循环经济理论的角度说，可以看作是"第一次资源"或"第一资源"。

在循环经济的运行中，仅仅有"第一资源"的作用和利用是远远不够的。循环经济的一个特色，就在于它不仅重视对"第一资源"的充分利用，也同样重视对"第二资源"的充分利用。它是两种资源并存和统一的经济方式。

所谓"第二资源"，是指在传统经济运行中被作为废弃物、被作为垃圾来处理的资源。从生态环境的角度看，垃圾固然是一种污染源；但从资源的角度看，它却是地球上唯一在增长着的资源（或称为潜在的资源）。据有关部门分析，当前中国城市已发展到660座之多，其中已有200座城市陷入垃圾包围之中，所产生的垃圾量达

114亿吨，可以使100万人口的城市路面覆盖1米厚。虽然是垃圾，但如果将其全部利用，则可以产生相当于1340万吨石油的能量。有人曾做过这样的计算，中国城市每年因垃圾造成的损失约250亿～300亿元，而城市垃圾本可创造2500亿元的财富。所以在发展循环经济的过程中，科学地处理、利用垃圾，向垃圾要资源、要效益不但极为重要，而且显得极为迫切，这是未来经济社会维持可持续发展的"第二资源"。

3.经济效益约束规律

经济学基本理论作了"经济人"的假设，这种"假设"揭示了人的本性是贪婪的。亚当　斯密把"看不见的手"看作是经济学的一条基本规律，人本性中的这种自利性，推动着人类社会的经济发展。

价值规律是市场经济运行中起基础作用的基本规律。所谓价值规律，是指商品价值量由社会必要劳动时间决定的规律。它包含着两个方面的内容：一是商品生产的规律，即反映生产商品同耗费劳动量之间的内在联系。通常情况下，生产商品耗费的社会必要劳动时间越多，则商品的价值越大；反之，商品的价值量就越小。二是商品交换的规律，即反映商品生产者之间等量劳动相交换的本质联系。商品交换要以它们包含的价值为基础。按照价值规律的要求，在正常的和理性的条件下，商品的价格无论怎样变动，从长期看，其价格都不会低于或高于社会必要劳动时间决定的价值量。虽然短时期内其他因素的干扰可能造成市场价格高于或低于商品价值量的情况，但不会改变价值规律的作用形式。

当然，人们重视自身的经济利益，并不意味着可以毫无顾忌、为所欲为。在现实经济社会生活中，人们还必须在一定的条件约束之下追求自身利益的最大化。也就是说，人们在追求自身利益最大化时，必须受当时社会的经济、政治、法律、文化、道德、伦理、传统等因素的约束，即尊重经济效益约束规律的作用。循环经济对经济社会的要求，就是一种经济效益约束规律的表现形式。

4.权责对称规律

循环经济方式必须建立在可持续发展的基础之上。但对于个别企业来说，由于受企业技术、人才等因素的影响，采用循环经济方式会导致其生产费用的上升，因而个别企业从自身利益出发，会作出非可持续发展的决策。如果社会对其非可持续发展方式予以放任，则必然造成社会效益的损害，即产生负外部性效应。如果在这一导向下，其他企业也采用非可持续发展方式生产，则随着社会生产的进行，社会经济效益不是在提高，而在减少。为此，社会必须对企业在生产过程中所形成的负外部性的各种问题制定清晰而合理的规章制度，并在经济生活中通过社会监督和上层建筑部门的作用，使各微观经济主体走上可持续发展之路。由此可见，权责对称规律也是循环经济中不可忽视的重要规律。

（七）循环经济的发展路径

1.加强组织领导，加强国家对循环经济的统筹工作

一是强化宏观调控，强制淘汰高耗能的落后工艺、技术和设备。

二是加强规划指导，制订全国发展循环经济总体规划及重点省市、重点领域的循环经济专项规划。

三是研究建立以资源产出率为核心、反映循环经济发展成效的评价指标体系及统计制度，开展循环经济的评价统计工作。

2.加强教育宣传，提高公众对循环经济的认识

一是通过教育、培训、宣传，推行环境友好产品标志和循环利用产品标志等方式，提高社会对循环经济的认同程度。

二是普及循环经济知识，利用学校进行循环经济教育，在学前教育、中小学的基础教育和大学生的学历教育中都加入循环经济知识的内容。

三是引导公众积极参与绿色消费活动，鼓励公众购买循环经济产品，反对奢侈浪费、随便丢弃，鼓励耐久产品的反复使用，减少一次性产品的使用。提高对循环经济发展的思想认识，走出对我国经济发展的误区，使我国公众确立顺应循环经济发展的资源观、环境观和发展观。

四是充分发挥政府的领导作用和决策推动作用，将实践经验大力推广到各个层面的循环经济实践中。另外，可以通过新闻媒体，大力宣传在实践循环经济中的先进典型。

五是鼓励各种民间组织参与循环经济的发展，建立循环技术服务中心、清洁生产中心等专业组织开展循环经济技术咨询和技术服务。

3.完善政策体系，建立循环经济相关制度

通过政策引导循环经济发展，并且建立责任扩大制度、经济政策和激励制度来推动循环经济的发展。

（1）完善各类政策

投资和消费是带动循环经济发展的主要驱动力。在投资政策和项目选择上，应注重产业结构调整和升级。对直接推动循环经济的重点领域，根据不同行业的特点，贯彻"3R"原则，出台相关政策。

第一，深化自然资源及水、电、气等价格形成机制的改革，建立能够反映市场供求状况、资源稀缺程度和环境治理成本的价格形成机制。完善自然资源价格形成机制，调整资源型产品与最终产品的比价关系，通过提高资源使用成本来促使企业节约使用和循环利用资源；调整水、热、电、气等的价格，积极推进居民生活用水用电的阶梯式价格制度，对国家淘汰类和限制类项目及高耗能企业实行差别化电价，鼓励企业和居民节约用水、用电。

第二，调整和完善税收政策。一方面，调整现行税制中不利于发展循环经济的税种，包括调整资源税和增值税。提高初始资源税，从而提高初始资源成本价格，增强企业使用再生资源的动力；对循环利用资源的企业、综合回收废弃物进行生产的企业，应在增值税上给予减免，以此鼓励企业自觉采纳循环生产模式。另一方面，开征新的税种，如开征环境污染税，实施环境关税，实行鼓励性税收。

第三，完善投融资政策。通过优惠政策，鼓励民间资金进入循环经济领域，尤其是静脉产业领域；政府财政提供"种子"基金，补贴循环经济项目；建立循环经济基金，探索循环经济基金发展模式。

第四，综合运用财政政策。制定循环经济财政补贴政策、循环经济产品政府优先采购政策；对循环经济基础设施建设、公共技术研发等实施财政直接投资政策；对国家和地区重点生态保护地区研究制定生态补偿政策，加大财政转移支付的力度。设立循环经济发展专项资金，出台再制造产业发展的鼓励政策以及鼓励"零排放"的政策。

（2）责任扩大制度

一是生产者责任扩大制度。所谓生产者责任扩大制度是指生产者对于产品的责任不仅是产品的设计生产阶段，还要扩展到产品生命周期的最后阶段，即产品的使用结束之后。该制度要求生产者不仅对产品的性能负责，而且对产品从生产到废弃对环境产生的影响负全部责任。因此生产者必须在生产源头就考虑如何抑制废弃物的产生，考虑包括原材料的选择、生产过程和工艺的确定、产品使用过程以及废弃等各个环节对环境的影响，设计出"环境友好"的绿色产品。

二是消费者责任扩大制度。消费者责任扩大制度是指消费者对消费品的责任不仅是在对其购买时和使用过程中，还应扩大到对消费品的使用完成后。消费者的责任不仅限于消费者在购买和使用消费品时实现绿色购买和绿色消费，即消费那些不会产生环境污染或对环境污染小且对人体无害的物品，消费过程中提倡高效利用物品，并避免污染环境。除此之外，为了加快循环经济在我国全社会范围内的发展实践，应该将消费者的责任扩大，要求消费者在对消费品使用完结后，对非要丢弃的废弃物，如生活垃圾，应遵从废物再利用原则，并从利于废物回收的角度出发，尽可能地将废弃物进行分类丢弃。需要特别指出的是，对于如废弃电池等对环境会产生严重污染的生活废弃物，应交付相关部门进行回收，而不可直接丢弃。对于可不用丢弃的废弃物，如家庭用旧或损坏的家用电器，以及一些闲置的物品，可交付回收公司进行回收，或送到二手市场进行循环使用。

4.开发绿色技术，实现"3R"化

从某种意义上来说，循环经济是通过对经济系统进行物质流、能量流和信息流的分析，运用协同学原理，找到物质流、能量流和信息流之间的协同关系，并运用生态理论进行评估，最终实现"3R"化。为了实现这个目的，必须要以先进适用的科学技术作为循环经济的支撑和推动力，特别是开发以生态循环技术和环境无害化技术为主要方向的"绿色技术"势在必行。

建立"绿色技术"体系的关键是积极采用无害和少害的新工艺、新技术，大力降低原材料和能源的消耗，尽可能把污染物消除在生产过程中，实现资源和能源的低投入和高利用、污染物的低排放甚至零排放。由此看来，"绿色技术"应该包括使生产过程无废少废和生产绿色产品的清洁生产技术、用以进行废弃物再利用的资源化技术以及用于消除污染物的环境工程技术等。

三、低碳经济

（一）低碳经济的提出

地球变暖威胁的严重性，让人们重新审视自己的生活方式，提出低碳经济和低碳生活方式，需要从高消费的生活走向简朴生活。国务院政府工作报告指出："积极应对气候变化。大力开发低碳技术，推广高效节能技术，积极发展新能源和可再生能源……"转变观念发展低碳经济、低碳产业和低碳生产，低碳化成为一种生活方式。

（二）低碳经济的内涵

"低碳"的概念是由英国率先提出来的，指排出到大气层中的碳基只有很少，接近于或等于零。低碳经济是通过采用太阳能、风能、核能、地热能等绿色能源，实现经济发展的低能耗、低污染、低排放，追求高效利用能源，开发清洁能源、绿色能源，是经济可持续发展的一种新模式，是生态经济可持续发展的新阶段。

（三）我国实现低碳经济的重要意义

1.发展低碳经济是科学发展的必然要求

发展低碳经济不仅是我国经济社会可持续发展的内在需要，还可以产生新的经济增长点。在发展经济上，不能再单凭高能源消耗，不顾环境的发展了。如果还像以往将GDP作为我国社会的发展目标，虽然会使经济有所发展，但是会导致生存环境的恶化，这不是我们想看到的，这违背发展的本意，也不符合科学发展观的本质要求。发展低碳经济要求改变经济发展方式，降低资源能量和环境付出的代价来增加GDP，通过改进工艺和生产流程的方式，使资源的利用效率得到提高，从而更好地发展我国的社会经济，让人民的生活质量得到提升。

2.发展低碳经济有利于我国调整产业结构

我国的产业结构以工业为主，服务业比较低，工业主要是高碳产业，这就使得污染比较严重。当前我国正处于城市化发展阶段，需要大规模的基础建设，这就需要消耗大量的钢材、水泥、电力等。

这些高碳产业在21世纪，是我国未来经济增长所必须要依靠的产业，国内巨大的市场需求没有办法能靠国际市场来满足，也就是说这些产业有其自身的发展合理性。但是不能因此大力加大发展重工业，长此以往，我国的资源储备不仅不够，我国的生态环境也不允许这样，在发展这些产业的时候，要将吨钢生产消耗的标准煤降下来，而不是抛弃以钢铁和水泥为代表的传统产业，要提高能源的利用率。通过发展低碳经济，推进我国的产业结构升级。

3.发展低碳经济有助于促进我国社会经济实现跨越式发展

改革开放之后，我国高新技术和知识产权发展不够，因此实行"以市场换技术"政策，这就使得我国汽车等技术含量高的产品市场被国外的公司占据大多数。我国自己的产业需要自主开发技术，这已成为共识。我国"973计划""863计划"等科技支撑计划已将低碳能源技术、二氧化碳收集储存技术研发等技术纳入其中。由于在这方面，发达国家的技术也没有多少积累，而我国在节能减排技术开发和创新上也有了一定的积累，与发达国家的先进水平的差距并不大。最近几年，我国这方面的技术有了快速增长，因此应当加大对这方面的投入，促进低碳经济的发展，进而推动我国在这一领域内实现跨越式发展。

（四）低碳经济的实现路径

1.制定低碳经济政策，充分发挥政府的作用

随着我国经济的发展，经济政策在发展中发挥着极其重要的作用。低碳经济财税政策体系包括两部分：一是对市场主体的节能减排行为起激励作用的财政支出政策体系，具体地说，财政支出包含：政府预算拨款、财政补贴、政府采购；二是对市场主体的耗能排放行为起约束作用的税收政策体系，财政收入政策：包含碳税类、税收直接减免、节能设备投资抵税和加速折旧等限制性税收政策。

政府在低碳发展的过程中起到主导、引导、强力推、动的作用，政府发展策略从政绩优先、GDP优先向生态环境优先转变，政府在引导推动的过程中积极制定了减缓气候变暖的一系列政策法规：如《节能中长期规划》《可再生能源中长期发展规划》《核电中长期发展规划》等一系列约束性目标，法律法规的完善节能减排、低碳发展上升到法律法规的高度，为低碳发展营造良好环境，起到了保驾护航的作用。

2.进行低碳技术开发与创新

开发低碳技术的自主研发和创新，促进高能效、低排放、低污染技术的技术研发和推广应用，在重点和关键领域率先进行突破，建立起有利于推进低碳经济发展的技术体系。

3.强化企业对低碳消费的推动作用

企业是低碳消费方式的重要推动者，顺应低碳消费发展趋势，为市场提供更多的低碳产品，既是企业的经济行为，又是企业应当承担的社会责任。企业有必要承

担起节能减排的责任，积极投入技术、资金、人力等要素，通过技术进步、管理创新，促进能源结构多元化，促进产业结构升级，减少能耗、减少污染、减少碳排放，最终实现生产过程的低碳化。

4.加强对消费者的引导，转变消费观念

消费观念、理念在一定程度上决定了消费方式，因此，加强民众低碳消费引导，转变消费理念，促进低碳消费。政府有关部门要承担起低碳宣传、教育的责任，利用网络、学校教育、媒体等手段对不同群体、采用不同的方式进行低碳宣传教育，培育全民低碳消费意识，促使低碳消费成为全社会主流意识；其次，，政府率先做出表率，引导低碳消费，政府的公众消费方式对社会影响作用较大，且政府行为对社会、公众具有导向作用。政府可以在公务用品采购中尽量使用低碳消费品，建筑低碳办公大楼，在日常公务中使用节能办公设备等，从行动上做出低碳消费的表率。

5.建立低碳经济发展的技术支撑体系

低碳技术决定着一个国家的核心竞争力，决定着国家的国际地位，许多国家发展低碳经济，重视技术研发、使用和推广。发展低碳经济要重视技术，由于我国生物质能、太阳能、地热、风能等新能源资源丰富，尤其要重视新能源技术发展。

6.加强宣传教育培养低碳发展意识

采取多种渠道，加大宣传教育力度，扩大宣传教育的覆盖面，树立低碳发展理念，营造促进低碳经济发展的氛围。通过讲座、培训等方式加强政府部门的低碳发展的教育，因地制宜开展有关低碳经济发展的知识竞赛，树立政府低碳发展意识，加强政府对低碳发展的重视度，并将低碳发展纳入政府政绩考核中；通过学校教育、课本教育，树立学生的低碳生活理念，从日常的生活中节约能源，并通过学告低碳教育进一步影响家长，促进家长的低碳生活、低碳资源、低徐旅游、低碳消费等；通过教育，引导企业进行低碳生产，促进企业引进先进的设备、技术、人才等进行低碳生产，节能减排。通过政府、学校、企业、居民等全方位的参与，促进全社会的低碳发展。

7.建立评估机制，检验低碳经济发展成效

建立低碳经济评估机制，首先政府或者科研机构要建立一套可行的评估体系，通过对经济发展水平、低碳技术水平、低碳社会水平等多方面进行综合评价，评估低碳经济的发展的水平和质量；在评价经济发展时，要注重系统性、可操作性、目标性、科学性、可比性等原则。通过评估机制，提高政府对低碳发展的重视，提高政府发展低碳经济的责任心；通过评估机制提高政府管理的科学性，及时纠正发展中存在的问题，及时调整战略方针，有效支撑低碳经济发展。

第六章 能源战略管理

战略管理是指为保证战略的正确落实并使组织目标最终得以实现的一个动态过程。能源战略是世界各国国家战略的重要组成部分。国家能源战略是筹划和指导国家能源可持续发展、保障能源安全的总体方略，是制定能源规划和能源政策的基本依据。能源规划是能源战略的主要表现形式。能源外交、能源政策、国家能源安全战略是能源战略管理的重要内容。

第一节 能源战略管理概述

一、能源战略与能源战略管理的内涵

（一）能源战略

能源战略是世界各国，特别是各大国国家战略的重要组成部分。能源战略就是一国（或地区）综合运用政治、经济、军事、文化、外交、科技等手段来保障稳定可靠的能源生产、供应和需求，保持平稳合理的能源价格，以及重视环保的能源生产和消费的总体方略。它是对能源发展全局性的筹划和指导。能源战略是对能源总体发展的部署、谋划和设计，它包括能源发展的指导思想、依据、目的和目标、重点和步骤、政策和措施，具有长期性、根本性、综合性的特点，对能源工作和能源发展具有重要的导向作用。同时，能源战略又为经济发展战略服务，对能源和经济的发展起着重要作用。

（二）能源战略的类型

能源战略问题不仅仅是资源和经济问题，也是非常重要的政治问题。按照实施的领域不同，能源战略可分为国内能源战略和国际能源战略，国际能源战略是一个国家能源战略中的国际战略部分。

按照涉及的内容不同，能源战略可分为能源开发战略、能源节约战略、能源环

境保护战略和能源安全战略。

按照管理的层次不同，能源战略分为国家能源战略、地区能源战略和企业能源战略。

（三）能源战略管理

能源战略管理是指一个国家（或地区）在一定时期内，为实现能源战略目标所采取的方针、政策，选择的发展途径、步骤等。

能源战略理论的形成和实践过程有不同的时代背景，以能源战略思想和目标为主线可以将能源战略的理论思想分成开源战略理论、安全战略理论、效率战略理论和可持续战略理论四种，按其形成的先后顺序排列，体现了能源战略实践的历史过程。从能源战略理论的发展看，随着人们对能源问题认识的深化，能源政策实践的丰富，能源战略也经历了一个不断完善的过程，逐步从盲目开源、被动供给，发展到主动、有效率供给，最终实现可持续供给。

二、能源战略的影响因素

在制定能源发展战略时，要考虑以下几个重要因素或原则：

第一，能源资源丰度、经济发展状况对能源供需平衡的影响。

第二，现有技术水平对能源开发利用的影响。

第三，各种能源方式在结构上的合理配比，有步骤、有秩序地协调发展。

第四，合理开发利用资源，保持生态平衡。

第五，综合性原则：综合考虑经济、社会、科技、生态等方面的因素，制定能源发展战略。

第六，效益原则：在制定能源发展战略时，必须围绕提高经济效益、社会效益和生态效益这个中心环节。

三、能源战略管理的过程和任务

（一）能源战略管理的过程

能源战略管理过程，主要是指能源战略制定和战略实施的过程。

第一，战略制定：确定任务，认定外部机会与威胁，分析内部优势与弱点，建立长期目标，制定供选择战略，以及选择特定的实施战略。

第二，战略实施：树立年度目标、制定政策和配置资源，以便使制定的战略得以贯彻执行。

第三，战略评价：重新审视外部与内部因素；度量绩效；采取纠偏措施。

（二）能源战略管理的任务

第一，提出能源战略的愿景，指明一个国家、地区或企业长期的能源发展方向，清晰地描绘能源发展的蓝图，使未来的行动有一种目标感。

第二，建立目标体系，将能源战略愿景转换成要达到的具体目标、标准。

第三，制定战略、达到期望的效果。

第四，采取有效的措施和手段，高效实施和执行能源战略。

第五，评价能源战略，采取完整性措施，参照实际的情况、变化的环境、新的思维和新的机会，调整能源战略愿景、长期发展方向、目标体系、能源战略以及战略的执行。

四、能源战略管理的手段与方法

战略管理手段，是具有重大的带有全局性或决定全局的宏观措施，是决策机构根据战略需要，在政治、军事、外交、经济、科学技术和领导与指挥等方面，所采取的各种全局性的切实可行的方法和步骤。国家层面的战略管理手段一般包括外交、军事、法律、行政等措施。

能源战略管理可借助的手段与方法通常包括能源外交、能源规划、能源法律、能源政策等。

（一）能源外交

1.能源外交的概念与分类

能源外交主要是指围绕能源问题制定的外交政策和展开的外交活动。一般认为，能源外交是由国家主导，能源企业及其他行为体共同参与，为维护国家能源利益或以能源关系为手段谋求国家其他利益所进行的带有外交特色的国际活动。

当前国际社会上一些国家的能源外交大致分为两大类：

一是以能源为手段的外交。通常情况下，拥有丰富能源而在国际社会政治话语权较小的国家多以能源为手段，对该能源短缺的国家施加政治影响，进而实现其政治经济目的。如，第四次中东战争期间，阿拉伯国家以石油资源作为武器，通过其掌握的石油区别对待西方国家，从而达到孤立以色列的目的。

二是以能源作为外交目的。能源消费国为了保证能源供应和自身的能源安全，在国际能源市场上进行各种外交活动。而能源出口国或集团则是通过外交手段来推动能源出口，获得自身的政治经济利益。

2.能源外交的目的与作用

对能源消费国而言，能源外交主要表现为以外交促进能源安全和对外能源合作，为能源企业海外开发铺路搭桥等。而能源出口国的能源外交主要目的是以外交拓展能源市场、巩固能源大国地位，推动能源乃至经济发展。

第一，能源外交的根本目的是保障一国能源安全。石油作为一种特殊的具有战略意义的商品，极易受到多种政治、军事等因素的影响，同时又极易受到国际政治、

第六章　能源战略管理

· 113 ·

经济和金融集团的操纵，其供应波动基本上并不是由生产而是由政治等因素引起的。因此一国政治影响力及外交手段的使用在保障其供应方面发挥着重要的作用，能源外交可以有效地促进石油进口方式、进口来源的多样化，进而保障消费国的长期、稳定的石油供应。同时，通过外交努力保障石油出口地区的和平，可以稳定石油供应及石油价格，减少石油进口的费用。

第二，能源外交有利于调整国家间的关系。石油供应在一定程度上与石油出口国和石油消费国的关系有紧密的联系，在一定程度上受到供应国政治意愿以及与消费国政治关系的影响。对能源外交的强调，有时需要对国家在某些地区整体外交思想和地位进行调整，包括对其在政治及经济等方面的主次、重心等进行重新定位，有时也要牵扯到处理与其他相关国家的关系等方面。主要目的还是通过外交手段加强与能源输出国之间关系，密切相互间利益联系，增强对某些重要战略地区的影响力。

第三，能源外交有力地推动海外资源的合作开发。能源外交应实现能源进口的多元化，它主要包括进口来源多元化、进口方式多样化、进口品种多样化、供应渠道多样化，也应包括"走出去"战略，即一国直接参与石油的分配与共享，在产油国建立海外基地，直接投资、开采石油。这样可以为国家长期、稳定、经济合理地利用国外石油资源提供更坚实的保障，并在国际市场出现波动时增强抗风险能力，也可以大大提高国内石油公司的国际竞争力。当然，这需要国家强有力的外交和政策支持。

3.能源外交的重点

长期以来，国际能源竞争主要集中在开采权与实际控制权，但是自20世纪70年代石油危机以及相应的资源类期货市场建立以来，各国能源战略的较量越来越集中于能源的定价权与标价权，能源外交集中于产业与金融两个方面。

首先，能源产业依然是能源外交的基础环节。在强化对上游油气资源控制的同时，国家石油公司还大力向下游延伸，建立、发展并强化成熟的一体化石油产业链，完成产业链从原料主导型向生产主导型和市场主导型的跃迁。国际石油公司利润空间则受到国家石油公司的挤压，迫使其更有动力去开发新能源，希望能够通过控制新能源来获取战略性优势。

其次，能源金融成为能源外交的关键环节。一方面，以石油为基础、以美元为标的的"石油美元体制"是美国实现全球霸权目标中除了借助军事手段外的最为重要的经济手段之一。美国熟练运用石油和美元汇率两个杠杆，操纵着全球的资源配置。另一方面，随着石油市场与金融市场的相互渗透与紧密结合，石油的金融属性不断强化，定价权成为各国和利益集团战略角逐的核心所在。如今，石油交易已演变成一种金融工具，规模不断增大的期货市场已经取代欧佩克的垄断地位，成为决定石油定价权的主导因素。

（二）能源规划

能源规划是在分析能源形势和存在问题的基础上，为满足国民经济和社会发展的需要而对能源的未来发展与活动明确工作战略和方向，并做出有针对性的部署和安排。能源规划是能源战略在某一个阶段的具体体现。它规定了实现能源战略阶段性目标的原则、步骤和措施。

（三）能源法律

形式意义的能源法律是指以能源法律规范借以表现的各种形式，主要是指能源法法典和有关能源方面的单行法、行政法规、地方性法规和规章等，如能源基本法、节约能源法、石油法、煤炭法、电力法、原子能法、可再生能源法、各种能源法条例、司法解释等。

借助能源法律可以使能源战略法律化，即在法律意义上规定能源战略的地位和效力，为贯彻实施能源战略提供制度基础。能源法律可以规定能源规划的内容、地位和效力，保证其合法、科学、严谨，为其实施提供法律依据。

（四）能源政策

能源政策是指政府在能源管理过程中依据特定时期的目标选择和制定的行为准则，是政府为解决能源问题、达成能源目标以实现公共利益的方案。能源政策是能源战略实现和能源规划实施的保证。由于能源在经济中所处的基础地位，能源政策也是发展其他部门经济政策的基础。有关能源法律和能源政策的内容，在第四章有详细介绍。

第二节　世界各国能源战略比较

一、能源净出口国的能源战略

能源净出口国主要是指能源生产除能满足本国消费外还大量出口的国家，如沙特、科威特等中东地区的国家和俄罗斯等。这些国家能源战略特点是石油收入必须保障国民经济的良性发展，加强对油气综合体的国家参与和调控，力争使其油气产量在国际市场占据合理份额，从石油资源中获取最大限度的收益，从以出口原油为主逐步转向建立创新和高效的国家能源行业，促进能源行业和国家经济全面发展。

（一）中东各国的能源战略

1.对外合作战略

出于对稳定油价、扩大市场份额的需求，欧佩克在中东国家能源战略方面发挥着越来越重要的作用。各成员国纷纷通过欧佩克加强与其他国家关系，密切开展国际合作，协调与其他石油生产国之间关系，增强欧佩克在全球石油生产、贸易、定价等方面的话语权，而地区内的非欧佩克国家，也积极配合欧佩克的产量政策，以达到稳定油价的目的。同时，中东各国对国际石油公司阵营逐步放开其本国油气市场。

2.多元化发展战略

中东各国的多元化战略体现在三个方面，一是能源种类多元化，重视天然气开发，把天然气工业和出口作为一个新的经济增长点，同时，中东各国还纷纷探索核能等新能源开发；二是产品多元化，延长产业链，积极推进油气下游产业发展；三是出口多元化，拓宽出口渠道，中东传统的出口区域为西欧和北美，进入21世纪后日、中、印、韩等均成为其重要的石油出口国。

（二）俄罗斯的能源战略

按照《2030年前俄罗斯能源战略》的描述，在全球性金融危机的背景下，俄罗斯新能源战略的主要目标是建立创新和高效的国家能源行业，既适应消费国经济增长对能源的需求，又符合俄罗斯的对外经济利益，确保俄罗斯由资源出口国转变为创新发展型国家。

俄罗斯国内能源战略定位于发展能源贸易，同时加强对油气综合体国家的参与和调控，促进俄罗斯能源行业和国家经济全面发展。在优化能源生产和需求的地区结构的同时，建立能够自我调节的稳固的地区能源安全保障体系。在战略中，俄罗斯提出将能源开采、加工和出口中心向国家的北部和东部转移，形成能源稀缺与能源富足地区新的、合理的产业布局。

俄罗斯对外的能源战略目标是：完全融入世界能源市场并最大限度地有效利用俄罗斯的资源潜力，巩固其在国际能源市场上的地位，使国家经济从中获取最大收益。从本国利益出发，俄罗斯在维护全球能源安全方面的国家能源政策基本方针是：保持与俄能源传统消费国的稳定关系，同时与新兴能源市场建立同样稳固的合作关系。

二、能源净进口国的能源战略

能源净进口国主要是指国内能源消费量与能源生产量之间存在较大缺口，需从国外进口能源的国家，如美国、中国、英国、德国等。这些国家和地区其能源战略特点是增加能源供给，保障国家能源安全；增加能源储备，提高能源利用效率；加快能源技术创新，能源节约措施现代化；能源基础设施现代化；加速对环境的保护与改善。

（一）美国的能源战略

奥巴马上台后，提出了节能减碳、降低污染的美国新能源战略（表6-1），并将新能源战略与金融危机后美国的经济振兴相提并论。这一能源战略有助于美国摆脱对化石燃料的依赖，实现能源独立，重振经济，培育新的经济增长点，并在未来掌握气候谈判的主动权。

2014年5月，白宫发布了题为《综合能源战略是实现可持续经济增长之路》的报告，详细阐述了美国的综合能源战略。

报告指出，美国综合能源战略包括三大要素，一是支撑经济增长和增加就业；二是保证能源安全；三是为实现低碳未来打下基础。其基本认识是，不可能仅靠某一种能源解决所有能源短缺带来的挑战和问题，只有综合发展各种能源才能继续支持经济增长。

表6-1 奥巴马政府的新能源战略

序号	主要目标	措施
1	打击过度能源投机行为。	如果需要，动用战略石油储备平抑石油价格。
2	至2012年，美国10%的电力消耗源自于清洁可持续的能源资源，2025年将达到25%。	发展太阳能、风能、地热能、核能、水电和生物能源等清洁能源。
3	提高能源利用效率，未来18年内，将美国燃料效益至少提高一倍。	一是设法提高汽车能效。 二是研究制定国家建筑节能目标，提高建筑物的能效。 三是建设数字化智能能源网。
4	到2050年将温室气体排放量控制在2016年的水平上减少80%。	在经济领域全面实行设定碳排放上限和交易制度，严格控制美国的碳排放。

（二）欧盟的能源战略

欧盟委员会发布的战略文件《能源2020——寻求具有竞争性、可持续性和安全性能源》。它从五个方面论述了欧盟的能源战略目标：一是实现能效的欧洲，争取到2020年实现节能20%的目标。这是欧盟2020战略的核心目标之一，也是实现欧盟能源和气候变化长期目标的关键。二是建设真正统一的泛欧能源市场，确保能源自由流动。三是为居民和企业提供安全、可靠和用得起的能源。四是推动技术研发和创新，扩大欧洲在能源技术和创新上的领先地位。五是强化欧盟能源市场的外部层面，加强欧盟的国际伙伴关系。

（三）英国的能源战略

英国贸工部发布的白皮书《未来能源——创建低碳经济》。白皮书提出了在欧洲和全球范围内领先开发出无损于环境的、可持续的、可靠的、具有竞争力的能源市场，开发、利用并出口最先进的技术，处理来自气候变化的威胁，建设低碳经济的能源战略愿景，并提出了到2020年碳排放总量减少18%的总减排目标。同时提出了电力、工业、交通和社区等社会各部门在2018年水平上的减排目标。

（四）德国的能源战略

德国联邦政府推出的"能源方案"长期战略（表6-2），其目的是使德国在能源效率和绿色经济方面走在世界最前列。战略规定了至2050年德国在能源供应和使用等各方面要实现的长期和阶段性目标，并提出了相关行动计划和主要措施。

从实现减排目标、保护环境、确保可靠可行能源供应等多方面综合考虑，德国政府"能源方案"长期战略在主要方面的分阶段目标涵盖了温室气体排放、可再生能源、能源效率等。为完成这一目标，德国政府从可再生能源开发、提升能效、核电和化石燃料电力处置、电网设施扩充、建筑物能源方式和效率、运输机车能源挑战、能源技术研发、国际合作等七个方面制定了行动方案。

表6-2 德国"能源方案"战略主要愿景目标

指标	2020年	2030年	2040年	2050年
和2010年相比温室气体排放（%）	−40	−55	−70	−80
可再生能源在最终能源消耗总量中占比（%）		30	45	60
可再生能源在电力消费中占比（%）	35	50	65	80
和2018年相比初级能源使用量（%）	−20			−50
和2018年相比电力消耗量（%）	−10			−25
和2015年相比交通部门最终能源使用量（%）	−10			−40
和2017年相比建筑物初级能源使用量（%）				−50

资料来源：德国经济部、环境部《能源方案》。

（五）日本的能源战略

日本发表了的《国家能源战略》，核心内容是能源安全保障，基本出发点是构筑世界上最先进的能源供需结构，强化全方位资源外交、推进能源环境合作、完善应急对策。也就是建立国民信赖的能源安全保障。在加强构筑世界最先进的能源供需结构的同时，还要加强对外战略，努力阻止各种形式风险的发生，强化发生紧急状况时把波动控制在最小范围的措施，确保能源供应安全。一体化解决能源与环境问题，为经济的可持续发展奠定基础。借助世界领先技术，持续研究与开发非化石能源利用技术，降低对化石燃料依赖度，力争从根本上解决以气候变化为主的地球环境问题，进一步提高能效。利用自身拥有的先进环境技术，在解决地球环境问题的各种国际组织中发挥主导作用。

日本政府在《国家能源战略》中设定了五项量化指标：一是到2030年，将能源利用效率至少再提高30%；二是到2030年，将石油在一次能源供应总量中的比例从21世纪初50%左右进一步降低到40%以下；三是到2030年，努力将运输部门的石油依存程度从几乎100%降低至80%左右；四是2030年以后，核电在总发电量中所占比例达30%～40%或以上；五是将日本企业权益下的原油交易量占海外原油总进口量的比例（自主开发比例）从目前的8%逐步扩大到2030年的40%左右（以交易量计算）。

三、我国的能源战略与能源外交

（一）我国的能源战略

国务院新闻办发布的《中国的能源状况与政策》，这是进入新世纪后中国政府在能源领域首次对外发布的白皮书。该白皮书全面总结了中国能源发展状况，介绍口国能源发展成就，阐明了中国能源发展战略。

我国的能源战略是："坚持节约优先、立足国内、多元发展、保护环境，加强国际互利合作，努力构筑稳定、经济、清洁的能源供应体系，以能源的可持续发展支持经济社会的可持续发展。"围绕着总体目标，我国又提出了能源开发战略、能源节约战略、能源贸易战略、能源环保战略和能源科技战略。能源开发战略是指调整和优化能源结构，以煤电一体化为核心，煤炭、电力、油气和新能源全面协调发展，加快西部能源开发，保证能源和经济安全。能源节约战略是指以广义节能为基础，以工业节能、石油节约和电力节约为重点，依靠技术进步，提高能源经济效率。能源贸易战略是指以市场为导向，以经济效益为中心，充分利用国内、国外两个市场、两种资源，有进有出，进出口多元化，满足能源发展需要。能源环保战略是指广义节能和广义环保相结合，高度重视并实现煤炭资源优质开发利用，促进能源、经济和环境协调发展。能源科技战略是指从实际出发，通过原始创新、集成创新、引进消化吸收再创新，努力开发一批具有国际国内先进水平、拥有自主知识产权的科研成果和专利技术，为加快能源开发和能源节约提供技术支持。在统筹安排、整体推进的基础上，重点突破一批影响能源发展全局的关键技术。

未来，中国特色的新型能源战略应具有科学、高效、绿色、低碳的特点。"科学"是指依靠科技进步的支撑，用能源领域的科学发展支撑经济社会的科学发展；"高效"一是指进一步强调节能优先，实现节能提效基础上的科学的能源供需平衡，二是指高水平的能源经济效益；"绿色"是要实现环境友好的能源开发和利用；"低碳"是指明显降低温室气体排放强度，并有效控制温室气体排放的增长。

（二）我国能源外交

1.实施多元化发展战略

全球石油资源的分布很不均匀，仅中东地区就占到57.4%。石油资源储量排名前五位的国家都集中在中东，美国通过两次海湾战争已基本掌握了对中东石油的控制权。为避免供应风险，能源多元化获取战略已成为我国能源外交的主题。以金融危机为契机，我国加强与拉美国家、俄罗斯、中亚以及非洲国家的能源合作，积极营造"多元化"能源外交格局，以期走出增长瓶颈。

2.多边能源合作机制正在逐步完善

全球金融危机带来国际能源形势的变化，使我国在全球能源合作的范围不断拓展，内容逐渐丰富，多边能源合作机制逐步完善。目前我国已与美国、欧盟、俄罗斯等36个国家和地区建立双边合作机制，参与了APEC能源合作、东盟+3能源合作、中亚区域合作能源协调委员会等22个能源国际组织和国际会议多边合作机制，并发起组织了中国——东盟能源合作研讨会、五国能源部长会议、金砖四国峰会等多次会议，在国际上引起积极反响。此外，我国积极拓展区域性能源合作与对话，成果显著。

3.利用创新模式推进能源外交

金融危机的爆发引发了"蝴蝶效应"，对世界各国的政治、经济产生了不同程度的影响。作为重要的能源消费国，为改变石油金融不合理的局面，我国创新性地提出"贷款换石油"的模式，开启与俄罗斯、巴西、哈萨克斯坦等国的石油生产商的合作。这种模式在低油价和全球经济衰退的打击下，更加凸显了我国在市场、资金、人力成本及资本市场等方面的优势。

4.与技术领先国合作开发新能源

我国能源外交正处在使用传统能源和开发新能源"两种形态能源的交织期"。我国与欧盟、美国分别签署的相关的涉及清洁能源和节能技术的合作谅解备忘录。通过加强国际新能源合作，吸引和引进国外新能源技术、设备和成果，特别是将应用范围广、见效快、成本低廉的项目作为外交合作的重点，为我国新能源的发展打下良好基础。

目前我国能源外交面临着能源问题政治化趋势日益明显，能源国往往以"中国威胁论"干预我国能源海外活动。今后，我国应宣传我国能源外交策略，加强互信与合作；成立能源外交统筹机构，加强能源外交战略规划；积极应对国际阻挠，寻找"双赢"或"多赢"的平衡点；多渠道、全方位参与国际能源秩序构建；深化新能源国际合作，减缓气候变化压力。

第三节　能源规划管理

一、能源规划概述

（一）能源规划的概念

能源规划是指在对能源资源、生产和消费的历史和现状调查和分析研究的基础上，根据国民经济和社会发展目标以及能源战略的要求，预测能源的需求量，并在考虑资源和环境条件约束的情况下对能源的开发、利用、节约、保护和管理工作所做的总体安排。

政府是实施国家和区域能源战略的主体。国家或区域能源战略确定之后，政府就根据其制订能源规划。能源规划是能源战略实施的方案。能源规划的内容一般包括规划期内的能源工作指导思想、阶段目标与任务，产业政策、量化指标与措施等。

能源规划与其他规划一样，具有三大功能：一是导向功能；二是协调功能；三是控制功能。

（二）能源规划的类型

按编制的层次，能源规划可分为国家能源规划、地区能源规划、部门能源规划、企业能源规划等。由于政府实施能源战略的层级不同，能源规划可能表现出不同法律性质。如有议会批准的法律文件性能源规划，有政府行政法规级的规划，如美国《政府先进能源规划》，也有能源主管部门行政规章级的规划，如美国能源部每年发布的《美国能源部战略规划》。地方政府也有自己的能源规划。

按照涉及的领域不同，能源规划可分为综合能源规划和专项能源规划。一般来说，政府特别是中央政府发布的能源规划大多是综合性的、方向性的。而能源主管部门发布的能源规划大多是专项的，有的甚至可以补充综合规划的不足。

按能源部门或品种，能源规划可分为石油、煤炭、天然气、水能、核能、电力、新能源和可再生能源规划。

按规划时间长短，能源规划可分为短期能源规划（5~10年）、中期能源规划（10~20年）、长期能源规划（20~50年）。

规划层级越低内容越具体，其效力也会越低。

（三）能源规划与能源战略的区别

能源规划往往是能源战略期内的阶段性目标、措施与手段。量化指标经常成为其典型表现形态及效力的必然要求。能源规划是能源战略的具体体现或行政过程，是国家权力政治在政府工作中的集中表现。二者的区别表现在：

首先，能源战略是国家权力政治的重要组成部分，是国家间的政治与合作方针，是政治更是决策；能源规划是政府行政纲领，是政府行政实现政治的思路和具体操作措施与行动方案。

其次，作为规范性法律文件，能源战略理性要求更高，原则性规定更多，其驾驭一国能源对策体系的指导性与宏观性能力，并不是能源规划所有并能替代的。能源规划效力再高也是实施能源战略的具体措施和行动，而不是能源战略，如各国类似于中长期国民经济发展规划口的能源规划就是如此。

最后，能源战略是国家宣言，是原则，较多的是对国家发展方向的引领，是对国家和全民行动的理论确定，其效力更多表现在对包括能源规划、能源政策与能源法在内的行动规则或制度的指导与协调，而不一定体现在对行动主体的要求上，这一点类似于宪法性文件的约束力。而能源规划除有少许行动原则外，更多的是操作性规则，是政府、企业或公民的行动规则。无论是指导性的规则还是约束性规则，都是行为主体行动准则，差别只是对行为主体拘束程度要求不同而已。需要注意的是，经过议会立法程序批准的国民经济和社会发展规划当然是具有法律效力的，这类规划比政府、部门和地方政府批准发布的能源规划效力要高。从某种意义上讲，其他能源规划要受国民经济和社会发展规划的约束。因此，这类能源规划不仅对于执行规划的行为具有约束力，对制定能源规划的行为也有一定的约束力。虽然这种行为是政府制定能源规划的行为，即抽象行政行为，但就其规则的功能来看，更多的还是政府能源工作的操作性规则。

（四）能源规划与能源政策的关系

能源规划是能源战略实施的方案。在一国能源对策体系中，能源政策是最丰富最活跃的对策，因而成为能源战略实施的具体措施。然而，能源政策绩效却是在能源规划的统领与安排下实现的：

1.能源规划是能源政策确定的前提

能源规划将能源战略目标等内容分解成阶段性目标、措施与手段，确定为量化指标，而政府在能源规划执行中将会制定各种能源政策来保证能源战略实施，从而使能源政策成为能源对策中最丰富的社会实践活动。从三者规范产生的关联性看，能源战略是能源规划产生的前提，能源规划是制定能源政策依据，能源规划为能源战略的实施服务，能源政策是能源规划实施的保证。从理论上看，在一个严谨的政策结构中，正如能源规划不可离开能源战略一样，能源政策也不可远离能源规划，否则能源政策就没有存在的根据。同时，因为能源规划确定了明确的目标，并可能有授权及其他要求，能源政策才可能表现出丰富多样的内容。能源规划特别是中长期规划有些就是能源战略的内容或细化，实现规划就是实现战略，至少是阶段性实现。如果每个阶段都能实现，则能源战略实现就有了可靠的基础。从能源规划在能源战略与能源政策的互动中可以看出，能源规划架起了原则与规则的桥梁，保证了能源战略对能源政策的引导，也满足了能源政策对能源战略的要求。

2.能源规划是能源政策有效的根据

一般而言，能源规划的科学与合理直接决定了能源政策的科学性与合理性。从一定意义上讲，能源规划对能源战略实施的效力除规划本身的指导与安排如重点项目外，经常是通过能源政策的效力表现出来的。因此，能源规划是建立科学稳定的能源政策体系的前提。能源规划要为能源战略实施安排执行主体、项目、资金及其管理与监督方式，同时，还要依靠能源政策为其提供实施的保证。作为比能源政策更抽象的能源规划往往是能源战略与能源法理性及效力的传感器。与能源战略和能源法相比，能源规划对于能源政策的作用更具有实践性。能源规划的实施实质上是能源战略从总方针、原则和根本性措施变为行为准则、规范和可操作制度的过程，在这种变化过程中，能源政策的作用是积极有效的。无论能源政策在实现能源战略中有多少灵活性和作用，它都是在能源规划的范畴内实现的。因为能源规划往往是能源政策的总纲，一旦能源规划形成即产生对能源政策的效力，这种效力虽不具有上位法的决定性，却具有明显的方向性与指导性。虽然，这种方向性与指导性只是基于行政组织、行政程序与行政行为结构的合理性而生的。一般而言，综合性能源规划与综合性能源政策相匹配，专项性规划与专项性能源政策相匹配。行政目标确定之后，行政过程是个执行过程，既要有方向性指导性措施，也需要具体执行的措施。能源规划就是确定行政目标并指引方向的措施，而能源政策就是具体执行的措施，为此能源政策总是与能源规划相匹配才能保证行政过程的同一性，进而保证行政组织目标的实现。如此，其最终的结果就是能源战略的实现。

二、能源规划的一般步骤

（一）历史和现状调查，建立能源数据库

鉴于综合能源规划包含了能源与经济、环境的关系，因此，调查内容不仅是历史和现实的能源供求平衡情况、能源供应结构等，还应包括人口和人口结构、经济和经济结构、人民生活水平和消费结构、环境污染和生态环境现状等。在此基础上编制能流网络图、能源平衡表，分析能源利用效率，建立以能源为主包括与之相关的人口、经济、环境数据的能源数据库。

（二）选择目标，编制社会经济、环境发展的构想方案

能源规划目标要围绕着国家能源战略，由国家能源管理机构提出，它规定了能源规划的总任务。同时应为已确定的目标规定主要政策纲领，相当于一套制约条件，例如能源价格、节能指标、环境标准、核能与非常规能源的政策等。

在选定的目标下编制不同的构想方案，一般有高、中、低三类方案。在经济方面应对整个规划期各年份进行宏观经济结构和活动水平的预测，同时还应对主要经济部门如工业、农业、交通运输、居民与商业、农村等做出类似的预测。其方法可以采用投入——产出、系统动力学、计量经济等建立有关经济模型。环境方面应对排污量与污染水平给出限制量，例如大气中的烟尘浓度、SO_2浓度、CO_2减排量等。

（三）能源需求预测

根据设定的方案提出各个经济部门的活动水平，根据单位活动水平的能源消费量的变化，预测能源需求量。单位活动水平的能耗与各用能部门的工艺技术水平、用能设备的效率等有关，因此，有必要对技术水平进行定量分析和预测，以求得能源需求量。居民生活对能源需求量与居民对能源的终端用途如炊事、取暖等有关，因此需研究各种终端用途的活动水平和终端用能设备的效率变化。

（四）能源资源评价

资源评价是对国内各种资源的可开发储量进行估计，然后按其开采的难易程度进行分类，在此基础上可对每种能源进行供应预测。尚需考虑储量的增长率、可能的生产率、开采成本、目前与将来开采的机会成本以及由环境或其他因素造成对生产的限制。为了使能源规划中的资源预测更为完整，还需要计入国际市场上每种资源的可得性及其价格。根据资源可得性的推算和开发政策，可得出几种可能的供应预测。

对于可再生能源的资源评价实际上还应结合其开发工艺进行，例如，太阳能仅估计其辐射的物理量还不够，必须与太阳能利用的工艺技术结合才能评价太阳能资源。

（五）能源技术发展路线评价

在能源工业、交通、建筑和消费等重要技术领域中识别关键能源技术、特征及其发展路径，预测能源技术的发展趋势和进化潜能，确定重点突破的关键技术和推广应用的先进技术。技术路线选择的评价不仅要进行单纯的技术、经济评价，还应进行社会成本效益分析。效益分析有时可以采用系统动力学模型进行仿真模拟。

在评价中，除了对单项技术进行评价外，由于许多技术之间的替代作用，故还应在相关技术之间进行横向比较评价，以便对各项可行工艺技术进行优先排序。

（六）能源供应与需求平衡

能源供求平衡可以采用能源平衡表或能流网络图。可以在基年的能流网络图基础上对未来的能源供求平衡进行预测。鉴于能源间的可替代性，因此能源供求平衡可以是核算型、仿真型或优化型。优化的方法很多，如线性规划、非线性规划、目标规划、动态规划等。

规划期的能源供求平衡是综合了上述各个步骤所得的结果，这些结果有的作为目标，有的作为技术经济参数，有的作为约束条件输入能源供求平衡模型、能源系统规划模型。从而得到多个可供决策的能源供需平衡方案。

（七）各种影响分析

不同的能源供需平衡方案对国民经济结构与发展以及环境会产生不同的影响。主要是两类影响分析，一类是经济影响分析，另一类是环境影响分析。

经济影响分析主要包括宏观经济结构及增长率的影响，主要经济部门结构及增长率的影响，实际总消费的影响，通货膨胀、外贸和支付平衡的影响等。经济影响分析实质上就是在一定政策约束下，利用某些指标进行该方案的经济"效率"的检验。由此筛选出一个或几个经济效率最高或花费较少的方案。

环境影响分析则是从环境保护角度出发的第二种衡量效率的阶段。在供应—需求总平衡阶段，根据已确定的环境保护政策及环境标准与法规对各种燃料与技术进行筛选。在选定了某种供需平衡方案和供应系统结构后，再对系统中每一重大项目进行深入的环境影响评价。

（八）制定能源供应与需求管理战略和相应政策措施

最后，还必须制定一套"管理"措施以达到规划预定的目标。供应管理包括投资规划的实施、规划的组织措施以及各部门规划间的协调。需求管理是遵循所预测的需求结构，找出达到此目标的各种手段，包括价格管理和非价格管理（定量分配、能源审计、宣传等），其他相应的政策措施包括税收、补贴、法规等，从而使制订的规划得以落实。

三、能源规划的模型方法

过去能源规划一般只考虑能源系统本身，或者能源与经济的关系，故规划中所采用的模型方法相对比较简单。常用的模型方法有判断分析方法、时间序列分析法和因果分析法（见表6-3）。

表6-3 传统的能源规划模型方法

模型方法	简介
判断分析方法	对国内外大量统计资料进行归纳分析，结合研究范围内的实际情况，进行比照分析以预测未来的能源需求量。如人均能量消费法。
时间序列分析法	对能源消费的历史数据按时间序列进行分析和处理，以其过去的变化规律预测未来。趋势分析方法分确定性方法和随机性方法。 常用的确定性趋势分析模型主要有：移动平均预测模型、指数平滑预测模型、分解预测模型。 常用的随机性趋势分析模型主要有：自回归模型、自回归滑动平均模型。
因果分析法	计量经济学方法分析影响能源需求的各种因素之间的关系，并用数学关系式进行定量描述，从而根据其因果变化关系进行预测。这种方法不仅需要利用历史数据，而且还需要对未来作一些必要的假设或想定，通常所采用的能源消费弹性系数预测方法和分部门终端能源消费预测方法都属于这种方法。 投入产出法是利用投入产出模型可以系统分析能源部门和其他国民经济部门的密切联系，从国民经济综合平衡和协调发展的角度，来预测未来社会经济发展对能源的需求。

资料来源：根据有关资料整理。

随着环境问题逐渐受到各国重视，能源规划中开始运用能源—经济—环境（3E）模型。目前，应用较广的模型方法主要有：

（一）MARKAL模型

MARKAL（Market Allocation，MARKAL）模型是一个基于单目标线性规划

方法的能源系统分析工具。第一次能源危机之后，国际能源署（International Energy Agency，IEA）为帮助各会员国建立能源系统分析能力，年组织实施了一个由多国共同合作的"能源技术系统分析规划"（Energy Technology Systems Analysis Program，ETSAP）研究项目，ETSAP的重要成就之一就是开发了MARALK模型。

典型的MARKAL模型通常由4000至6000个变量及数量相当的方程式构建而成。MARKAL模型主要是由能源数据库及线性规划软件两部分所组成的部分均衡模型（Partial Equilibrium Model）。其中能源数据库中为各国有关能源情况的资料，包括能源服务需求、能源技术与初级能源供应等三部分：

第一，能源服务需求：指一个国家各个部门（包括工业、商业、运输等使用能源的各部门）在未来数十年内各期能源服务（energy service）的需求。

第二，能源技术：指目前既有和规划期间内未来可能的能源转换技术、处理技术与终端使用技术。能源技术资料内容包括：投资成本、固定及变动费用、运转维护费用、使用年限、使用能源类别、效率、可用度、输出及最大市场穿透力预估等。

第三，初级能源供应：包含未来数十年各种一次能源（煤、油、气、核能、水力和其他各种再生能源等）的自产数量、进口量与价格。

（二）多目标规划模型

多目标规划模型（Multi Objective Programming，MOP）是利用数学规划方法，将分析者所设定的不同目标以及现实经济系统中的各种限制，采用不同的决策方式，求出一组供决策者参考的非劣解（non-inferior solution）。多目标规划强调目标选择的弹性与可行方案间的替代性，使决策者在政策选择上有较大的弹性和回转空间。它可以同时考虑并解决多个目标间相互冲突的问题，并可处理优先次序不同的目标最优化问题。多目标规划法用途相当广泛，能源—经济—环境规划只是它一个方面的用途。此外它与投入产出分析（input-output analysis）结合后，多目标规划模型更可用于总体经济分析、经济政策仿真等方面，同时还可针对每一产业部门所受到的影响效果进行分析。

事实上，多目标规划模型可以说是单一目标线性规划模型的扩展。两者不同之处在于多目标规划可同时处理两个或两个以上的目标，而单目标线性规划则一次只能处理一个目标。

（三）可计算一般均衡模型

可计算一般均衡（computable general equilibrium，CGE）模型通常是指涵盖一个经济体系中生产、需求、贸易、收入等各种经济要素的一组庞大的联立方程式（线性或非线性）。它的理论基础是新古典Walras一般均衡理论的假说，是由投入产出分析来描述经济体中各产业部门与最终需求部门的关联性。第一个CGE模型始于挪威经济学家 L.约翰森，他建立了第一个多部门内生价格的经验模型，用于分析挪威的资源配置。20世纪70年代后，CGE 模型有了进一步的发展，各国经济学家结合各自的研究领域建立了不同的 CGE 模型，并且开始延伸至能源、环境领域。近期比较典型的有 DGEM 模型（Dynamic General Equilibrium Model），经合组织（OECD）开发的 GREEN 模型，欧盟（European Union）开发的 GEM-E3 模型，澳大利亚开发的 ORANI-E 模型。

（四）LEAP 模型

LEAP 模型是瑞典斯德哥尔摩环境研究所 SEI（STOCKHOLM Environment Institute）开发的静态能源经济环境模型。以能源需求、消费和环境影响为研究对象，通过数学模型来预测各部门的能源需求、消费及环境影响，并对各种能源方案进行详细的经济效益分析。模型实现了对能源消费系统的仿真，通常称为"终端能源消费模型"。

（五）TH-3EM 模型

清华大学张阿玲、李继峰根据国际流行的建模思路，构造了混合式 3E 模型 TH-3EM（清华能源—经济—环境混合评价模型），利用可计算一般均衡模块描述经济系统整体，应用跨时段能源系统优化模块描述能源系统微观细节。TH-3EM 模型构建的总体思路为：建立一个多部门比较静态可计算一般均衡模块（Comparative static computable general equilibrium module，CSCGEM），在整个规划期内按照需求在各个时间点上对经济系统状态进行描述；在原有模型基础上改进得到新的跨时段能源系统优化模块（Intertemperal energy system optimization module，IESOM），细致描述能源系统的行为状态、技术选择等。CSCGEM 和 IESOM 各自运行，通过连接模块（Link module，LIM）进行连接。LIM 中既包含从 CSCGEM 流向 IESOM 的数据变量，也包括相反流向的变量，使得两个主要运算模块之间构成闭合回路，相互校验，保证整个模型运行结果的一致性。除此 3 个模块之外，还有一个虚拟模块根据情景设计为 CSCGEM 提供外生变量，推动模型运行。

相比原有模型，TH-3EM 模型最大的创新点在于将一个 CGE 类模块与一个能源系统优化模块进行双向闭环连接，在结构上保证了模型内部结果的一致性；另外建立了能源系统对经济系统影响的反馈通道，也使得模型设计更符合现实。

（六）3Es-Model 模型

3Es-Mode 是日本长冈理工大学（Nagaoka University of Technology）于 20 世纪初期研究开发的经济——能源——环境模型，简称"3Es 模型"。3Es 模型是一个计量经济学模型，由宏观经济子模型、能源子模型、环境子模型组成，模型共包含 631 个方程，主要是通过模拟宏观经济、能源、环境三者之间的关系，来预测未来节能、碳税、促进能源效率等减排方案下，经济、能源、环境的发展趋势，模型结果为决策者制订能源长期战略规划和政策提供信息支持。

（七）MESSAGE模型的应用

MESSAGE模型是国际应用系统分析研究所（IIASA）Messner等研究开发的，用于研究中长期能源系统规划、能源政策分析和情景发展的动态线性规划模型，目标函数是寻求能源系统的总成本最小，研究方法主要是运筹学的线性规划理论和混合整数规划方法。模型的核心是RES（Reference Energy System），它描述了能源资源从开采、进口、转化、运输、分配到终端服务、工业生产过程及交通运输等环节之间的相互依赖关系。MESSAGE模型也是一个技术经济型的优化模型，它有3类主要的变量和一系列不同类型的方程，这些变量分别是技术活动、每年新技术的应用、每年的资源开采，约束条件可以分为需求约束、平衡约束、资源约束等。

第四节　国家能源安全战略

一、国家能源安全战略概述

（一）国家能源安全战略的含义

在世界各国的能源战略中，能源安全战略占有十分重要的地位。能源安全是指一个国家或地区所拥有的可支配能源资源，能够持续稳定地供应和清洁高效地利用，以保障国民经济持续稳定的发展和社会不断进步的需要，使能源系统处于健康运行的状态。其本质是能源的开发利用不对人类社会进步和经济发展造成威胁。其主要内涵包括三个方面：一是满足经济社会发展对能源的要求，保障能源的持续、稳定供给以及安全的生产，即能源的供给安全；二是减少和降低能源生产与消费对生态环境的影响，保障经济社会的可持续发展，即能源生产与消费的环境安全；三是能源的高效利用，即能源效率能符合最大经济效率的目标。表6-4为主要国际组织及能源相关机构对能源安全的阐述。

表6-4 主要国际组织及能源相关机构对能源安全的阐述

组织	阐述
欧盟	1.能源供应安全措施应得以保障经济体系的正常运作，避免突发性的供应中断，并能提供社会可接受价格的能源。 2.能源供应安全措施不在于追求降低经济对进口能源的依赖，而是在管理其衍生的风险。
国际能源总署（IEA）	能源安全为一广泛之概念，并非局限在国家疆界层面上，更进一步地对最终消费者均有全面性的影响。能源安全包含外部（地理政治上）及内部（运作及投资）以及时间等，并需要多层面的政策措施来确保避免能源系统的中断或崩解。

组织	阐述
亚太经济合作 （APEC）	能源安全议题最早出现在APEC文莱领袖会议，主要考虑石油价格的变动对能源供应及世界经济所产生的动荡与冲击，由能源工作组做出回应及通过《能源安全倡议》涵盖层面包含借由能源技术的发展、交换、应用与展开 及促进分散与有效率的能源组合，以避免国际原油市场的变动对于经济所造成的风险。
亚太能源研究中心 （APERC）	提出了能源安全的"4A"概念，即：可利用性（Availability）——地质因素 可得性（Accessibility）——地缘政治因素；可负担能力（Affordability）——经济因素；可接受能力（Acceptability）——环境和社会因素。
日本经产省 （METI）	在对环境友善的方式下，以合理的成本确保能源稳定供应。
日本能源经济研究所 （IEEJ）	为健全及永续的经济成长及社会发展，以合理的价格确保必要数量的能源供给。
韩国能源经济研究院 （KEEI）	能源安全：稳定、成本有效性及永续性之能源供应。

　　国家能源安全战略的内涵和外延极其丰富（图6-1），既与既定时空范围内特定国家的碳氢化合物资源（油气）供应基础、供应多元化和能源消费结构有关，又与能源投资和基础设施建设有关；既是经济问题，又是环境、政治、外交和安全问题；既有国内政策含义，又有国外政策含义。因此，国家能源安全体系建构也是一项综合、复杂而又广泛的系统工程。

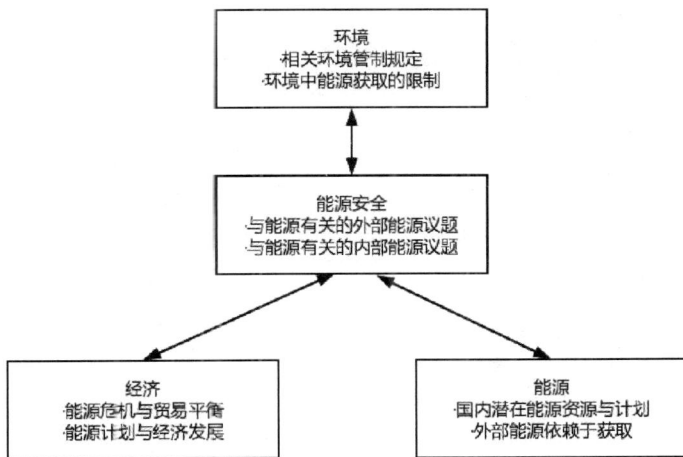

图6-1 能源安全战略的内涵

（二）国家能源安全战略的特点

1.能源安全战略是逐渐进化的概念

在第一次及第二次世界大战期间，能源安全战略的核心是充足军事使用能源。

在20世纪70年代，两次能源危机改变了能源安全结合战争的议题取向，能源安全意味着减少或降低消费国的石油进口水平，并对石油进口和油价进行风险管理。20世纪80年代后，利用能源安全合作措施进一步去避免政治及军事的冲突，成为国际能源安全研究讨论的议题。能源安全也不再局限于石油，在国家能源安全问题中，天然气、电力（包括核电）和煤炭的供应安全也同等重要；能源安全也是投资安全和环境安全问题，国家能源安全政策必须充分反映投资安全和环境安全的因素；能源安全是一个全球性问题，任何国家的能源安全政策都必须具有国际合作的战略视野。

2.国家能源安全战略是跨国性的概念

国际能源总署（IEA）认为应由外部地缘政治面、市场内部的操作及投资面、长期或短期等多面向观察影响能源安全的因素。20世纪80年代中期，国际石油供过于求，油价暴跌。而2013年以来，国际油价在震荡中持续走高。这时的世界各国发现能源安全既包括能源进口国的供应安全，也涉及生产国的需求安全问题。只有生产国的市场需求得到保障，国际能源市场才可能均衡正常地运行。此外，影响能源安全的因素，包括恐怖主义、对能源基础建设投资的不足，及任何可能影响在合理价格下能源供给的困难通常已经不是单一国家可以解决的问题，所以跨国性手段在解决能源安全困境上显得越来越重要。

3.国家能源安全战略是多面向的安全观

能源安全战略是个超乎市场和经济范畴的概念，它涉及一系列政治、外交和军事战略议题。学者Christopher Flavin与Seth Dunn提出21世纪新能源典范，其中包括技术、资源与环境限制、社会经济需求。

20世纪90年代，冷战结束后国际安全研究更进一步将"能源安全"的概念转为经济威胁与市场途径的架构中，另一方面，也加入"全球治理"与环境威胁的思维。这些都使得能源——经济——环境连接也愈发紧密。

（三）国家能源安全战略的影响因素

1.能源因素

能源因素是影响能源安全战略的最直接、最重要的因素之一。一般来说，一个国家自身的能源越丰富，对经济发展的保障就越有力，其能源供应的安全系数就越高。如果不考虑其他因素，本国能源受外界不安全因素影响的可能性越小，就相对越安全。

2.政治因素

政治因素对能源安全战略的影响主要表现在以下两个方面：一是能源进口国与出口国之间政治关系恶化而直接影响能源进口国的能源安全。二是由于能源生产国国内的政治因素影响其能源的供应能力从而间接影响能源进口国的安全。

3.运输因素

能源供应链的安全与控制资源、建立储备同等重要，供应链的安全是能源安全战略的前提和保障。供应链的安全同样体现在两个方面：一是国际能源运输线，谁对运输线的控制力强，谁的能源共应安全风险就相对小；二是国内的运输能力问题，国内的能源流动顺畅，其能源供应就相对安全。对一个国家的能源安全而言，第一种因素影响更大一些。

4.经济因素

经济因素对能源安全战略的影响是一种间接因素。对能源进口国而言，最主要的影响就是经济能否支持进口能源所需要的外汇，经济因素还涉及价格变动问题。对进口国来说，主要是价格上涨对进口能力和进出口平衡的影响。在和平时期，价格的剧烈波动是能源安全的最主要问题之一。

5.军事因素

军事因素对能源安全战略的作用是多方面的。对运输方面来说，拥有强大、反应快速的海上军事力量，能源海上运输线就会受到很好的保护。尤其是体现在对马六甲海峡、苏伊士运河等关键能源运输线的控制能力上。军事因素对能源安全战略的影响还表现在对主要能源生产地的军事干预能力上。

6.可持续发展因素及其他因素

能源安全战略重视资源的开发效率，强调资源的可持续利用。能源可持续利用的实质是要努力做到经济发展与能源利用的协调，最终使经济发展与人口、资源、环境达到整体的协调。可持续发展的因素还应该考虑技术进步和能源替代方面的影响。对中国而言，如果洁净能源技术有重大突破，中国的能源安全形势将有很大改观。

此外，立足于能源安全"4A"定义，亚太能源研究中心（APERC）认为影响能源供应安全的因素主要来自5个方面：①燃料储备及国内外供给者情况；②经济体满足预期能源需求的供给能力；③经济体能源资源和供给者多样化水平；④获取能源资源的便利性，与可得性相关的能源基础设施如能源运输基础设施；⑤地缘政治因素。

二、国家能源安全战略评价

国家能源安全战略评价是指以整个能源系统为评价对象分析影响能源安全战略的主要因素，构建一套可量化的评价指标，采用一定的理论与方法，对能源安全状况面临的风险及未来变化趋势进行评估。

国家能源安全战略评价可分为短期和长期能源评价，通常是建立能源安全模型来进行评价。目前以长期能源安全的模型研究为主。现阶段，能源安全模型多建立在能源安全多样性指数即香农一韦纳指数（Shannon-Wiener Index，SWI）和赫芬达尔—赫希曼指数（Herfindahl-Hirschman Index，HHI）基础上。国际上较具代表性的能源安全模型主要是由英国能源供应安全联合研究小组、荷兰能源研究中心、国际能源署以及亚太能源研究中心开发的能源安全模型。

（一）能源安全多样性指数

能源品种和来源地多元化是应对能源供应风险的重要手段。能源市场供应商多元化也是应对能源市场风险的有效途径。多样化已被作为世界众多国家能源供应部门保障能源供应安全投资决策的重要依据。早在20世纪70年代初，Hill研究发现以下函数形式能够很好地把类别与类别之间平衡双重概念结合起来：

令 P_1, P_2, L, P_n 为大于零小于1的正数且 $P_i = 1$

当 x 值较小时有：

$$exp(x) \approx 1 + x; \ln(1 + x) \approx x \tag{6-1}$$

令 $\Delta a = \left(P_i^a \right)^{1/1-a} \tag{6-2}$

当 $a = 1$ 时，Δa 为连续可导，有 $\Delta_1 = \lim\limits_{a \cdot 1} \Delta a = exp\left(-\sum (p_i) \ln p_i \right)$

令 $a = 1 + b$，对公式2两边对数，得到：

$$\lim\limits_{b \to 0} \frac{1}{b} \ln \left(\sum p_i^{1+b} \right) = \lim\limits_{b \to 0} \frac{1}{b} \ln \left(\sum p \, exp(b \ln p) \right) = \sum_i (p_i) \ln p_i \tag{6-3}$$

从而得出香农—维纳指数（Shannon-Wiener Index，SWI）：$\Delta_1 = -\sum\limits_i (p_i) \ln p_i$，当 $a = 2$ 时，得到赫芬达尔—赫希曼指数（Herfindahl-Hirschman Index，HHI）：

$$\Delta_2 = 1 / \sum_i (p_i^2) \tag{6-4}$$

式中：Δa 是多样性指数；p_i 是 i 在组合中所占比率；a 是类别与类别之间平衡的权重。a 值越大，由此产生的指数对于组合中比重较低的选项敏感度越小。SWI与HHI是能源安全定量研究中测度能源多样性最常用的两个指数。

（二）JESS能源安全模型

英国工业贸易部（Department of Trade and Industry，DTI）与天然气电力市场办公室（The Office of the Gas and Electricity Markets，OFGEM）成立能源供应安全联合研究小组（Joint Energy Security of Supply Working Group，JESS）对英国未来天然气与电力供应安全进行研究。英国政府短期能源供应安全研究重点在于增进对能源供应中断风险的认识及构建应急措施；长期能源安全研究侧重于通过国内外能源市场自由化，能源资源多元化，国际能源对话，及时、准确提供能源市场信息等途径来确保能源的持续供应。

建立能源安全评价模型对能源供应安全进行监管是JESS的关键任务之一，JESS围绕天然气与电力供应安全从能源供需预测、市场信号和市场响应3个角度出发构建了能源供应安全评价体系。在构建能源供应安全指标体系对现状进行评价的基础上，JESS开创性地研究了不确定因素对预测和相关要素的影响。

（三）ECN能源安全模型

MNP与CPB就2040年欧洲能源可持续发展前期研究展开合作。MNP委托ECN（energy research centre of the Netherlands）承担欧洲能源供应安全前期研究工作。前期研究主要着眼于两个科学问题：第一，设计长期能源供应安全指数是否可行及如何设计；第二，天然气（长期）供应中断形成原因及其响应机制、成本。ECN能源安全指数是风险管理指数（The Crisis Capability Index）与供给需求指数（the Supply/Demand Index）综合集成的结果。

风险管理指数模型主要对短期能源供应中断问题进行研究，由风险评估与应急管理两部分构成。其中，风险评估（RA.Risk Assessment）主要对国内能源生产、国外能源进口、能源转化和运输不同环节中可能出现的短期供应中断风险进行评估。减灾与应急措施（MA.Mitigation&Emergency measures）是指当能源供应突然出现中断时，一国减缓和采取应急措施对风险进行调控管理的能力。

减灾与应急管理措施由战略或应急储备、需求配给、能源转化能力、储备能力以及生产能力5部分构成。

（四）IEA能源安全模型

国际能源署（IEA）能源安全模型主要从能源价格与供应中断两方面，评估能源价格波动、能源供应中断对能源安全的影响。IEA主要通过勒纳指数（The Lerner Index）、市场份额（Market Share）以及赫芬达尔—赫希曼指数（HHI）来测度市场影响力。而能源价格波动风险评价则主要通过市场集中度（ESMC）与能源安全指数（ESI）来实现。

（五）APERC能源安全模型

亚太能源研究中心（APERC）能源安全评价模型从潜在供应风险、能源资源多样化及进口依存度3个方面，构建了5个能源供应安全指标。具体指标依次为，一次能源需求多样化指数（ESI Ⅰ），净进口依存度（ESI Ⅱ），低碳能源需求指数（ESI Ⅲ），石油净进口依存度（ESI Ⅳ），中东石油进口依存度（ESI Ⅴ）。

三、国家能源安全战略风险管理的程序

能源安全战略风险管理的流程主要包括信息收集、风险识别、风险分析、风险评估四个步骤。

（一）信息收集

一是收集相关环境信息，如经济、社会、政治、法律、军事、资源等对能源安全有影响的关键因素及其发展趋势。

二是根据能源安全管理的目的和目标，搜集总结能源安全风险的特性和发生原因、可能出现的后果，以及如何量化，如何确定风险发生的可能性、风险等级、风险可接受或可容忍的等级等。

（二）风险识别

风险识别是发现、辨识和表述风险的过程，包括对风险源、风险事件、风险原因和它们的潜在后果的识别。风险识别应重点关注风险识别的全面性、重要性、风险与风险源的关系。风险识别的基本内容包括：潜在的风险事件、风险源、风险原因、潜在的后果、影响范围、控制措施和风险清单等。

（三）风险分析

风险分析是理解风险特性和确定风险大小（定性或定量）的过程。它为风险评价和风险应对提供基础。风险分析的主要内容包括：分析潜在的风险事件、分析风险后果、分析风险发生的可能性、分析控制措施、确定风险等级。

（四）风险评估

风险评估是把风险分析的结果与风险准则相比较，以决定风险及其大小是否可以接受或可容忍的过程，风险评估的输出是风险应对的输入。

四、国家能源安全战略的手段——西方国家能源安全战略的借鉴

（一）"三位一体"：西方国家能源安全体系的内在机制建构

如同集体安全机制一样，西方国家能源安全体系的内在机制建构普遍遵循了"政策、法律和体制"三位一体的思路，政策、法律和体制三者之间相辅相成，共为合力，有的甚至合二为一，且这种内在机制建构业已成为一种范式。

从西方国家的经验看，政策、法律和体制是形成合力而发挥作用的：政策是行动准则和指导方针，法律是制定和实施政策的依据和规范。法律具有强制性、稳定性和长期性，政策具有易变性和灵活性，缺乏国家强制力保障的能源政策往往得不到落实，而规范意义上的政策制定、执行与调整一般必须建立在法律基础之上。同时，管理制度建设对政策和法律的调整、修改和完善提供制度化保障作用，三者之间是相辅相成、互为因果的。能源安全理论的核心问题是供应和价格。法律对能源供应安全和价格稳定的作用在于强制保障、规范政策制定与政策调整、健全风险管理职能、防范供应与价格风险、预防危机、最大限度减轻或降低供应及价格风险暴露造成的损失。它与安全政策和管理共同服务于国家短期、中期和长期能源安全的战略需要。归纳起来，西方国家政策、法律与管理三位一体能源安全机制建构的理论逻辑可见图6-2。

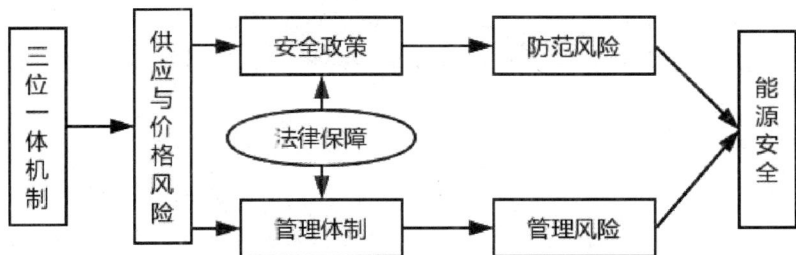

图6-2西方国家政策、法律与管理体制三位一体
能源安全机制建构的理论逻辑

（二）西方国家能源安全战略体系

纵观主要能源进口国的能源安全战略，发现国际主要能源进口国的能源安全战略有两种截然不同的模式，一种是欧盟的自主性的区域能源安全模式，主要通过新能源开发和国际互利合作谋求区域性的能源供需平衡、长远稳定和可持续发展，以保证欧盟整体的经济安全、国防安全和生活安全；一种是美国的单边主义能源安全模式，这种模式排斥国际多边合作机制，致力于建立以自我为中心的单极世界的能源外交政策。这些国家能源安全战略的共性特征是：国家能源安全战略是由能源外交战略、运输通道战略、能源多元化战略、能源储备战略、能源节约战略组成的战略体系。

1.能源外交战略

通过国家政府、企业及个人的一系列对外活动，获得对境外能源资源的使用或开发权，确保从国外获得安全稳定、价格合理的能源供应。能源外交的实现方式有两种：一是冲突与斗争型。如通过武力占领油气资源或资源所属国，实现对生产国政治、军事与经济的控制，建立垄断性生产或销售同盟以控制市场等。二是合作参与型。这是当今世界各国普遍接受的方式。如通过与能源出口国建立良好双边关系、签署双边或多边能源合作协议、联合勘探与开发、建立生产或进口联盟以维护市场等。

2.运输通道战略

利用多种手段控制和保护最佳油气运输通道的安全和畅通。对于许多国家而言，掌握可靠的石油运输通道与控制大量石油资源同样重要。影响国际石油运输通道安全的因素很多，政治、外交、军事冲突乃至恐怖活动和有组织的犯罪活动等，都可能切断石油运输通道。因此，美国采取了建立境外军事基地网络来强化对中东地区和16个海上要道的军事控制，确保战时能封锁他国的海上航运和海军力量。其中包括：霍尔木兹海峡、苏伊士运河、曼德海峡和马六甲海峡这些从石油主产区通往西欧、亚洲和美国的重要石油运输通道。日本石油的四分之三来自波斯湾，保护油轮通过霍尔木兹海峡、马六甲海峡等海上运输安全，对日本至关重要。为此，日本一方面对上述海域有关国家提供经济援助，开展技术合作，加强双边关系；另一方面，提高海上作战能力，将其空军和海军作战半径外延，以更好地保障海上运输线的安全畅通。

3.能源多元化战略

各国都是在对本国资源正确判断的基础上，力争能源来源的多元化。一方面，积极开展国际能源合作，寻求多来源、多途径进口油气资源，尤其是降低对中东地区的依赖度。另一方面，积极发展多种能源，减少对石油的依赖。如：许多国家加快天然气、核电和可再生能源的发展，并开始实施以气代油、以氢代油的战略。虽然近年来一些国家开始准备全部退出核电，但是资源贫乏且核电自主能力较强的法国、美国、日本仍然坚持合理安全发展核电的战略。欧洲和美洲国家以及亚洲国家也在积极利用天然气，尽管许多国家同样需要进口天然气，但与石油相比，天然气资源在世界各国比较分散，风险相对要小许多。

4.能源储备战略

国际能源机构的成员国按照统一要求建立本国的石油储备，共同防范国际石油市场可能出现的石油供应中断的危机。目前，发达国家石油储备的类型、储备方式及管理等虽因国情各异而有所不同，但充裕的战略石油储备已成为各国能源政策的基石，在维持政治稳定和经济发展中起到了不可替代的作用。2015年全球已经有26个发达国家建立了战略石油储备，2013年末OECD成员国的石油储备天数为90天，美、日、德三国的实际储备规模分别为158天、161天和127天。由于爆发全球性石油危机的可能性在减小，战略石油储备的功能也有所扩大，在有些国家已超出了应对石油供应中断的风险，在抑制油价、稳定市场等方面也发挥了积极的作用。

5.能源节约战略

在保证能源安全中，各国都将促进节能作为一项基本国策，从源头减少能源消费量，提升同样能源供应量条件下的能源保障度。

第七章 能源法规政策管理

法律和政策是能源管理的重要手段。能源法律一般包括根本法，能源法、专属性法律和相关法律，专属性规章条例三个层次。能源政策属于行政手段。能源产业政策是能源政策的重要组成部分。能源标准，特别是作为技术法规的强制性标准，也是能源法律体系的重要组成部分。加强能源管理体系建设是推进能源标准化工作的重要措施。

第一节 能源法律法规概述

一、能源法律与能源法律体系

（一）能源法律的概念

根据外延不同，能源法有狭义和广义之分。狭义的能源法，是指以《能源法》命名的、调整能源法律关系的综合性立法。广义的能源法是指调整能源合理开发、加工转换、储运、供应、贸易、利用及其规制，保证能源安全、有效、持续供给的能源法律规范。这些法律规范和法律制度组成了完整、统一、协调、有内在逻辑构成的系统，即能源法体系。

能源法律体系是一国能源法及其制度健全和完善的标志，也是一国法律制度建设的重要组成部分。

（二）能源法律体系的构成

从大系统的角度来看，能源法律体系主要分为三个层次，如图7-1所示。

1.根本法

宪法是一国的根本大法，在国家法律体系中居于最高的法律地位和具有最高的法律效力。

2.能源法、专属性法律和相关法律

能源法包括能源政策法、能源节约法、可再生能源法等。这些法律法规包含对能源生产和使用方面的激励政策和需求管理。

能源的专属性法律是指不同国家颁布的石油法、煤炭（工业）法、核能法等法律，要规范能源生产及下游产业。

能源相关法律是指各国对能源活动相关的法律，如矿产租赁、矿山环境法、大陆架法、专属经济区法、投资法、税法、公司法、规划法等。

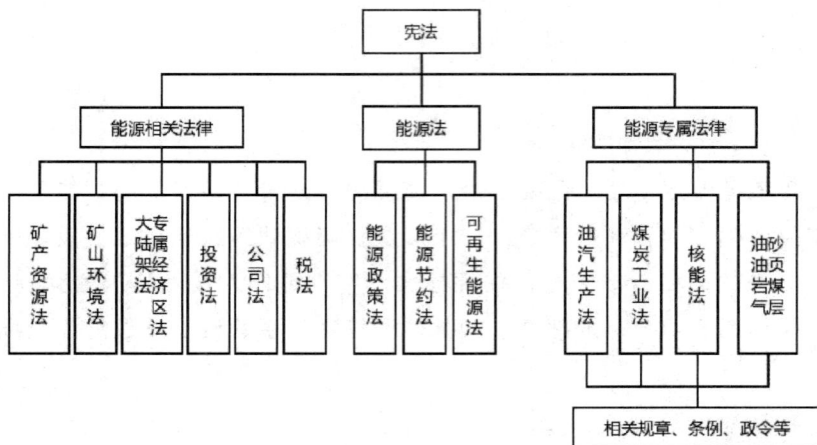

图7-1 能源资源法律体系

3.专属性规章条例

能源专属的规章、条例和政令是更加细化和具体的规定，是分别针对石油、天然气、煤炭、铀矿等制定的规章、实施细则、条例及政令。

具体到能源领域，能源法律体系由能源矿业法、能源公共事业法、能源利用法、能源替代法等构成。

能源矿业法是用以规范矿产能源开发利用活动和方式的。矿产能源构成了人类社会的主要能源结构，因此能源矿产法在能源法体系中具有重要的作用。它包括煤炭法、石油法、核能法。

能源公共事业法是用以规范能源公共事业活动和方式的。能源公共事业都属于自然垄断性强、经济发展和人民生活所必需，以及具有公共性能的能源产业。能源公共事业法包括电力法、天然气供应法、热力供应法等。

能源利用法是用以规范能源利用活动和方式的。能源利用法的功能在于使全社会用能合理化，提高能源效率，进而在能源开发强度不大的基础上，满足社会经济和人民生活需要，最终达到能源的持续供给。能源利用法的名称，因各国法律文化不一而趋于多样化，如节约能源法、能源使用合理化法、能源管理法等。

能源替代法是用以规范替代能源开发利用活动和方式的。能源替代是谋求能源多样化，主要是指替代石油、煤炭等常规化石燃料的能源。能源替代法包括太阳能法、生物质能法、风能法、地热能法、海洋能法等，或统称为可再生能源法。

（三）能源法律体系构建的原则

1.可持续发展原则

可持续发展指的是'既满足当代人的需要，又不对后代人满足其需要的能力构成危害的发展"。它包括了能源公平性、能源持续性和能源共同性。

2.节约与开发并举原则

节约与开发并举原则是指在能源开发、生产、流通、消费等领域，采取各种措施，提高资源利用效率，追求更少的能源资源消耗、更低的环境污染、更大的经济和社会效益，从而实现能源的可持续利用，同时积极鼓励开发新能源及替代能源。

3.统筹规划原则

能源法律体系的构建不仅要与其他法律部门相协调，还要跟一国经济发展的速度、环境承载能力相协调，与能源、环境、经济发展规划相协调。

二、国外能源法律体系

（一）宪法

多数国家在宪法中规定了包括能源矿产在内的矿产归国家所有并由国家控制。巴西、科威特、白俄罗斯等在宪法中都有关于能源矿产的规定。有些国家在宪法中对于能源矿产经营主体进行限制。比如巴西颁布的《宪法》规定，"联邦对矿床、矿山和其他矿产资源，以及冶金、森林、狩猎和捕鱼等自然资源活动立法"；"联邦对石油、天然气生产、进口、流通或消费活动征税"；"根据法律，在国家领土内对石油的勘查和开采由联邦垄断"。

（二）能源资源法

能源矿产作为矿产资源中的一类，其矿产属性的内容由矿产资源法来规范。

1.非专门立法

能源矿产包括在矿产资源立法中，属于矿产资源立法的一个组成部分。以美国、俄罗斯和巴西为代表的矿产资源丰富的国家其矿产资源法或矿业法是规范矿产资源管理的基本法，其中有些国家有专门条款，有些则没有。很多国家矿产资源立法中能源矿产属于矿产的一个组成部分。比如《法国矿业法典》规定，矿山指"藏于地下或地表的矿物质矿床或化石物质矿床"。美国的《矿产租赁法》、《矿区租约法》是规范包括能源矿产在内的矿产资源管理的基本法律。这两部法律在以后的80多年中被多次修改，为了鼓励油气资源开发，2015年能源政策法中修改其中油气资源使用费费率。还有些国家，除一般条款外，设置专门条款，比如俄罗斯。《俄罗斯联邦地下资源法》于2005年和2015年分别进行了修订。

2.专属立法

除基本资源法外，有些国家还颁布石油、天然气、煤炭和原子能法等专属性法律，主要是规范生产管理和管道等基础设施等下游产业。有关能源的专属性法律法规一般由主管矿产资源的政府机构提交议案，经过批准成为法律或规章。哈萨克斯坦等很多矿产资源丰富的国家，都采取这种体例。

第一，石油天然气立法和相关法规、条例及政令。加拿大由自然资源部颁布的《加拿大石油资源法》是管理领土相关石油利益、修改《石油和天然气生产和节约法》、废除《加拿大石油和天然气法》的法律，其相关和配套法规包括：环境研究的调查基金地区规章、领土石油权利金规定、领土登记规定、航测指定区的规章等。《加拿大石油作业法》是关于石油和天然气作业的法律。

英国商务、企业和管理改革部（原工贸部）是管理矿产资源的政府部门，负责提交包括能源矿产在内的矿产资源立法及修正的议案，经国会批准成为法律。

其他对油气专门立法的国家主要有：马来西亚、泰国、印度、哈萨克斯坦、吉尔吉斯斯坦、也门、叙利亚、以色列、格鲁吉亚、土耳其、墨西哥、特立尼达和多巴哥、委内瑞拉、玻利维亚等。

一些国家还制定了关于油气资源和产业管理的组织机构，陆上和海上油气勘查、开发和租让的法律和规章，油气税收，标准合同和产品分成协议，油气管道，资源储备，油品定价等方面规章、条例及政令。

第二，煤炭立法及相关法律法规。煤炭专门立法主要是为了规范工业生产、矿山安全和环境保护等方面。

在矿山安全方面，俄罗斯有煤矿安全法》；美国有《联邦煤矿安全健康法》煤矿安全法》；英国有《矿山撤离和救护规定》《工作场所健康和安全法》；南非有《矿山安全和健康法》；澳大利亚有煤矿安全与健康法》（昆士兰州）、《矿山救护法》（新南威尔士州）；乌克兰有《乌克兰紧急和救护服务工作法（包含煤矿救护）》等。

在矿山环境治理、矿山复垦方面，美国有《露天煤矿控制与复垦法》。

第三，核能立法及相关法律法规。有核国家（地区）有核能专门立法及规章。美国的《核能法》；加拿大的《核能法》《核燃料废物法》《核责任法》《核安全和控制法》及《铀矿（安大略）职业卫生和安全规章》；德国颁布《和平利用原子能和防止其危害法》和《预防性的辐射防护法》，《有序结束利用核能进行行业性生产电能法》，以立法的形式确定了"限制利用现有核电站，不再批准建立新的核电站，到2021年基本关闭现有19座核电站"的目标；法国没有核能法，却制定了一系列规章：《放射性废料管理）》、《放射性材料和废料可持续管理规划法》、《核透明和安全法》以及其他核能相关法规及政令；英国颁布的《原子能法》，还制定了《核设施法》和《放射性材料法》；还制定了一系列法律和规章。

第四，油砂、油页岩、煤层气、天然气水合物等非常规油气资源。美国在《能源政策法》中发布《油页岩、焦油砂及其他战略性非常规燃料法》，发布对油页岩、焦油砂及其他非常规燃料的国家政策，开展油页岩和焦油砂研究开发的租赁项目，规划性环境影响报告及油页岩、焦油砂的商业租赁项目，以及对《矿产租赁法》的相应修改。2015年能源政策法中制定了对深海石油、陆上非常规天然气、天然气水合物、煤层气等非常规油气资源生产激励措施和研究部署。

（三）能源基本法

1.能源法

英国颁布的《能源法》中含有对能源矿产的进一步的规定，《能源法》中涉及能源矿产的条款有：天然气进口和储存、能源设施和生产井退役问题、核设施运行期间生产的核废料的管理与处置、石油许可证的有关条款、第三方有权进入石油和天然气的基础设施和更改管道的问题、能源相关事件的报告问题、天然气和电力市场管理机构职能、核问题相关的设施、软件和信息安全的条款等。

2.可再生能源法

20世纪90年代以来，英国、德国、日本、美国等发达国家相继颁布可再生能源法案或条例，以加强对可再生能源和新能源的利用。可再生能源法中通常包含煤层气、地热等能源矿产在生产及使用上的激励措施。德国颁布的《电力输送法》对可再生能源提供了严格的立法支持；为了实现2020年可再生能源供应翻一番的目标，即实现减排目标。

（四）与能源相关的法律

1.投资法

投资法是为了鼓励（或限制）对能源矿产的投资。巴西《石油投资法》允许国内外私营公司投资石油工业；其他如也门《投资法》、英国《准予矿产开发和投资法》、保加利亚《投资法》、以色列《鼓励资本投资法》、吉尔吉斯斯坦《外国投资法》、哈萨克斯坦《外国投资法》和《外国投资勘探、开发、精炼和运输石油天然气法》及《确保对外经济活动独立法》、委内瑞拉《外商投资法令》和《外商投资法规》、白俄罗斯《投资法》和《外商投资法》。

2.大陆架法和专属经济区法

大陆架法和专属经济区法确定大陆架和专属经济区主权、管辖权，包含对海域燃料矿产的权属和资源管理。英国有《大陆架法》；伊朗有《勘探开发伊朗大陆架法》；俄罗斯的《联邦大陆架法》和《俄罗斯联邦专属经济区法》；挪威的《在挪威大陆架海床和底土勘探开发石油的皇家法令》；荷兰的《大陆架矿产法》和《大陆架矿产法令管理规章》；墨西哥有《独占200英里海洋经济区法》和《关于哥伦比亚湾墨西哥领海的法规》；特立尼达和多巴哥有《大陆架法》；新西兰的《大陆架法》和《新西兰领海和捕鱼区法令》。

3.公司法

许多国家专门为成立国家油气公司或油气公司国有化制定法规。伊拉克有《伊拉克私有有限公司国有化法》和《建立伊拉克国家石油公司法》《公司利润分配法》；哈萨克斯坦的《哈萨克斯坦企业法》《合资企业标准章程》和《企业、团体和组织法》；加拿大的《建立联合能源公司和联合能源开发公司的法规》；英国的《油气（企业）法》等。

4.税法及权利金等收费规定

石油和天然气征税是油气资源国获得油气收入的重要途径。一些国家也通过调整税收标准鼓励国内外公司开发石油和天然气。沙特阿拉伯颁布的所得税法，并制定相关政令，以及对外国人征收所得税、外国雇员税制、外国承包商税收支付、关于扎卡特税率等王室政令等；也门有《商业和工业利润税法》；伊拉克、伊朗、土耳其、哈萨克斯坦、格鲁吉亚、英国、加拿大、澳大利亚、俄罗斯、委内瑞拉等国都颁布所得税法、石油税法或权利金相关规定。

5.规划法

规划法中与能源矿产相关的内容主要有重要基础设施和国家级项目。如英国《规划法》被认为是英国长期能源供应和气候变化战略的法律支撑之一。规划法中国家重大基础设施项目包括地下天然气储存设施的开发、液化天然气设施的建设和改造、天然气接收设施的建设和改造、天然气管道建设项目、危险性废料的处理设施的建设和改造等。

三、我国能源法律法规体系现状

迄今为止我国先后制定了《中华人民共和国电力法》《中华人民共和国煤炭法》《中华人民共和国节约能源法》《中华人民共和国可再生能源法》等多部单行能源法律和《中华人民共和国矿产资源法》《中华人民共和国水法》《中华人民共和国环境保护法》《中华人民共和国清洁生产促进法》《中华人民共和国循环经济促进法》等30多部相关法律、30多部国务院行政法规、200多部部门规章、1000多部地方能源法规和规章、若干国家和地方能源标准及大量的能源规范性文件。此外，国家批准和签署了10多部与能源相关的国际条约。我国能源开发利用和管理已实现了从政策性管理向依法管理的历史性转变。

（一）宪法

我国能源行业管理活动的法律依据源于《中华人民共和国宪法》的相关规定，统法第九条明确规定了矿藏、水流、森林、山岭、草原、荒地、滩涂等自然资源都属于国家所有，国家保障这些自然资源的合理利用，禁止任何组织或者个人用任何手段侵占或者破坏这些自然资源。能源资源属于自然资源，我国石油、煤炭、天然气等矿藏能源资源的开发利用及管理活动正是基于宪法精神而展开的。此外，宪法中"依法治国"，"倡导节约"，"保护和改善生活环境和生态环境"及"加强宏观调控"等原则对能源立法有重要的指导作用。

（二）能源法律

1.《电力法》

水利电力部发布的《全国供用电规则》，国务院发布《电力设施保护条例》，《电力法》是中国第一部能源法律。

2.《煤炭法》

《煤炭法》对完善我国煤炭管理法律法规体系，合理开发利用和保护煤炭资源，规范煤炭生产、经营活动，促进和保障煤炭行业的发展，起到重要的作用。随着我国经济的高速增长，《煤炭法》已无法完全解决煤炭行业发展中遇到的新问题。于是，国务院法制办、国家发改委、国家安监总局等部门组成了《煤炭法》修订起草小组办公室，向社会各界广泛征求意见和建议，负责此法的修订工作，高度重视在煤炭业界屡屡发生的重大事故，尤为关注其中关于如何切实保护弱势群体利益的问题。

3.《节约能源法》

《节约能源法》属于能源管理综合性法律。全国人大常委会第30次会议审议通过了修订后的《节约能源法》。修订后的《节约能源法》扩大了法律的调整范围，增加了建筑节能、交通运输节能、公共机构节能三项重要内容；健全了节能标准体系和监管制度；加大了政策激励力度；明确了节能管理和监督主体；强化了法律责任。

（三）能源法规

能源法规可分为两类：一类是为执行能源基本法而制定的实施细则或条例，如《电力监管条例》，该条例比起以注的电力立法有了一定的进步，不仅阐述了条例制定约目的、原则和实施办法，还强化了电力监管工作的职责，如在监管机构、监管职责、监管措施、法律责任等方面都做出了明确的规定。

另一类是针对能源工作出现的新问题或尚未制定相应法律的某些重要性法规，例如国家发展和改革委员会等颁布的《能源效率标识管理办法》，原国家计委、国家环保总局等部门颁布的关于发展热电联产的规定，国家建设部颁布的《民用建筑节能管理规定》等。

国家发展和改革委员会作为我国能源主管部门发布了大量的能源行政规章，这些规章弥补了我国有些能源立法的空白，从而成为能源法律体系中重要组成部分。

（四）地方性能源法规和地方性能源规章

指省、自治区、直辖市和其人民政府所在地及国务院批准的较大的市人民代表大会及其常务委员会制定的有关能源的规范性文件。例如《内蒙古自治区矿产资源管理条例》、《四川省固定资产投资项目节能评估和审查实施暂行办法》、山东省发展和改革委员会《固定资产投资项目节能评估和审查暂行办法》等。

（五）相关法律中的能源条款

在我国法律体系中，存在大量与能源相关的法律和法规。比如：《中华人民共和国环境保护法》第25条规定：新建工业和现有工业企业必须要进行相应的技术改造，采用经济合理的废弃物综合利用技术和污染物处理技术，运用资源利用率高、污染物排放量少的设备装置和工艺技巧。该规定为其他环境保护单行法中有关能源合理利用的规定提供了原始法律依据。《固体废物污染环境防治法》《大气污染防治法》都明确规定要把洁净能源技术和洁净能源的开发利用作为大气污染控制战略的发展方向。虽然这些法律不是具体能源法，但为我国能源的开发利用和管理活动提供了有章可循的法律基础和法律保障。

（六）能源标准

能源标准特别是作为技术法规的强制性标准，也是我国能源法律体系的重要组成部分。在我国，能源方面的标准，按实施的范围，有国家标准、行业标准和地方标准之分；按是否强制执行，有强制性标准和推荐性标准之分。有些标准虽然没有上升为法律，但是对能源活动也是有指导意义的。

四、我国能源法律体系存在的不足与完善建议

（一）我国能源法律体系存在的不足

1.能源法律体系结构还不完整

首先，起龙头作用的能源基本法缺失，导致能源战略的实施缺少相应的法律规范，不能很好地保障其实施的有效性。其次，子体系不完整。石油、天然气、核能等领域的能源矿业法，至今仍然缺位；缺少天然气供应法、热力供应法等能源公共事业法。现有能源立法主要调整的是能源的开发、利用等行为，而对能源产品的销售和服务缺少规范。

2.立法理念和立法技术较为落后

我国现行的许多能源立法，虽然是在国家提出市场经济体制的目标模式之后制定的，但其立法理念，并没有准确地把握市场经济体制下国家及政府、经营者、消费者等相关主体之间应有的关系；在能源、资源、环境、经济和人等相关要素之间关系的把握上，没有很好的现代理念。

此外，我国能源法律体系中尚未涉及控制温室气体排放的相关条文，没有体现《气候变化框架公约》和《京都议定书》中的相关要求。

3.现有单行法可操作性差

首先，规定过于原则，确定性和充分性差，对违法者的责任追究制度薄弱。以

《节约能源法》为例，对于拥有较大自由裁量度的政府机构在节能方面的宏观调控与行政监管职责，并未规定相应的政治性监督与问责机制，也未规定相应的行政和司法救济机制。另外，只规定了用能单位在节能方面的法律义务，而对于依法追究违反义务者法律责任的情形却规定得很少。其次，法律制度与政策体系自身设计过程中的系统性、协调性差，配套措施、法规和标准不完善或者缺位。再次，缺少与能源单行法相配套的实施细则。我国不仅能源单行法严重缺乏，而且与能源单行法相配套的实施细则也很少。

（二）完善我国能源法律体系的建议

1.出台能源法

能源法是能源基本法。它要统领、约束、指导、协调各个单行能源法律、法规，范围应涵盖能源法律的一切基本方面，应该是涉及我国能源资源勘探、研究开发、生产运输、贸易消费、利用节约、对外合作、能源战略及安全等方面的一部综合性法律。因此，能源法应试图明确提炼我国能源立法的核心价值，确立能源法律领域的基本制度框架，从构建合理的能源市场主体制度、以市场化定价为主的能源价格体系、能源技术市场及节能服务市场方面加以努力，从而完善我国能源法律体系。

2.改变立法理念，提高立法技术

改变立法理念，就是要在坚持市场经济、平衡协调、以人为本理念的基础之上，正确把握国家、政府、市场、经营者、消费者等相关主体之间的关系定位，科学统筹能源、环境和经济以及人与自然诸要素间的关系，紧紧围绕提高人民的生活质量、人类的可持续发展设计能源制度。

纵观过去能源方面的立法，有的源于政府完全主导立法，将产业法变成行业法，将调控和规制法变成管理法，缺乏对于相关主体之间关系的正确定位；有的在立法过程中，起草组的专家成为政府或某一利益集团的代言人，使得立法成为保护个别、特殊利益的工具。因此，提高立法技术，从立法工作的角度要依靠专家立法。这不仅需要有法学专家的参与，还要有能源方面的专家参与。

（三）制定和修改能源单行法律及配套措施

完善能源法律体系，不仅要制定能源法，还应当及时启动和进一步加快单行法律的制定和修改工作，以加强现有单行法的可操作性。根据我国当前和今后一段时期能源开发利用的需要，有必要制定《石油法》《核能法》《天然气法》等法律。同时，加快修订《电力法》《煤炭法》《矿产资源法》《节约能源法》，尤其是要强化其中的法律责任，加大处罚力度。另外，对于《可再生能源法》，可以通过制定配套实施的法规、规章，来解决实施中的具体政策问题。除此之外，还应该健全相关标准体系，完善监管制度，明确监管主体及其监管职能。只有这样，才能保证相关法律制度的正常实施，从而真正发挥其应有的作用。

第二节 能源政策管理

一、能源政策概述

（一）能源政策的概念

能源政策是指一个国家或国际组织围绕能源供应与消费所制定的一系列政策、方针和策略，包括能源的生产、转换、贮存、输送、分配和利用政策、节能政策、能源资源政策、能源环境政策、能源进出口政策、能源外交政策、新能源政策、能源安全政策等。

按照政策的作用对象不同，可将能源政策分为直接政策和间接政策。按照作用方向划分，能源政策可分为限制性政策和激励性政策。按照作用机理划分，能源政策可分为经济政策、社会政策和行政政策。

（二）能源政策的目标

能源政策的性质决定了其本身就包含着多种目标，在当前市场自由化、经济全球化和保护环境的世界大趋势下，多数国家的能源政策存在以下具体目标：

一是安全，包括供应保障安全和开发、运输、使用技术安全。能源安全被视为能源政策的第一目标。

二是效率。即能源供应成本最小和利用高效，包括生产、利用等各个环节的效率最高与资源配置效率最优。

三是环境。即减少能源开发、利用过程中对生态环境和人体健康的影响，并应对气候变化。

四是公平。即提供各种类型的能源企业之间公平竞争的环境，并对所有公民的基本能源需求服务。

五是发展。即促进能源产业持续稳定的发展。

六是服务。即为宏观经济发展服务，改善国际关系，促进社会稳定。

七是政治。即能源进口依存度大的国家改善与周边国家、能源出口国的国际关系也成为能源政策中需要考虑的目标之一。

以上这些目标并不是独立的，它们相互之间存在一定的关联。从国家的经济发展程度考虑，当前市场经济发达的国家，能源政策最显著的目标是经济效益及实现竞争的公平性。其中，对于大量进口能源的国家，则把国家的能源供应安全作为首要目标。

（三）能源政策的影响因素

一是宏观经济。宏观经济发展规划，特别是国家工业的发展政策直接影响能源产业的发展。

二是国内能源资源的禀赋条件。国家的能源资源储量及分布对能源供应的影响及各种资源的开发潜力，直接作用于国家能源目标的制定。

三是能源法及能源发展战略。国家的能源法律以及长期能源发展战略的性质、构成是制定能源政策的基础。

四是能源供需市场状况信息的准确和及时程度。国内经济发展对能源生产的投资状况和能源需求变化形势，国际政治、军事形势变化对国际能源市场的影响，所需消费各类能源的国内外市场供应保障程度，包括对现状的了解和对未来的预测等一系列信息都需要及时、准确掌握。它们直接关系到能源供需机制的调整政策。

五是国内生态环境状况的影响。

六是国际政治、经济环境。对能源进出口贸易依存度大的国家，国际政治形势对国家能源安全和经济的影响尤为重要。

七是国际经济竞争。比较各国产品的耗能系数或单位产值的能耗系数，可分析得出本国的能源效率与世界水平的差距，看到提高经济竞争实力的潜力所在，需要以各种措施激励企业的节能。

八是能源市场开放程度。国家经济体制的转变以及政府对能源工业的改革意愿，包括能源工业体制以及各种能源价格等。

九是社会文化。传统的社会文化背景及外来文化的冲击会直接作用于人们对生活方式的改变和导致对能源需求的变化，同时也会影响决策者对管理方式的选择。

十是组织机构与制定机制。国家机构的设置和组织结构的责权清晰程度直接关系到能源政策的制定与实施方式的选择。

二、能源产业政策

（一）能源产业政策概述

能源产业政策是各国在推进能源产业发展过程中所采取的一种经济政策。概括地讲，能源产业政策是一个国家的中央或地区政府为了其全局和长远利益而主动干预能源产业活动的各种政策的总和。

能源产业政策构成要素通常包括：政策对象、政策目标、政策手段与措施、政策实施机构，以及产业政策的决策程序与决策方式。

根据功能定位不同，能源产业政策可分为能源产业组织政策、能源产业结构政策、能源产业布局政策和能源产业技术政策；根据政策对象领域不同，能源产业政策可分为煤炭产业政策、石油产业政策、天然气产业政策、电力政策、可再生能源产业政策、新能源产业政策等。

能源产业政策的作用表现在：弥补能源市场失灵的缺陷；实现能源产业超常规

发展，缩短赶超时间；促进能源产业结构合理化与高度化，实现能源资源和产业资源的优化配置；增强能源产业的国际竞争力；在经济全球化过程中趋利避害，保障国家的经济安全和能源安全。

能源产业政策的局限性表现在：能源产业政策并非对不同领域的能源产业都具有同等的作用；能源产业政策本身并非是万能的魔杖，片面夸大能源产业政策作用是不可取的；能源产业政策的实施是需要一定的成本和代价的；能源产业政策作为政府行为，也存在失败的可能性。

（二）能源产业政策的内容

1.能源产业组织政策

能源产业组织政策是指为了获得理想的市场效果，由政府制定的干预能源市场结构和能源市场行为，调节能源企业间关系的公共政策。其实质是协调竞争与规模经济之间的矛盾，以维持正常的市场秩序，促进有效竞争态势的形成。从政策取向看，可分为两大类：一类是鼓励竞争、限制垄断的竞争促进政策（即反垄断、反托拉斯和反不正当竞争行为的政策）；另一类是鼓励专业化和规模经济的产业合理化政策。

2.能源产业结构政策

能源产业结构政策是指政府制定的通过影响与推动能源产业结构的调整和优化来促进经济增长的产业政策。能源产业结构政策大致可以归纳为能源产业调整政策和能源产业援助政策两种基本类型。前者的目标是产业结构合理化，后者的目标是产业结构高度化。

3.能源产业布局政策

能源产业布局政策一般指政府根据能源产业的经济技术特性、国情国力状况和各类地区综合条件，对不同能源产业的空间分布进行科学引导和合理调整的政策。

从内容上看，能源产业布局政策主要包括地区发展重点的选择和产业集中发展战略的制定。

从目标来看，能源产业布局政策往往与特定的国家经济发展程度相关联。在经济不发达阶段，政府通常更强调能源产业布局的效率目标。而当经济较为发达之后，政府则偏重于公平目标。

从实施手段上看，能源产业布局政策主要是规划性的，同时也包括一定意义上的政府直接干预。

4.能源产业技术政策

能源产业技术政策是指国家对能源产业技术发展实施指导、选择、促进与控制的政策的总和。它以能源产业技术为直接政策对象，是保障能源产业技术适度和有效发展的重要手段。

能源产业技术政策包括两方面的内容：一是确定能源产业技术的发展目标和具体计划；二是能源技术进步促进政策，包括能源技术引进政策、能源技术扩散政策、能源技术开发扶植政策。

（三）能源产业的规制

1.政府规制

政府规制，又称政府管制，是指政府为达到一定的目的，凭借其法定的权利对社会经济主体的经济活动所施加的某种限制和约束，其宗旨是为市场运行及企业行为建立相应的规则，以弥补市场失灵，确保微观经济的有序运行，实现社会福利的最大化。

经济学上把政府规制分为经济规制和社会规制两类。经济性规制主要是针对自然垄断和信息不对称等问题，对产业内企业的进入或退出、价格水平、服务质量、信息可信度以及企业的投资活动、财务状况进行控制。社会性规制主要是以保障消费者的安全、健康、卫生、环境保护、防止灾害为目的，对企业的经营范围、行为加以限制，对商品及服务的质量制定相应的标准。

2.能源产业的性质

自然垄断产业是指由于生产、配送方面的规模经济效益、网络经济效益、范围经济效益、沉淀成本、资源稀缺性等原因，该产业只能容纳一家或极少数几家企业。电力、石油、天然气等能源产业是典型的自然垄断产业，故能源产业的规制属于自然垄断产业规制的范畴。

从能源供应上看，能源的产出需要通过较长的产业链才能实现，能源产业基础设施投资周期长、成本高，具有自然垄断性。能源投资对于价格与需求的反应有一定程度的滞后。非再生能源（化石能源）的开采成本远远低于其实际的社会成本。因此，能源的供应在许多国家被视为公共服务，具有社会属性。

3.能源产业规制的形式

能源生产领域存在自然垄断性。由于电力等能源生产领域存在规模经济、范围经济、巨大的沉淀成本、完整的网络等因素形成的自然垄断，允许市场自由进入可能导致资源的重复配置和浪费，因此往往由政府对这种垄断进行进入规制和价格规制。

第一，进入规制。采取进入规制的措施是为了保证实现规模经济，避免恶性竞争。在能源产业一般由政府对企业的从业资格、产品及服务的内容和标准进行审查、认证，从而确定一家或极少数几家企业获准享有特许经营权，并承担该产业的供给责任，不能自由退出。为确保垄断经营的能源企业能够增进社会福利，一种办法是对这些企业实行国有化，另一种办法是采取特许权招标。此外，还可以将一个全国性能源企业分解为若干地区性企业，促成这些企业开展区域间竞争，而政府则可以依照优秀企业的经营成就来监控其他地区企业的经营状况，刺激其他企业努力提高内部效率。

第二，价格规制。价格规制是指政府对处于自然垄断地位的企业的价格实行规制，以防止它们为牟取暴利而危害公共利益。在实践中，价格规制是否可行需要满足以下条件：一是垄断厂商必须能够盈利，否则它将拒绝生产。二是规制成本必须低于社会福利（净损失的消除）。在规制程序上，通常由受规制企业向主管部门提出收费申请，再由管制部门对企业运营成本、市场需求状况展开核查分析，确定公平合理的收费标准予以批准执行。

对于价格规制，最困难的事情是确定最优规制价格。为避免政府定价出现的价格黏性问题，有些国家的具体做法是，政府负责制定自然垄断部门的定价公式，公式被赋予法律效力以后，监管机构会制定相应的规定，指导企业执行该规定，并在相当长的时间内使规定和相应的对策保持稳定。而具体价格由市场决定，监管机构进行监督，看具体价格是否符合所制定的定价公式。这一做法避免了政府定价的简单僵硬，一定程度上已经在我国制定价格政策时被采用，如成品油价格的制定。

第三节　世界各国的能源政策

一、美国能源政策

美国的能源战略中对多元化予以高度重视。与政府发布的书面政策相比，美国的行动更能体现其能源多元化战略的核心和本质内容。总的来看，能源多元化战略可以分为两大支线：能源品种的多元化和能源来源的多元化。

（一）能源品种多元化

1.加强可再生能源的开发工作，缓解主流能源的供给压力

近年来，美国的风能、太阳能及垃圾沼气发展很快，地热利用也开始崭露头角。随着技术的进步，美国的风力发电成本大大降低，每度电成本仅为5美分，已低于天然气发电成本。太阳能的发电成本以每年5%的幅度下降。美国国家光电研究中心制定了21世纪美国太阳能光电企业路线图指南，根据这一指南，预计光电产品将至少满足2020年美国电力增加部分的15%。2013年，美国麻省弗雷明汉Ameresco能源管理公司投产的垃圾沼气热电厂以20年不变的价格向公司的汽车制造厂供应电力及热力，现已占到该厂所需电力的10%。

目前美国已建成31座沼气热电厂，另有8座正在建造中。美国的地热发电厂也即将投入运营。这些可再生能源的开发和利用，有效缓解了主流能源的供给压力，确保了美国能源供给安全。

2.加强科技投入，大力开发替代能源

美国通过大量科技投入，力图开发替代能源，它们分别是氢能、洁净煤、核电和核聚变能。目的是既保证经济正常增长，又减少温室气体排放，缓解环境压力，同时也可避免对主流能源的过度依赖。

就实现国家的能源和环境目标而言，氢能是最有吸引力的方案之一。在国际能源机构中，美国提出了建立国际氢能合作的建议。并承诺在5年里投入17亿美元，用于资助宏大的《自由汽车与氢燃料计划》，开发用氢的零排放的汽车运行系统。

煤是美国最丰富的燃料，但又是温室气体排放中的一个主要因素。政府的《洁净煤研究计划》是一项为期10年、支出达20亿美元的计划，目的在于减轻美国对国外能源的依赖，同时大大减少温室气体排放和其他污染物质。

核能提出第四代核裂变反应堆的设想，为进一步发展核能做技术准备。聚变能重返国际热核聚变堆（ITER）的合作研究，更重视核聚变能的开发，将为ITER的建设和运行投资几十亿美元。

（二）能源来源多元化

1.实施能源优惠政策，加大科技开发投入，提高国内石油生产能力

为了促进国内石油的勘探和生产，美联邦政府实行针对地质勘探费用和税收的优惠政策，以及支持复杂地质和深海油田技术开发的政策，力图降低石油勘探和生产成本。为此，美国能源部每年向其所属实验室和民间研究机构拨付大量科研经费，以提高油田采收率和钻井技术的研究开发。

2.鼓励提高能效、节约能源

节能虽然不能产生能源，但也被视为一种特殊的能源来源。美国推出的《综合国家能源战略》要求：电力系统到2020年燃煤发电效率由目前的35%提高到60%以上，燃气发电效率由目前的50%上升到70%；到2020年，主要的能源密集型工业部门的能源消费总量将比现在减少25%，交通领域将推出燃料利用率3倍于常规交通工具的新型私人交通工具等。美国对节能问题高度重视，对先进节能技术的支持尤为积极，不但政府牵头注入研发资金，且对刚刚迈入商业化的新技术给予各种政策优惠措施。美国能源政策中，高度重视建筑节能问题和交通节能问题，并强调通过高技术提高能源利用效率，如发展热电联产、混合动力汽车技术等。

3.增加国内石油战略储备

美国的石油战略储备制度实行的较早，石油的战略储备在世界各国中也最多。2014年为6.595亿桶，相当于国内60天的供应量；2015年，美国的石油储备已增加到7亿桶。美国的石油储备制度在应对石油市场价格波动时，能发挥一定的作用。美国于第一次石油危机之后，开始建立国家石油战略储备，目的是减少石油供应中断对国家安全和宏观经济的影响，同时承担国际能源协议（IEP）能源计划所要求的义

务。20世纪90年代中期，美国的战略石油储备曾高达5.92亿桶，后来由于两次动用，使储备下降到5.43亿桶，加上商业储备可超过90天石油净进口量。

4.积极开展能源外交，争夺国外资源

目前，美国石油进口分别来自北美、南美、中东等60多个国家。由于中东局势的动荡，从中东进口石油的比重明显下降，所占比重从2007年的72%下降到2013年的25%左右。目前，美国主要的5个石油进口国分别为沙特、墨西哥、加拿大、委内瑞拉、尼日利亚。在坚持进口来源多元化的同时，美国政府还鼓励本国企业到海外勘探开发石油资源，以降低本国的石油供应风险。

最近几年，美国正在试图建立符合石油利益的新地缘战略。20世纪美国外交政策基本都是围绕着世界石油储量2/3的中东地区以及由此向太平洋和大西洋伸展的石油运输线。进入21世纪，美国已经成功地调整了新的符合石油利益的地缘战略，不但关注海湾地区，而且更加关注石油储量丰富的、包括里海地区在内的欧亚大陆中南部地区。

二、欧盟能源政策

欧盟能源消费量居世界第三位。在目前能源需求结构中，石油占41%，天然气占23%，煤（硬煤、褐煤和泥煤）占15%，核能占16%，可再生能源占6%。欧盟地区经济发达，能源消费量大，而区内能源资源十分短缺，是能源输入型地区，石油、天然气是欧盟国家的主要燃料，占欧盟能源消费量的66%，但高度依赖进口，因此，能源安全和战略储备是欧盟国家的能源重点。欧盟各国认为保障能源供应安全，确保其公众福利和经济正常运行，以及能源产品的市场可获得性、在价格上对所有消费者（私人和企业）都是可承受的，同时兼顾环境保护与可持续发展是其能源政策的重点。

（一）加强需求侧管理，鼓励节能

欧盟把加强需求侧管理，控制需求增长作为新的能源政策的基石。采用税收、法规和其他市场手段对需求进行有效控制；树立起无节制消费能源不利的公众意识；使能源价格反映真实成本，鼓励节能。

交通和建筑是两大重点节能部门。欧盟计划复兴铁路、短程海运和内河运输等交通模式；加大基础设施投资，消除铁路运输网的瓶颈，发展欧洲一体化铁路运输网；加快零污染和低污染车辆的商业化。推动城市交通清洁化；为环保、高效用能，交通运输成本考虑"污染者支付"原则，引导消费模式的改变。

（二）形成一个运转良好的内部天然气和电力市场

欧盟已经做出关于内部能源市场的政治决策，法律框架现也已到位。当务之急是保证已被采纳的措施得到正确的执行。对跨国基础设施投资不足，阻碍了一个真正一体化市场的形成。只有具有一个充分互联的网络，能源市场的开放才能使公众充分受益。目前，欧盟不少地区仍然由历史形成的经营者支配，改变供应商的消费者甚少。而且，输送系统经营者依然没有实现完全的独立自主，配送系统经营者也没有适当地分离。欧盟委员会在创建内部电力和天然气市场中将进行一次更深入的进展评价。根据本次市场分析，欧盟委员会出台评估改善市场运转所需要的补充措施。

（三）加强核安全和保障核电

目前占欧盟总发电量的1/3，未来仍可能保持这个水平。相应地，公众有权利要求核设施安全得到最大的保障。欧盟至今没有严格意义上的核安全法律框架。欧盟委员会最近就此提出了两项议案：一项是根据国际公认而且可以通过欧盟法律系统执行的国际原子能机构原则，为欧盟核安全提供一个法律框架，制定共同的安全标准；二是责成各成员国就放射性废料的处理拟订一份最终的废料管理计划，主要是强活性废料的深埋。此外，欧盟委员会将继续进行核能方面的研究，特别是要考虑安全管理放射性废料的长期技术方案。核设施关停的经费负担问题同样重要。欧盟委员会将紧密监督，确保有效地储备这些资金。

（四）推广可再生能源

近20年来，欧盟的可再生能源（地热、生物能、太阳能、风能、水电等）的消费量翻了两番，2010年开始的欧洲辅助能源项目计划到2025年使欧盟的可再生能源供应提高到8%，使可再生能源发电增加2倍，欧盟规定对可再生能源不征收任何能源税。

三、日本能源政策

日本的能源资源极其匮乏，石油消费的99.7%，煤炭消费的97.7%，天然气消费的96.6%都依赖进口，能源自给率极低，这使日本处于极大的能源安全风险之中。极度贫乏的能源现实使日本历届政府都以战略的眼光看待能源安全问题，制定并实施了一系列能源安全政策和措施，为最大限度地确保日本能源供应的安全，必须进一步多样化能源供应渠道，其核心是继续发展依靠核能。该政策鼓励使用天然气来减轻气候变化的影响，并减少对石油的需求，这同时也可以有效减少日本能源对中东的依赖。

（一）发展能源外交，确保能源进口渠道多元化

日本对中东石油的依存度在2010年高达87%，远远高于其他发达国家。一旦中东因战乱或政治格局的改变而断油，日本的经济命运不言而喻，所以，确保中东石油供给渠道的畅通和寻求能源进口渠道的多元化，一直是日本外交政策的一个重要支点。通过一系列的经济外交，日本稳定了中东石油进口。除了继续稳定中东的石

油进口以外、开拓新的石油进口渠道、减少对中东的依赖，对日本的能源安全来说，势在必行。接着，日本又把目光转向仅次于中东的世界第二大供油大户——俄罗斯，积极参与俄罗斯萨哈林大陆架石油天然气资源开发工程。2013年日本政府以75亿美元的诱人筹码，实现了俄罗斯先修建从安加尔斯克油田到纳霍德卡的石油输送管线"安纳线"。经过多年的外交努力，日本的能源进口渠道多元化格局基本形成，在一定程度上缓解了对中东石油的过度依赖，能源安全进一步提高。

（二）开发替代能源，确保能源来源多样化

日本制定并实施的"新能源开发计划"即"阳光计划"。该计划的核心内容是太阳能开发利用，同时也包括地热能开发、煤炭液化和气化技术、风力发电和大型风电机研制、海洋能源开发和海外清洁能源输送技术。为了开发节能技术，提高能源的利用率，后又启动了"节能技术开发计划"即"月光计划"。按照该计划，不但进行以能源有效利用为目的技术开发，还要推进以燃料电池发电技术、热泵技术、超导电力技术等"大型节能技术"为中心的技术开发。日本政府又推出的"新阳光计划"。该计划的思想是：在政府领导下，采取政府、企业和大学三者联合的方式，共同攻关，以革新性的技术开发为重点，在实现经济可持续增长的同时，同步解决能源环境问题。"新阳光计划"的主要研究课题包括七大领域，即再生能源技术、化石燃料应用技术、能源输送与储存技术、系统化技术、基础性节能技术、高效与革新性能源技术及环境技术。为了保证"新阳光计划"的顺利实施，日本政府每年为该计划拨款570多亿日元，其中362亿日元用于新能源技术开发。预计这项计划将延续到2020年。

（三）核电立国计划

发展核能和其他石油替代能源（如煤炭、天然气、可再生能源），并减少石油进口，降低进口石油在能源结构中的比重。2012-2016年间，日本核能发电翻了近一番，石油在总能源供应中的比例从第一次石油危机时的80%降至目前的55%.政府承诺实施一项计划帮助公众更好地理解核能对未来发展的重要作用。政府已开始对支持核能的社区提供补助。

（四）环境政策

能源利用引发的主要环境问题是气候变化和二氧化碳排放。日本政府认为，必须采取有力措施减少二氧化碳排放。日本计划2012～2018年间，将温室气体排放从2010年的水平降低6%，途径是用天然气替代煤炭，发展核电和提高能源利用效率；2010～2030年间，燃料电池汽车和高效废热利用将是温室气体减排的重要技术；2030年后，空间太阳能系统、生物质能、二氧化碳封存和利用将是应对气候变化的主要技术。

（五）亚洲能源合作

日本提出《亚洲节能规划》作为与亚洲地区节能合作的基本方针，与以中国、印度为主的能源需求快速增长重点国家开展两国间的政策对话，制定旨在推进节能的具体行动计划。日本以接受研究生进修、派遣专家等方式协助培养人才，充分利用国际框架组织，进行亚洲地区的产煤国与煤炭消费国间的政策性对话，将日本的煤炭清洁利用、煤炭生产安全技术推广到中国、印度尼西亚等国。支援亚洲各国引进新能源，推进符合当事国自然条件、能源特性的新能源技术的开发和试验。

四、我国的能源政策

国务院新闻办公室2012年10月24日发表《中国的能源政策（2012）》白皮书，详细描述了我国的能源政策。

（一）全面推进能源节约

我国始终把节约能源放在优先位置。早在20世纪80年代初，国家就提出了"开发与节约并举，把节约放在首位"的发展方针。我国政府发布《关于加强节能工作的决定》《节能减排综合性工作方案》，全面部署了工业、建筑、交通等重点领域节能工作。政府发布了《"十三五"节能减排综合性工作方案》，提出"十三五"期间节能减排的主要目标和重点工作，把降低能源强度、减少主要污染物排放总量、合理控制能源消费总量工作有机结合起来，形成"倒逼机制"，推动经济结构战略性调整，优化产业结构和布局，强化工业、建筑、交通运输、公共机构以及城乡建设和消费领域用能管理，全面建设资源节约型和环境友好型社会。

（二）大力发展新能源和可再生能源

在做好生态环境保护、移民安置的前提下，我国积极发展水电，把水电开发与促进当地就业和经济发展结合起来。坚持科学理性的核安全理念，把"安全第一"的原则严格落实到核电规划、选址、研发、设计、建造、运营、退役等全过程。"十二五"时期，坚持集中开发与分散发展并举，优化风电开发布局，推进太阳能多元化利用。坚持"统筹兼顾、因地制宜、综合利用、有序发展"的原则，发展以农作物秸秆、粮食加工剩余物和蔗渣等为燃料的生物质发电，城市垃圾焚烧和填埋气发电，生物质供气工程，建设生物质成型燃料生产基地，推广地热能高效利用技术。坚持"自用为主、富余上网、因地制宜、有序推进"的原则，发展分布式能源。

（三）推动化石能源清洁发展

我国统筹化石能源开发利用与环境保护，主要做法是加快建设先进生产能力，淘汰落后产能，大力推动化石能源清洁发展，保护生态环境，应对气候变化，实现节能减排。

煤炭工业有序建设煤炭深加工升级示范工程，加强煤炭矿区环境保护和生态建设，实现安全高效开发煤炭。鼓励煤电一体化开发，稳步推进大型煤电基地建设。建设清洁高效燃煤机组和节能环保电厂，严格控制燃煤电厂污染物排放，鼓励在大中型城市和工业园区等热负荷集中的地区建设热电联产机组，合理建设燃气蒸汽联合循环调峰机组。

实行油气并举的方针，实现上下游一体化、炼油化工一体化、炼油储备一体化集约发展。

加快煤层气勘探开发，增加探明地质储量，推进煤层气产业化基地建设。加快页岩气勘探开发，优选一批页岩气远景区和有利目标区。

综合考虑目标市场，产业布局调整，煤电、风电、核电、天然气发电、抽水蓄能等电源点建设和进口能源，以及资源地的水和生态环境承载力等因素，统筹谋划能源输送通道建设。

（四）提高能源普遍服务水平

保障和改善民生是中国能源发展的根本出发点和落脚点。中国统筹城乡能源协调发展，加强能源基础设施建设，改善广大农村和边疆少数民族地区用能条件，提高能源基本服务均等化水平，让能源发展成果更多地惠及全体人民。

通过增加财政投入，扩大电网覆盖面和发展分散式可再生能源，解决西藏、新疆、青海、云南、四川、内蒙古等省区无电人口用电问题。在无电人口集中地区，建立并完善承担社会公共服务功能的电力普遍服务体系。

坚持"因地制宜、多能互补、综合利用、注重实效"的原则，加强农村能源基础设施建设，改善农村生产生活用电条件，大力发展农村可再生能源，完善农村能源管理和服务体系。

对边疆地区加大资金支持力度，加强这些地区能源基础设施和民生能源工程建设，积极支持西藏、新疆跨越式发展。

改善城镇居民生活用能条件。加强城镇电网改造和升级，提高供电质量和可靠性。做好电力供应保障，优先确保居民生活用电。加快发展天然气，建设和完善城市供气管网，让更多的居民用上天然气。在北方采暖城市，因地制宜发展热电联产机组，进一步改善居民供暖条件。

（五）加快推进能源科技进步

中国发布《国家能源科技"十三五"规划》。这是能源科技专项规划，确定了勘探与开采、加工与转化、发电与输配电、新能源等四大重点技术领域，全面部署建设"重大技术研究、重大技术装备、重大示范工程及技术创新平台"四位一体的国家能源科技创新体系。

超前部署一批对能源发展具有战略先导性作用的前沿技术攻关项目，鼓励开展先进适用技术研发应用，推进关键技术创新，增强能源领域原始创新、集成创新和引进消化吸收再创新能力。

进一步完善政策支持体系，建立健全能源装备标准、检测和认证体系，提高重大能源装备设计、制造和系统集成能力，积极推广应用先进技术装备。

围绕能源发展方式转变和产业转型升级，加大资金、技术、政策支持力度，建设重大示范工程，推动科技成果向现实生产力转化。

依托大型企业、科研机构和高校，继续建设一批国家能源技术创新平台，加强自主研发和核心技术攻关，完善国家能源技术创新体系。

（六）深化能源体制改革

我国将加快能源法制建设。完善能源法律制度，积极推进能源市场化改革，完善市场体制机制，改善能源发展环境，重视能源发展的战略谋划和宏观调控，综合运用规划、政策、标准等手段实施行业管理，推进能源生产和利用方式革命，保障国家能源安全。

（七）加强能源国际合作

在双边合作方面，中国与美国、欧盟、日本、俄罗斯、哈萨克斯坦、土库曼斯坦、乌兹别克斯坦、巴西、阿根廷、委内瑞拉等国家和地区建立了能源对话与合作机制，在油气、煤炭、电力、可再生能源、科技装备和能源政策等领域加强对话、交流与合作。在多边合作方面，中国是亚太经济合作组织能源工作组、二十国集团、上海合作组织、世界能源理事会、国际能源论坛等组织和机制的正式成员或重要参与方，是能源宪章的观察员国，与国际能源署、石油输出国组织等机构保持着密切联系。

第四节　能源标准化管理

一、能源标准化管理概述

（一）标准化概述

1.标准与标准化

标准是为在一定的范围内获得最佳秩序，经协商一致制定并由公认机构批准，共同使用和重复使用的一种规范性文件。

标准化是为在一定的范围内获得最佳秩序，对现实的问题或潜在的问题制定共同使用和重复使用的条款的活动。标准化主要包括编制、发布及实施标准的过程。

2.标准的分级

按《中华人民共和国标准化法》（以下简称《标准化法》）规定，我国标准分为四级，即国家标准、行业标准、地方标准和企业标准。另外，国家标准化行政主管部门通过《国家标准化指导性技术文件管理规定》出台了标准化体制改革的一项新举措，即在四级标准之外，又增设了一种"国家标准化指导性技术文件"，作为对四级标准的补充。

3.标准的属性

标准的属性是指按照标准本身的内容要求及实施要求而划分的类别。按《标准化法》的要求，我国的标准划分为强制性标准和推荐性标准两种。

强制性标准是指具有法律属性，在一定范围内通过法律、行政法规等手段强制执行的标准。推荐性标准又称为非强制性标准或自愿性标准，是指生产、交换、使用等方面，通过经济手段或市场调节而自愿采用的一类标准。

（二）能源标准化

1.能源标准与能源标准化

能源标准是指在能源领域内，对普遍的广泛通用的共性认识的统一所制定的标准。

能源标准化简单地说就是以能源为对象的标准化活动。也就是以能源系统为对象，运用标准化的原理和方法，对重复性事物和概念通过制定、发布和实施能源标准，达到统一，以获得最佳秩序和社会效益的活动。

能源标准化工作的基本任务是对能源从开发到利用的各个环节制定所需要的能源标准，组织实施能源标准和对能源标准的实施进行监督，以达到合理开发、利用能源，提高社会经济效益的目的。

2.能源标准的分类

按照我国《能源标准化管理办法》规定，能源标准分为强制性标准和推荐性标准。国家需要统一控制的能源检测计算方法、能源消耗定额等，以及法律、法规规定强制执行的能源标准为强制性标准。其他能源标准为推荐性标准。

3.能源标准的内容

制定能源标准的主要内容包括：能源的术语和图形符号；能源监测、检验、计算方法；能源产品和节能材料的质量、性能要求；耗能产品的用能要求；能源消耗定额；耗能设备及其系统的经济运行；能源产品和节能产品质量认证要求；能源开发、利用、管理的其他节能技术要求。

（三）能源标准体系

1.能源标准体系的概念

能源标准体系是由能源领域内具有一定内在联系的标准组成的科学有机整体，用来说明能源标准的总体结构，反映能源领域内整套标准的相互关系。

2.能源标准体系的结构

能源标准体系属于国家标准体系中的一大分支，是我国标准体系的有机组成部分。一般来讲，节能标准体系分三个层次。

第一层次为分体系，每个分体系为某个范围的节能标准体系，如节能基础标准体系、节能管理标准体系等。

第二层次为类别，每个类别是某个标准系列。如术语标准、能量平衡标准等。第三层次为具体的标准项目。如《电能质量监测设备通用要求》。

二、国外能源管理体系标准发展现状

（一）美国

美国国家标准学会（ANSI）制定的MSE2000是基于美国能源之星的《能源管理指南》，发布以来已修订三次。体系内容为：能源管理体系总要求、管理职责、策划、实施与运行、检查与评价和管理评审。

1.做出承诺

在组织内任命能源主管、建立能源管理队伍并确定能源方针是组织对其能源管理做出承诺的重要内容。

2.绩效评定

利用能源之星工具能够跟踪能源使用的全过程并采集数据，以便实施评估。基准的建立能够为设定目标和评估未来成就提供依据。数据分析能够发现能源使用趋势，以帮助组织对影响能源使用的因素获得更好的识别、识别减少能源消耗的机会。定期完成过程和整体绩效的评估会帮助组织识别持续改进的机会。

3.设定目标

在设定目标之前首先应确定范围和时间周期以及评估改进潜力，一旦改进潜力被评估，目标就能够在一个适当的组织层次上建立，而且目标应该正式地获得高层管理者的认可，这也是整个组织的使命。组织设定目标应与现实有一定的高度，设定的目标应给组织的改进提供一个广阔的空间。

4.制订行动方案

为了改进能效，组织应开发行动方案和路线图。在行动方案中应确定技术步骤、指示、任务和资源。

5.实施行动方案

获得组织内不同层次的关键人物的支持和协作是成功实施方案的关键因素。在方案的实施过程中应考虑：制订沟通方案、提升透明度获得支持、能力建设、建立激励机制、过程跟踪和监控。

6.评估改进

评估改进包括对正式的能源使用数据的评估，也包括对按行动方案所完成的活动的评估。评估结果和在评估过程中所收集到的信息能够用于组织制订新的行动方案、识别最佳实践并设定新的实施目标。

7.绩效认可

提供和寻求对成功的能源管理的认可，是为能源管理项目提供维持动力和支撑的关键，包括提供给内部的认可和获得外部的认可。

（二）欧洲

1.欧盟标准

英国标准协会（BSI）发布的BS《能源管理体系——规范及使用指南》（以下简称《使用指南》），在欧洲标准化组织（CEN）和欧洲电子技术标准委员会（CEN-ELEC）成员中实施。

BS EN16001可独立使用或与其他管理体系如质量和环境管理集成使用。此能源管理体系的结构与ISO 14001相似。BS EN 16001能源管理体系标准能够帮助组织建立必要的制度和程序，从而提高能源效率。通过对能源系统性的管理，使成本和温室气体排放量得到降低。同时，BS EN 16001对能源管理体系提出规定要求，使一个组织能够在考虑到法律规定和重要能源方面的同时制定和实施其政策目标。

2.瑞典

年瑞典出台的SS627750《能源管理体系说明》（Energy Management Systems Requirements with Guidance for Use）。该能源管理标准规定了企业能源管理体系的内容一业首先要制定能源政策，并确定如何使用，在哪里使用能源，同时，建立致力于减少能源使用的目标和实施计划。如同控制运营的其他方式，企业还需创建一个用以能源管理、监控和能源使用测量的组织架构。

3.丹麦

丹麦标准协会正式发布DS2403《能源管理规范》（Energy Management Systems Specification）；其能源管理体系要求包括总要求、能源方针、策划、实施与运行、检查和纠正措施、管理评审六部分内容。

从体系模式和标准的主要内容来看，丹麦的能源管理体系标准模式更靠近ISO14001标准。标准内容与瑞典相同。

4.爱尔兰

爱尔兰出台了能源管理体系标准。该标准规定组织为了确保能源管理与组织业务有机结合应采用的原则和方法。标准的主要内容包括：总要求；能源方针；策划；实施与运行；检查及纠正措施；监视与测量；纠正及预防措施；管理评审。

虽然该标准声称与ISO9001和ISO14001保持一致，但从体系模式和标准对纠正预防措施、监视与测量要求等主要内容分析，爱尔兰的能源管理体系标准模式更靠近EN16001及ISO50001标准要求。

（三）国际标准化组织能源管理体系

国际标准化组织（ISO）将能源管理确定为国际标准研发最重要的五个领域之一，并于当年2月建立一个新的委员会ISO/PC242，以发展新的ISO能源管理标准。

ISO50001标准的条文框架包括适用范围、引用标准、术语与定义、能源管理系统要求事项与附件五部分。它遵循P（计划）D（执行）C（检查）A（行动）的原则，与ISO 9001质量管理标准和ISO 14001环境管理标准有最大的兼容性。ISO50001的基本目的就是要在提高能源系统的运行、管理效率的同时，为企业提供一个成熟的、有效的、使用方便的能源系统整体管控解决方案。能源管理体系主要是通过"活动、产品和服务"识别能源因素，围绕"产品实现全过程以及减少外部影响所产生的能源消耗"来确定相关的管理要求。

该国际标准基于PDCA持续改进框架，提出了能源管理体系模式，将能源管理纳入组织日常的管理惯例中。该标准在应用时可进行裁剪，以符合组织的要求，这与体系的复杂性、文件的程度和资源有关。

三、我国能源管理体系标准

截至2018年，仅全国能源基础与管理标准化技术委员会组织制定的有关能源方面通用国家标准就有99项，其中38项强制性能效标准、27项强制性高耗能产品能效限额标准、19项节能监测标准、8项经济运行标准、7项能源计量器具配备与管理标准。这些标准的实施对推动我国能源管理，特别是企业节能管理起到了很好的促进作用，但由于在能源管理经验、节能意识、应用方法和人员能力建设等方面存在的不足，使得组织能源管理的各项目标、制度和措施之间尚不能形成一个有机整体。这不仅影响了能源标准在企业的推行，也使众多能源标准制定后无法有效运行，很难在企业中形成合力。

（一）能源管理体系的特点

1.运用管理的系统理论

我国能源管理体系标准运用了系统原理在识别、分析和评价能源因素并考虑法律、法规、标准及其他要求的基础上确立能源方针和目标，为实现能源目标所规定的具体要求制定了能源指标，充分发挥了能源管理体系的整体优势，达到系统节能的目标。

2.采用PDCA运行模式

PDCA持续改进的循环模式有助于改进组织的管理业绩，在管理领域具有广泛的通用性，也适应于能源管理体系。

3.应用过程方法

在能源管理体系建设中，使所有过程有机地结合，促进PDCA循环发挥更显著的管理效率。

4.注重协调性与融合性

能源管理体系标准充分考虑了与其他标准整合的要求，以达到管理体系的相互兼容、相互协调。能源管理体系标准强调过程方法和管理系统理论的有机结合，这样才使得PDCA循环更具有管理的生命力。该标准通过规范各种能源管理活动、制度和措施，注重寻求和利用适宜的节能技术和方法，以及最佳能源管理实践和经验，达到节能减排的目的。

（二）主要内容

GB/T23331覆盖了能源管理的全过程，主要内容包括：

第一，总要求。组织应建立并实施能源管理体系，以降低能耗、提高能源利用效率，能源管理体系应覆盖组织与能源管理有关内部过程和外包过程。

第二，管理职责。包括管理承诺、能源方针、作用、职责和权限等方面的要求。

第三，策划。包括能源因素、法律法规及其他要求、能源管理基准及标杆、能源目标和指标、能源管理方案等方面的要求。

第四，实施与运行。包括资源，能力、培训和意识，信息交流，文件控制，记录控制，运行控制等方面的要求。

第五，检查与纠正。包括监视、测量与评价、合规性评价、不符合，纠正、纠正措施和预防措施、内部审核等方面的要求。

第六，管理评审。包括总则、评审输入、评审输出等方面的要求。

（三）运行模式

能源管理体系标准和质量管理体系、环境管理体系和职业健康安全管理体系标准一样，采用国际上通行的管理模式：策划——实施——检查——改进（PDCA）模式。

策划（P）：包括识别和评价企业的能源因素，识别适用的法律法规、政策、标准及其他要求，策划并采用适用的节能技术和最佳的节能实践，建立能源管理基准，确定能源绩效参数，建立能源目标、指标和能源管理方案等。

实施（D）：包括提供所需的资源，明确企业内部各部门和单位的作用、规定其职责和权限；确定与能源管理有关人员的能力、意识和培训；明确能源管理信息交流的内容和方法，建立所需的文件和记录，实施能源管理运行控制活动等。

检查（A）：包括对能源管理活动绩效和能源方针目标以及管理方案的实现情况的监测；进行合规性（符合适用的法律法规）评价；如有不符合，应及时纠正和处理，并分析原因加以改进，同其他管理体系一样，定期开展内部审核和管理评审等。

改进（A）：包括采取纠正或预防措施持续改进能源管理和绩效。

（四）我国不同行业能源管理体系建设现状

对于我国用能企业，有些国家标准对企业能源管理提出了相应的要求，如《工业企业能源管理导则》规定了工业企业建立能源管理系统，实施能源管理的一般要求，这类标准引导企业行为，给出企业在有关能源管理方面要考虑的因素，但不涉及具体企业的具体操作方法。一些重点用能行业或工业企业根据行业用能特点对国家标准进行了细化，如钢铁、石化、有色金属等行业正在根据实际情况对能源管理体系、能源计量、能源监测等方面制定相应的规范。中国节能减排目标的实现最终要落实到各用能单位，各地区和行业也在不断加强利用能耗限额的形式达到节约能源的目的，能源分析及评价方面的规范不断完善。

1.钢铁

冶金行业对用能管理的规范仅有设备监测规范，数量较少且近年来缺乏更新。作为耗能大户的钢铁企业重视能源的利用效率，除了对用能设备、工序和技术条件等方面不断加以规范外，《钢铁企业能源计量器具配备和管理要求》对钢铁企业能源计量器具配备和管理进行了规范，部分钢铁企业进行了能源管理体系的认证，近年来各钢铁企业正在逐步完善其能源管理。

2.石油化工

石油和化工行业注重设计和能耗管理，近几年石油化工领域对于能源管理的规范不断加强。《化工企业能源审计规范》和《石化企业能源审计规范》是九大高耗能工业行业中首次针对能源审计工作发布的标准规范，两个能源审计标准规定了化工、石化企业能源审计的定义、内容、方法、程序及报告的编写要求等内容，适用于石化、化工生产性质的企业和其他独立核算的石化、化工产品生产单位。

3.建筑

相关国家标准对公共建筑节能设计、节能建筑评价、建筑材料、能源计量器具配备和管理、产品能耗评价体系以及监测方法等方面进行规范；不同地方有选择性地对公共建筑节能监测方法、节能技术改造、节能检测设备及技术、节能检测评估、建筑节能设计等方面制定了地方性标准；建筑工业行业对建筑能耗分类、公共建筑节能改造技术及检测等方面制定了相关规范。总体来看，建筑行业能源管理规范制定的重点为公共建筑节能设计方面，关注数据的采集和检测。

4.有色金属

有色金属行业分别制定了有色金属冶炼企业能源计量器具配备和管理与有色金属矿山节能设计方面的国家标准；行业制定了有关工厂能耗、产品能耗、工序能耗及个别设备能耗规范、企业能量平衡规范，多种重有色冶金炉窑热平衡测定与计算方法、氧化铝生产专用设备热平衡测定与计算方法、有色金属加工企业多种加热炉热平衡测试与计算方法规范，个别工业炉合理用能监测规范。有色金属行业是我国能源消耗的重要行业，对于能源监测、工艺能耗、产品能耗限额类规范较多。

5.电力

电力行业有丰富的工程建设规范、用能设备操作及技术规程、系统管理规范、工厂及其他设计规范、工艺要求等行业标准，对电力的加工转换及分配进行了规范化管理。由于电力的计量相对方便且准确度高，国家、地方和用能行业及企业都有比较全面的规范对用电设备、工序或产品用电限额及等级做出要求。

第八章　能源信息管理

第一节　能源信息管理概述

一、信息

信息作为一个科学术语被提出和使用是R.V.Hartly在《信息传输》中写到：信息是指有新内容、新知识的消息。C.E.Shannon博士在《通信的数学理论》中，给出信息的数学定义，认为信息是用以消除不确定性的东西，并提出信息量的概念和信息的计算方法，从而奠定了信息论的基础。Norbert Wiener教授在其专著《控制论——动物和机器中的通信和控制问题》中，阐述信息是"我们在适应外部世界、控制外部世界的过程中，同外部世界交换内容的名称"。英国学者Ashby提出"信息是集合的变异度"，认为信息的本性在于事物本身具有变异度。

在中国，信息管理系统中广泛使用的信息定义是：信息是客观世界各种事物特征的反映，是关于客观事实的可通信的知识。

信息具有客观性、扩散性、不完全性、价值性、等级性、共享性和滞后性等重要属性。

第一，客观性。信息是人们意识中对客观事物特征和变化的真实反映，不符合事实的信息不仅是没有价值的，而且可能误导人们的判断和决策。所以客观性是信息的第一和基本属性。破坏信息的客观真实性在管理中普遍存在，如做假账、谎报数据等，这些都会给管理者的决策带来错误的引导，因此收集信息时要保证信息的客观真实性。

第二，扩散性。信息通过各种各样的传输方式进行扩散，信息的扩散性是其本性。信息的浓度越大，信息源和接收者之间的梯度越大，信息的扩散能力就越强。信息的扩散存在两面性：一方面它有利于知识的传播，加快信息的扩散；另一方面扩散可能造成信息的贬值。

第三，不完全性。客观事物的复杂性和动态性决定了信息世界的无穷无尽，人们所获得的信息只能是其中的一部分，随着信息技术的发展，人们可以获得越来越多的信息。信息的获取往往与人们认识客观事物的能力和程度密切相关，人们对事物本身认识的局限性导致了信息总是不完全的。

第四，价值性。信息的价值性体现在信息的获取和带来的利益两个方面。获取信息所付出的代价可以称为信息的交换价值，即成本。信息持有者利用信息创造机会和价值也可以成为信息的使用价值。

第五，等级性。由于不同层次的管理人员做出决策时需要的信息是不同的，通常把信息管理分为三级：战略级信息、战术级信息和作业级信息。

第六，共享性。信息是可以共享的，信息资源的共享不同于一般物质资源的分享，共享性是信息的独特属性。物质资源的分享是耗散性的，交换双方只能拥有交换物中的一样，而不是共享的。信息不会因为交换而不再拥有和利用。信息的分享没有直接的损失，但可以造成间接的损失。

第七，滞后性。信息的滞后性是由于信息从信息源发出，经过接收、加工、传递、利用，最后从决策转化为结果是需要时间的，因此信息总是落后于事件的发生时间。

此外信息还具有时效性、实用性、可变换性、可压缩性、可扩充性、可存储性等不同的特征。

按照管理的层次可以将信息分为战略信息、战术信息和作业信息；按照应用的领域可以将信息分为信息管理、社会信息、科技信息等；按照获取信息的方式划分可以将信息分为一次信息（直接信息）、二次信息（间接信息）；按照反映形式可以将信息分为文本数字信息和多媒体信息。文本数字信息的数据形式以字符文本和数值数据为主，多媒体信息的数据形式可以是声音、图片、视频图像等。

信息是人类社会发展的三大资源之一，当前世界正在经历着信息化革命的巨大浪潮。信息化正以前所未有的方式影响着现代社会的发展，信息化已经成为一个国家与社会发展的关键所在，信息化已经成为衡量国家现代化水平与综合国力的重要指标之一。

二、信息管理

管理是指一定组织中的管理者在特定的组织内外环境的约束下，运用计划、组织、领导和控制等职能，对组织的资源进行有效的整合和利用，协调他人的活动，使他人同自己一起实现组织的既定目标的活动过程。因此，信息管理是整个管理工作的重要部分，是企业计划和决策的基础，是企业内部调节和控制生产经营活动的依据和前提，是联系企业管理活动的纽带，是提高企业经济效益的保证。

信息管理是反映控制管理活动中经过加工的数据，通常是通过数字、文字、图表等形式反映企业生产经营活动的运行情况，能反映组织各种业务活动在空间上的分布状况和时间上的变化程度，借之以沟通和协调管理活动中各个环节之间的联系，给组织的管理决策和管理目标的实现提供有参考价值的数据和资料，以实现对整个企业的有效控制和管理。

信息管理除具有信息的一般特性外，还带有一些特殊特性：

第一，系统性。信息管理是在一定的环境和条件下，为实现某种目的而形成的有机整体，它必须能全面地反映经济活动的变化和特征。因此，任何零碎的、个别的信息都不足以帮助人们认识整个生产经营活动的发展变化情况。

第二，目的性。信息管理能反映生产经营过程的运行情况。因此可以帮助人们认识和了解生产经营活动中出现的问题，为各种决策提供科学的依据。对任何信息管理的收集和整理，都是为了某项具体管理工作服务的，都有明确的目的性。

第三，等级性。信息管理的等级性和前述信息的等级性的特点和内涵是一致的。

信息管理的分类方法较多，主要的分类方法如下：

第一，按信息反映的时间来分，信息管理可以分为历史性信息、现时信息和预测性信息。历史性信息是对过去经营管理活动过程的客观描述，是过去一段时间内经营管理活动状况和发展状态的反映；现时信息是反映当前经营管理活动和市场情况的各种情报；预测性信息是指判断未来生产经营活动发展趋势和变化规律的信息。正确的经营决策既依赖于反映过去的历史性信息，又需要表现现时的现时信息及判断未来的预测性信息。

第二，按信息的来源来分，信息管理可以分为企业外部信息和企业内部信息。企业外部信息又称为外源信息，它是从企业外部环境传输到企业的各种信息，它可以通过上级主管部门、财政金融部门、有关信息服务中心、供货单位、国内外市场、有关会议传入企业，也可由企业有关人员专门搜集加工后为企业所用；企业内部信息又称内源信息，它是在企业生产经营管理过程中产生的各种信息，如原始记录、定额、指标、统计报表，以及分析资料等。

第三，按信息的用途来分，信息管理可以分为战略信息、战术信息和作业信息。战略信息又称为决策信息，它是企业最高管理层为决定企业发展的战略目标，以及为实现这一目标所采取对策时需要的信息；战术信息又称管理控制信息；它是企业中层管理人员进行生产经营过程控制所需要的信息；作业信息是反映企业日常生产和经营管理活动的信息，它来自企业的基础部门，主要为企业掌握生产进度、制定和调整生产计划提供依据。

随着全球经济一体化的进程和信息化时代的高速发展，信息管理的作用逐步为人们所认识，主要体现在以下几个方面：

第一，信息管理是重要的企业资源。信息在经济发展、社会进步中发挥的作用与日俱增，信息正与物质、能量一起共同成为人类社会赖以生存和发展的三大资源要素。信息管理是企业的一部分，它能够正确反映企业内部的运行情况；充分开发和利用信息资源，根据企业内部条件、外部环境来确定正确的发展战略、经营方针以开拓市场；能够大幅度提高物质资源利用率。信息管理是企业能够正常运作的不可缺少的重要组成部分，因此也是重要的企业资源。

第二，信息管理是企业内外联系的纽带。信息是由数据转换而来的，而各种大量的数据不仅来自企业内部，同时也来自于企业外部。企业通过对各种数据的加工处理，转换成各种信息流，必须将信息流很好地组织并使之合理流动，才能将企业各组成部分联结为一个整体，使组织内部彼此协同，能够有条不紊地为了共同的目标协同运作。因此，信息既是系统之间联系的纽带，也是系统内各组成部分联系的纽带。

第三，信息管理是进行决策的基础。管理的核心任务是制定决策，其过程包括信息收集、方案制定和确立方案三个步骤，可见信息是决策的基础，也是制定决策方案的根本依据。尽管管理决策是非结构化的过程，一项正确的决策取决于多种因素，但是信息管理的应用有助于企业降低决策中的不确定性和风险，提高决策的效率和科学性。

第四，信息管理是企业控制的依据。管理过程是对相关信息进行收集、传递、加工、判断、决策的过程。通过上游、中游及下游各部门的数据整合可以得到信息管理，企业通过得到的信息管理可以快速地知道各部门的运行状况，从而可以做出相应的决策，进而更好的控制企业。因此，信息管理对企业的生存发展有着至关重要的作用。

三、信息管理系统的概念

技术的进步，社会活动的复杂化，使得管理越来越离不开信息，信息处理已经成为当今世界上一项最主要的社会活动。信息工作的迅速增长，使得计算机的应用范围越来越广泛，应用的功能也由一般的数据处理走向支持决策，这些导致了信息管理系统的产生。

信息管理系统（Management Information System，MIS）一词最是指信息管理系统的创始人，明尼苏达大学卡尔森管理学院的著名教授 Gardon B.Davis 才给出信息管理系统的一个较为完整的定义：它是一个利用计算机硬件和软件，手工作业、分析、计划、控制和决策模型，以及数据库的用户——机器系统。它能够提供信息支持企业或组织的运行、管理和决策功能。这个定义全面说明了信息管理系统的目标、功能和组成，而且反映了信息管理系统当时已经达到的水平。它说明了信息管理系统在高、中、低三个层次上支持管理活动。20世纪90年代以后，支持信息管理系统的环境和技术有了较大的变化，各类贸易体系和经济组织的建立，信息技术和网络技术的发展使得系统本身在目标、功能、内涵方面均有很大的变化，其定义进一步补充为：一个以人为主导，利用计算机硬件、软件、网络通信设备及其他办公设备，进行信息的收集、传输、加工、储存、更新和维护，以企业战略竞优、提高效益和效率为目的，支持企业高层决策中层控制、基层运作的集成化的人机系统。

　　信息管理系统是一门新学科，是一门跨学科多技术的综合性边缘学科，到目前为止，这个学科还不够完善。信息管理系统引用了管理科学、信息科学、系统科学、行为科学、计算机科学和通信技术等诸多学科的概念和方法，并在这些学科的基础上，形成一整套信息收集和加工的方法。它面向管理，利用系统的思想、数学的方法和计算机技术应用，形成自己独特的内涵，从而形成一个纵横交织的系统。因此，信息管理系统是一门理论性和实践性都很强的学科。作为一门综合性学科，信息管理系统包含三大要素，即系统的观点、数学的方法和计算机应用。但不同于一般的计算机应用，它面向管理，具有处理、预测、计划、控制和辅助决策等功能：

　　第一，信息处理。信息处理是信息管理系统的首要任务和基本功能，即对各种类型的数据进行采集、输入、传输、存储、加工处理、输出和管理等。

　　第二，预测功能。预测功能是管理计划和管理决策的前提，它运用数学方法、管理方法和预测模型，利用历史的数据对未来可能发生的结果进行预测。

　　第三，计划功能。计划功能是为指导各个管理层高效工作的前提，即对各种具体工作合理地计划和安排，并按照不同的管理层提供相应的计划报告。例如，市场开发计划、销售计划、生产作业计划等。

　　第四，控制功能。通过对计划的执行情况进行监督、检查，比较执行与计划的差异，并分析其原因，辅助管理人员及时加以控制。

　　第五，辅助决策功能。随着信息技术的推广和应用，信息技术逐渐与组织、管理相结合，信息系统更多地用于支持组织决策和管理控制。

　　基于以上叙述，可归纳出信息管理系统具有以下特征：

　　第一，为管理决策服务的信息系统。能够根据管理的需要，及时提供信息，帮助决策者做出决策。

　　第二，对组织乃至整个供应链进行全面管理的综合系统。

　　第三，人机结合的系统。信息管理系统的目的在于辅助决策，而决策职能由人来做，因此它必然是一个人机结合的系统。

　　第四，需要与现代管理方法和手段结合的系统。信息管理系统要发挥其在管理中的作用，就必须与先进的管理手段和方法结合起来，在开发信息管理系统时，融进现代化的管理思想和方法。

第五，多学科交叉形成的边缘学科。信息管理系统是一门年轻的学科，其理论体系还处在不断发展完善当中。

四、信息管理系统的决策步骤

具有集中统一规划的数据库是信息管理系统成熟的标志，它象征着信息管理系统是经过周密的设计建立的，它标志着信息已经集中成为资源，为各种用户所共享。数据库有它自己功能完善的数据库管理系统，管理着数据的组织、数据的输入、数据的存取权限和存取，使数据为多种用途服务。利用信息管理系统进行决策的时候，可遵循以下的步骤：

第一，认识和分析问题，就是以最大的努力和敏锐的洞察力搞清问题的本质、范围。从而确定系统的目标、功能和环境。目标尽力定量化，或者用定量来表示定性的东西，只有这样才能比较和测量。为了完成给定的目标，系统应该具有一定的功能，并能以较少的功能完成目标的要求；系统各成分均可充分发挥作用来完成这些功能。环境分析就是搞清约束条件，不可避免的干扰就是约束。环境分析为制定行动方案做出准备，最后还应确定怎样才能在最坏的条件下达到目标。

第二，制定行动方案，即达到目标的方案。研究在特定环境下怎么完成目标，确定可控变量和不可控变量。这时，有效的方法就是把问题模型化，阐述模型的方法有很多种：

1）语言描述模型

即用一般语言或格式语言记述实体的重要材料，这在建立模型的初期是必需的。

2）实体模型

实体经过简化后的模型，也就是物理模型。

3）图解模型

即用数字、图、图解等各种符号抽象表现实体状态的模型。

4）数学模型

这是高度抽象化的模型，也是最优化分析基础的分析模型。

5）计算机模型

有时数学模型求不出解，可以用计算机模型来模拟，求得近似解。

第三，求得决策方案。

综上所述，我们所说的信息管理系统是个总概念、总方向。它包含一切管理过程中的信息工作，包含一切计算机在管理方面的应用系统，既包括数据的收集保存，又包括处理和支持决策，既包括机器，又包括人。

五、信息管理系统的结构

信息管理系统的结构是指各部件的构成框架，由于对部件的不同理解就构成了不同的结构方式，其中最重要的是概念结构、功能结构、软件结构和硬件结构。

第一，概念结构。从概念上讲，信息管理系统由四大部件组成，即信息源、信息处理器、信息用户和信息管理者。信息源是信息产生地；信息处理器担负着信息的传输、加工、保存等任务；信息用户是信息的使用者，他应用信息进行决策；信息管理者负责信息系统的设计实现，在实现以后，则负责信息系统的运行和协调。

第二，功能结构。一个信息管理系统从使用者的角度来看，它总有一个目标，具有多种功能，各种功能之间又有多种信息联系，构成一个有机结合的整体，形成一个功能结构。例如，可划分为财务管理子系统、制造子系统、营销管理子系统、人力资源管理子系统和办公自动化子系统等。

第三，软件结构。支持信息管理系统的各种功能软件系统和软件模块所组成的系统结构就是信息管理系统的软件结构。

第四，硬件结构。信息管理系统的硬件结构说明硬件的组成和其连接方式，还要说明硬件所能达到的功能，广义而言，还应包括硬件的物理位置安排。目前就我国的应用情况来看，硬件结构所关心的首要问题是用微机网还是用小型机及终端结构。

第二节　能源信息与管理

一、能源信息的特点和管理的必要性

能源系统涉及社会各个领域，层次众多、服务周期长，系统中多种能量载体之间多元互补，存在相互转化和替代。因此，对于过程复杂多变的能源系统来说，相应的能源信息具有以下的特点：

第一，能源信息延绵周期长、连续渐变、分散零乱。因此，对能源信息需要定期分别收集整理，并必须对数据长期保存使用。

第二，在受到社会与自然界的影响下，能源数据信息具有突变、随机、离散和社会性。因此，必须保证庞大的能源数据的保密和安全。

第三，能源数据信息之间的联系多而复杂，信息源多变。因此，需要对能源数据信息做深入研究，运用数据库技术对其进行科学管理。

能源信息管理工作，就是运用科学的方法和现代化手段，对能源工作的信息进行收集、加工、传递、使用，从而指导与调节能源经济活动，达到节能降耗的目的。

能源信息管理的作用如下：

第一，通过定期对能源信息进行管理，可以较为及时、准确地掌握能源经济动态、能源信息管理和能源技术情报，充分掌握相关能源信息为企业重大能源问题的决策提供了全面、准确的依据，为企业能够做出一个科学、可行的决策提供了保证，同时对事物的客观实际及发展结果做出正确的判断。

第二，通过对能源信息进行分析，可对能源系统的横向业务和纵向业务关系实现沟通。在能源经济活动中能运用信息反馈进行调节与控制，保证能源工作有条不紊、协调一致地展开。

第三，通过能源信息管理，可以清楚了解企业和各部门的合理用能水平，以及能源投入、产出过程的经济利益关系。在企业生产经营活动中，能为节能技术进步和能源经济运行提供有效的管理方法。

以信息化对节能减排的作用为例，能源信息的管理对企业的节能减排工作具有十分重要的意义。

第一，支持节能改造项目评估，确保节能效果。能源信息的管理工作可以帮助企业收集大量有关能源、产品、物料、成本、模型、案例等各方面的数据，如同一个资源数据一样，为企业提供大量的信息用于节能改造项目的分析，以确保节能改造方案的科学性、可信度与准确度，并对节能改造项目进行建档、跟踪、提醒、评估等，明确节能项目的节能效果与推广价值，促进企业科学合理的持续开展节能改造活动。

第二，及时提供能效报告，支持企业合理决策。根据企业管理的需要开发能源信息管理系统，定期向操作人员、运行管理人员、企业高管、工程师、财务人员及其他核心人员提供能效报告，使相关人员可以感受到开展节能工作带来的实惠，确保了资源、技术可持续地投入到改善能源使用效率方面。

第三，加强绩效管理，实现自主节能。构建企业能效评估指标体系、能源管理质量体系、能源绩效考核体系，并通过信息技术手段使企业员工（部门）与能源使用过程紧密连接在一起，员工可以感受到自己与能源操作的互动，还可以感受到自己对节能的贡献程度。不仅提高了企业员工的节能意识，调动了员工参与节能的积极性，更是改善了企业员工漠视节能、事不关己的态度。

第四，规范管理与操作，优化运行过程。使用信息技术规范企业能源部门对用能设备、动力系统、生产工艺、计量器具、交接班、供能质量、能源统计等方面的管理流程，提高员工职业素养、技术水平及工作态度，降低工艺过程、动力系统能源低效运行的时间，确保功能质量符合管理生产需要，从而产生持续的节能效果。

第五，实时监测、快速报警，及时应对不良状况。利用信息技术对能源信息进行及时的采集，并自动的完成性能指标的计算和分析，及时发现"跑冒滴漏"等不良状况，并采用企业管理所需要的方式提醒相关人员注意，以便及时采取行动。

二、能源信息的分类和内容

（一）能源信息的分类

能源信息种类繁多，为了对信息进行科学管理，便于准确利用，通常将其分为：

第一，按管理职能划分，有能源技术信息、经济信息和信息管理。

第二，按管理阶段划分，有决策（计划）信息、作业信息、核算信息和监督信息。

第三，按管理层次划分，有全厂信息、车间信息、班组信息。

第四，按用途划分，有指令信息、车间信息、班组信息。

第五，按流向划分，有输入信息、输出信息、反馈信息。

（二）能源信息的内容

能源信息来源于外部环境和内部活动。产生于企业外部的信息，称为外部信息；产生于企业内部的信息，称为内部信息。

第一，企业外部信息。企业外部信息包括以下几个方面的信息：

1）社会环境信息

社会环境信息主要是国家、行业和地方关于能源工作的方针、政策、法规和标准等。

2）市场信息

主要包括市场能源供需及消费结构变化情况、价格趋势及市场预测。

3）国内外同行业企业信息

主要指企业之间用能技术指标的横向对标找差距。如能源利用率、主要设备及工序的能量效率、产品及产值的能源单耗等。

4）科技信息

主要指能源系统有关机器设备、仪器仪表、原材料、外协件等的来源及供应情况。

从企业外部收集的信息往往很粗糙，不够准确，需要专业人员进行查询对照和去伪存真的加工处理。

第二，企业内部信息。企业内部信息包括以下几个方面的信息：

1）能源统计核算信息

全面反映企业能源经济活动动态及其发展的信息，包括能源统计工作和财务核算两部分。

2）能源业务信息

是指反映能源系统业务管理工作效能的各种数据和情况，包括能源管理体系运转情况、定额考核、计量管理、标准化活动等内容。

3）能源计划指令信息

是指经过决策形成的节能目标、能源规划与年度计划、节能技术措施计划，以及节能领导小组下达的各项指令、各种会议决议等。

4）能源技术信息

是指反映企业能源利用水平和节能技术进步情况的信息，包括节能技术改造、节能监测、企业能量平衡、节能技术成果等内容。

来自企业内部的信息具有比较直观、系统性较强、来源比较稳定和相对集中等特点。

三、能源信息的收集方法

（一）信息收集的基本程序

第一，确定目标，制定计划。根据企业能源经济活动的需要，确定收集信息的内容，正确选择信息的来源，明确收集信息的方式方法。

第二，做好信息数据结构的设计。能源原始信息以数据为主，这就要求我们按照信息收集的目的和内容，设计出合理的数据结构，并按数据结构去收集各种数据。

第三，确定信息的收集步骤。在信息收集过程中，应按计划要求进行收集，发现问题时，应找出原因，追踪收集，同时注意收集、利用间接资料，然后对收集的信息进行初步分析。

第四，提供收集的信息资料。这是信息收集工作的成果。信息资料可以是调查报告、统计报表、资料摘编、情况汇报等，可根据信息内容来确定。信息加工部门或加工者应对照信息收集计划检查分析，不符合要求时，应继续做补充收集。

（二）信息收集的方法

第一，直接求索资料：企业可以根据需要，向有关能源业务部门求索资料，这是简而易行的收集方法。

第二，索取信息资料：内部资料或有保密级的资料，可经过有关部门批准，发正式函件说明用途进行索取。

第三，交换信息资料：主要包括建立内部资料刊物的固定交换关系，与有关部门建立互通信息网和交换关系，从国外引进节能的科技资料等。

第四，间接摘录信息资料：组织专门人员对一定范围的资料进行整理、分析、筛选获取有用的资料。

第五，现场调查：派专门人员到信息现场直接进行观察、登记所需要的数据，或到资料所有者那里做访问了解情况，或到现场进行试验，收集大家的反映。

四、能源管理日常任务

（一）常用信息载体和统计分析的管理

能源原始记录是能源信息的主要来源，能源档案是能源的固定信息，台账和报表是人工处理信息的主要工具。它们是企业能源管理常用信息的载体，在企业能源管理中起到数据凭证、决策参谋和业务导向的作用。

统计分析是能源信息管理中必不可少的重要环节，通过对企业能源经济活动的数量关系进行分析研究，发现和掌握客观规律，为企业能源重大决策提供准确的信息依据。

（二）信息活动的管理

信息管理的对象主要是信息及信息活动的管理，管理范围为信息的收集、加工、传输、存储、检索和输出。

第一，原始数据的收集。要严格规定好收集的时间、项目、数量和频率。

第二，加工整理信息。一般是指对信息的计算、分类、比较、选择等项工作。

第三，信息的传输。必须对传输的时间、路线、层次等进行规范化处理，通过信息的传输将企业能源管理体系的各个环节和部门联结成一个有机的通信网络。

第四，信息的存储。将有使用价值或重复使用价值的信息存储起来。人工存储方式主要依靠台账和档案，机械化存储方式主要应用电子计算机。

第五，信息的检索。必须建立起科学的查找方法手段，做到迅速准确。

第六，信息的输出。主要是将经处理获得的大量能源信息以各种形式输送给有关职能部门和人员，如各种计划、技术文件、会议、电话、计算机终端等都是输出信息的形式。

五、企业能源信息管理中的图表

在企业能源信息管理中常利用各种各样的图和表，这些图和表能够非常直观形象地说明能源利用中的各种情况。在各种表格中，企业的能量平衡表既反映了企业能量平衡的结果，也是对企业能源系统进行综合分析的有力工具。而各种生产用能系统图，企业能源利用的流向图，企业能源网络图也是企业能源管理中的常用工具。

（一）企业能量平衡表

企业的能量平衡表是在企业能量平衡测试的基础上绘制的，能量平衡是按照能量守恒的原理采用黑箱的方法，对指定时期内企业（或某一系统）收入能量与支出能量在数量上的平衡关系进行考察，以定量分析用能的情况。值得注意的是能源平衡与能量平衡的区别，前者主要是指能源供产销的平衡，主要用于国家或地区的能源预测与规划；后者是指企业在能量利用方面的收支平衡，主要用于企业的能源管理。

能量平衡可以以生产设备、装置为对象，称为设备能量平衡，也可以以车间、企业为对象，称为车间或企业的能量平衡。这是应用最广的能量平衡，相应的也有电平衡、汽平衡等。能量平衡资料的获得或来自测试或来自统计资料。

企业的能量平衡表是企业能量平衡结果的表示。为了便于能源管理，通常要求能量平衡表既能反映企业的总体用能、系统用能和过程用能，又能反映企业的能耗情况、用能水平。此外能量平衡表还要求尽可能简单、清晰、明确，为此一般都按能源种类、能源流向、用能环节、终端使用情况等来设计表格。

通过企业能量平衡表可以获得如下的信息：

第一，企业的耗能情况，如能源消耗构成、数量、分布与流向。

第二，企业的用能水平，如能源利用与损失情况，主要设备和耗能产品的效率等。

第三，企业的节能潜力，如可回收的余热、余压、余能的种类、数量、参数等。

第四，企业的节能方向，如主要耗能设备环节和工艺的改进方向，余热、余能的利用途径等。

（二）企业能源应用图

由于图形比表格应用更加直观、形象，因此在能源管理中各种应用图也越来越多，而且有的应用图已经有相应的国家标准。生产用能系统图是一种常用的企业能源应用图。它是企业按照自己的生产过程和工艺流程画出的企业用能系统图，其形象直观，使用普遍，但没有统一的绘制标准。

与生产用能系统图类似的有能源利用流向图。它是根据生产过程的用能按比例绘制的图形，有时又简称能流图。通过能流图可以形象直观地表示能量的来龙去脉、能量的分布、利用程度和损失大小。在能流图中应明显地表示各项输入能量、输出能量、有效利用能量、损失能量和回收利用的能量，各项能量均以供给能的百分数表示，并按一定比例用不同宽度的能流带来表示百分数的大小。能流图按表示的范围，可以分为全国和地区能流图，企业能流图和设备能流图等，按其性质则有热流图、汽流图和电流图等，其中尤以热流图应用最为普遍。

能源网络图是另一种能源应用图，它以能源利用系统为依据，按国家标准规定绘制。按照绘制的规定，将企业的能源系统分为购入储存、加工转换、输送分配、终端利用四个环节。每个环节可能包括几个用能单元。购入储存环节的各种能源用圆形表示；加工转换环节中的用能单元用方形表示；生产过程回收的可利用能源用菱形表示；终端利用环节的用能单元用矩形表示。在上述各种图形中，除注明单元的名称外，还用相应的数字表示能量的数值，用进出箭头表示能量流向的方向，箭头上方的数字则表示能量流的大小。有关能源网络图的绘制细节可参看国家标准。

六、能源计量信息管理

能源计量信息管理是企业能源管理的重要技术基础，没有准确的能源计量就不可能提供可靠的用能数据，各项统计、分析也失去了意义。能源消耗的定额管理、能量平衡，以及能源审计也无法进行。

企业能源计量的范围包括一次能源、二次能源和耗能工质所耗能源三部分，其计量分为三级，即一级计量，以企业为核算单位进行计量；二级计量，以车间为核算单位进行计量；三级计量，以班组为核算单位进行计量。

能源计量器具配备是计量工作的基础，通常能源计量器具已配备的台数与应配备的器具总台数之比，称为计量器具的配备率。企业的能源计量器具的配备率一般不应低于95%，凡需要进行用能技术经济分析和考核的设备、炉窑、机台等均需要单独安装计量器具。根据一般情况，凡容量为50kW以上的交流电机，100A以上的直流用电设备，用煤（标准煤）500t/年、焦炭100t/年、用水2t/h、用蒸汽3t/h、煤气50kg/h、液化气50kg/h、重油1t/h、轻油50kg/h以上的设备也都要单独装备计量器具，由多台小功率机台组成的生产组合和生产线，需要进行能源和经济考核的，也应单独装备。

企业能源管理中除对计量器具的配备有一定要求外，还对检测率提出了具体要求。检测率是指某一段时间内实际通过计量器具的能源总量与需要计量的能源物质总量之比。能源计量对检测率的要求见表8-1，能源计量对计量器具的精度要求见表8-2。此外为保证计量器具的精确度，还应对计量器具进行定期检查。

表8-1 能源计量对检测率的要求

能源种类	计量器具配备点	能源计量对检测率要求	
		Ⅰ期	Ⅱ期
煤、焦炭等固体燃料	进出厂车间（班组）、重点用能机台或装置、生活用能	95 75	98 95
电能	进出厂车间（班组）、重点用能机台或装置	95	100
原油、成品油、罐装石油气	进出厂车间（班组）、重点用能机台或装置生活用品、家属区	98 90	100 98
煤气、瓦斯气、天然气	进出厂、车间（班组）、重点用气装置生活用气、家属区	95 95	98 100
蒸汽	进出厂、车间（班组）、重点用气装置生活用气	85	95
水（包括自来水、深井水、循环水）	进出厂、车间（班组）、重点用水设备生活用水、家属区	95 95	98 100
其他能源	进出厂、车间（班组）、重点用能机台或装置	90	95

表 8-2 能源计量对计量器具的精度要求

计量器具名称	分类及用途	精确度（%）
各种衡器	静态：用于燃料进出厂结算的计量 动态：经供需双方协议用于大宗低值燃料进出厂结算的计量 动态：用于车间（班组）、工艺过程的技术经济分析的计量	±0.1 ±0.5 ±（0.5~2）
电能表	用于进出厂、车间的交流电能 W00kW 的计量 用于进出厂、车间的交流电能 W00kW 的计量，包括民用电表用于 大于 100A 直流电能的计量	±（0.1~1） ±（1~2） ±2
水流量计	用于工业和民用水的计量	±2.5
蒸汽流量计	用于饱和蒸汽和过热蒸汽的计量	±2.5
煤气等气体流量计	用于天然气、瓦斯气、煤气的工业和民用计量	±2
油流量计	用于国际贸易核算的计量 用于国内贸易核算的计量 用于车间、班组、重点用能设备及工艺过程的计量监测	±0.2 ±0.35 ±（0.5~1.5）
耗能工质计量器具		±2

　　对企业的能源管理而言，为了全面了解能源计量信息的实际情况和合理配备能源计量器具，企业应根据国家颁布的《工业企业计量网络图设计规定（试行）》编制企业能源计量的网络图。完整的能源计量点网络图应当包括企业平面分布示意图、能源消耗统计表及能流图、产品生产工艺流程图、能源计量器具配备汇总表等。

七、能源消耗信息管理

　　不断减少能源消耗是企业能源管理的重点。评价和考核一个企业的能源利用率就必须综合考虑企业的产品、产量和产值的情况，能源消耗定额就是反映企业能源利用经济效果的综合性指标。

　　能源消耗定额是指企业在一定的生产技术和生产组织条件下，为生产一定质量和数量的产品或完成一定量的作业，所规定的能源消耗标准。由于生产过程中所消耗的能源种类（煤、油、蒸汽、水、电等）和对所消耗的能源数量统计的口径不同，因此有不同的能源消耗指标。如只对消耗的某一种能源计算，就称之为单项能源消耗，若将所消耗的两种以上的能源总合计算，则称之为综合能源消耗。

(一) 能源的折算

由于再生产过程中使用各种形式的能源，其单位含能量差别很大，因此在计算耗能时必须将他们折算成可以相加的统一能量单位。因为热能是一种利用最多的能量形式，所以热量单位就成为能源折算的基础单位。

按《综合能耗计算通则》，燃料的发热量以低位发热量为计算基准。低位发热量等于 29.27MJ（7000kcal）的固体燃料称为 1kg 标准煤；低位发热量等于 41.82MJ（10 000kcal）的液体燃料或气体燃料称为 1kg 标准油或 1m³（标准状态）的标准气。在计算和统计时企业消耗的一次能源量，均应按低位发热量换算成标准煤量，企业消耗的二次能源，以及所消耗的耗能工质也应折算到一次能源消费量。根据上述规定，其折算方法是：

$$标准煤量 = 能源(或耗能工值)的实物量 \times 折算系数 \qquad (8-1)$$

其中

$$折算系数 = \frac{每单位某种能源(耗能工质的)等价热量}{29.27MJ(1kg标准煤的发热量)} \qquad (8-2)$$

式（8-2）中的等价热量，对各种燃料而言取其低位发热量，而对非燃料的二次能源（如电、蒸汽、热水等）和耗能工质是指它们在生产和转换过程中实际消耗的一次能源的热量。显然随着转换技术的进步，等价热量值是逐渐变小的。

(二) 能源消耗

企业的生产能耗包括基本生产能耗和辅助生产能耗，前者是指生产工艺过程中直接消耗的能量，后者指为保证生产过程正常进行的辅助设备和辅助部门的能耗。例如，采暖通风、照明、供水、运输、检修所消耗的能量，以及能源转换设备、管道、线路的能量损失等，这两部分能耗之和即为企业的总综合能耗。

在能源管理和统计上常用单位综合能耗，它是以企业单位产品或单位产值表示的综合能耗。例如，每吨钢的综合能耗，每万米布的综合能耗或煤百万元净产值的能耗等。为了在同一行业中实现综合能耗的比较，还有可比单位综合能耗。由于各企业之间生产情况差异很大，因此对可比单位综合能耗而言，需有同行业内人士均认可的标准产品或标准工序，以作为比较的基础。

除了综合能耗外，国家、地区或部门在了解企业能耗时，还常常用到总单项能耗和单位单项能耗。前者是指企业在统计报告期内某种单项能源的总消耗量，如耗煤量、耗电量等；后者则是企业在统计报告期内某种单项能源的单位消耗量，又可以分为单位产量单项能耗和单位产值单项能耗。其定义为

单位产量单项能耗 = 总单项能耗/产品总产量

单位产值单项能耗 = 总单项能耗/产品净产值

(8-3)

上述各种能耗指标和其他能源利用效率指标一起就构成了国家、地区、部门和企业的有关能源利用指标体系。

（三）能源消耗定额的制定和考核

为了考核企业的能源利用情况，挖掘节能潜力和杜绝浪费，各企业应根据企业的实际情况，参照国家主管部门制定的综合能耗考核定额和单项能耗定额，以及国内外同行业的能源消耗指标制定出适合本企业的各种能源消耗定额。

制定的能源消耗定额，既要有科学依据，能切合企业的实际情况，又要有一定的先进性，以促进企业的降耗和节支。为了有效地贯彻能耗定额的执行，企业能耗的总定额应分解成若干分定额，并层层落实到车间、班组、各道工序及主要耗能设备。

能源消耗定额的考核也应和执行相一致，即实行分级考核。考核的比较标准既可按定额指标，也可按历史消耗水平或按行业消耗水平来进行比较。考核应在能源的日常记录和统计资料的基础上进行，应建立经常的记录和报告制度，不能采取平时不监督，年终算总账的管理方法。

能源消耗定额应和奖惩制度结合起来，有条件的应实行节约额提成的办法，为了做好能源消耗定额管理，除了采取组织措施外，还要有技术措施，并根据实际执行情况和技术进步修订和完善能源消耗定额。

第三节　能源信息管理系统

一、概述

能源信息管理的概念由来已久，可以追溯到工业革命时期，从工业革命时期到20世纪50年代左右，能源信息管理的数据处理方式主要是人工处理。随着社会的发展，能源的来源和使用方式越来越多样化，有关能源的信息量成倍增长。整个社会的物质流、能量流、信息流之间的关系越来越密切。到20世纪50年代以后，随着计算机及相关技术的出现与发展，信息数据处理能力大大提高，节约了大量人力和物力。

从20世纪70年代起，国外的研究人员开始从能源的不同维度出发，逐步利用计算机对某一部门能耗数据进行采集、存储、处理、统计、查询和分析，提供该部门能源消耗进行监控、分析和诊断，为能源管理和决策人员提供有关的能源信息和分析结果，实现节能绩效的科学有效管理及能源效率的持续改进，这在当时是个重大突破。直到20世纪80年代后这项技术已经十分成熟，使能源信息管理成为整个能源管理的重要组成部分。

能源信息管理系统是一种综合性的人机系统，由能源数据库和决策模型库组成。能源信息管理系统基于企业能耗管理系统信息化的能耗监控和用能管理性平台。通过建立能源统计数据库，掌握用能单位能源消耗情况和主要能源消耗指标完成情况，实现能源系统分散的数据采集和控制、集中管理调度和能源供需平衡，以及实现所需能源预测，实现整个过程的节能、降耗和环保目标。提高企业能源管理的及时性和准确性，使管理者能够随时了解现场的运行情况，为生产经营提供更多信息和决策依据，降低成本、提高安全系数、增强企业整体效益。

我国目前的计算机处理能源信息的研究工作主要集中于开发自控特性和信息化能源信息管理系统。自控特性能源信息管理系统一般由自控公司开发，带有明显的自控特征，有数据存储、实时报警、运行优化等功能。这类系统主要针对的是自动化程度低、损失浪费严重等问题，直接从执行级进行的一个能源管理优化，引进先进的仪器仪表直接提升企业的制造水平。但是这种方式所需要的成本比较高，由于自控设备一般比较昂贵，所以比较适合大型的企业，对于这些企业，其收益能够迅速填补能源信息系统建设的成本。而信息化能源管理系统则主要针对相关计量、统计、考核制度不完善等问题，这类系统注重能耗的数据统计和基础分析，适当地增加对标、报警等功能，相比而言信息化能源管理系统成本比较低，它并未对具体的生产级进行重大调整。这两类系统更多地只是停留在信息管理或监控，在更深层次的企业能耗分析、能效的评估及提供决策方面有待加强。

二、能源信息管理系统的特征

（一）人机系统

能源信息管理系统是一个将人的现代思维、能源信息及计算机强大的计算运行能力融为一体的人机系统。系统中对企业的能源管理和控制的主体是人，客体是各种各样的能源信息，计算机只是作为一个辅助管理的工具，帮助人进行必要的辅助决策。

（二）综合系统

能源信息管理系统是一个综合系统，涉及企业管理、组织和技术等方面。从管理的角度来看，能源信息管理系统是企业管理者解决能源效率低下、浪费严重等问题的一种解决方案，管理者需要借助能源信息管理系统完成对能源的监控、调度和管理。从企业的组织角度来看，能源涉及企业的每一个部门，因此能源信息管理系统是企业组织的一个部分，组织的各项能源活动都离不开能源信息管理系统。从技术的角度看，能源信息管理系统是管理者为解决面临的问题而采用的一种工具。

（三）面向管理决策的系统

能源信息管理系统着眼于企业的角度，综合各部门数据，保证数据一致性和完整性。能源信息管理系统的处理对象是整个企业的能源消费，通过反馈机制为决策者提供有用信息，通过内置的各种能源模型对未来进行分析和预测，以科学的方法调度能源，合理生产。

三、能源信息管理系统的作用

能源信息管理系统的作用主要体现在以下四个方面：

第一，实现对各种能源介质和各类供能用能系统的集中监控和统一调度。能源信息管理系统的数据采集功能可以将整个企业的用能情况存储在计算机中供决策者查看，集中监控，发现问题可以及时处理，从计算机终端就能方便地对企业的能源进行统一管理，确保能源介质在各环节的安全性和可用性。

第二，预测能源需求。基于内部的能源模型和外部的能源消耗关联数据，能源信息管理系统能够根据天气、时间、原材料、产量等条件的改变而对未来能源的消耗进行预测，更好地帮助决策者进行决策。

第三，将节能减排工作上升到企业的战略层面，做出更具体、更详细的决策计划。由于能源信息管理系统的出现，决策者能够更直观、更详细地了解整个企业的能源消费情况，对能耗进行综合分析，更容易找到节能减排的突破口，制定有效的能源计划，优化企业生产和能源的使用效率，促进节能减排。

第四，促进节能标准化、定量化。传统的能源管理方式主要采用经验的方式，即主要从定性的角度进行能源管理，而通过能源信息管理系统，借助于系统内部标准化的样表和数据类型，容易统一节能标准，在整个企业内部或企业与企业之间进行节能对标，准确实施能源管理绩效评价标准，避免出现由于统计口径不同而造成数据混乱的情况。

四、能源信息管理系统的结构

（一）能源信息系统的内容

我国现实的能源信息系统的内容如图8-1所示。它可以看成是由正规的能源信息系统和非正规的能源信息系统两个部分组成。正规的能源信息系统就是由国家和地方统计局规定的能源统计指标体系和其指导下的行业能源管理部门制定的本行业统一的能源统计制度，这是我国能源信息系统的信息基础，有相应的制度或国家标准对其进行详细规定，在使用上需要遵照国家标准和规定，正规能源信息系统有利于能源管理的标准化；非正规的能源信息系统则主要是由地区、部门或企业自行规定或临时安排采集的能源数据，正规能源信息系统不可能包含能源信息的方方面面，它通常会舍去许多细枝末节而只保留主干部分，因此非正规能源信息系统常用来作为正规能源信息系统的补充，以适应能源管理、能源规划和能源系统分析的需要。

研制各级能源信息管理系统均以正规能源信息系统为基础，以保证能源数据的可靠性和可获取性，同时也保证能源信息的标准化，对于企业而言，有利于促进自身和其他企业的对比，从而提升自己的能源管理水平；对于政府部门而言，能够更直观地了解到各个企业的能源使用状况，以正规能源信息系统为基础有利于提高整个社会的能源管理水平。至于非正规能源信息，可以在用户要求且有保障可靠获取时，根据需要将其纳入能源信息管理系统之中。

从全国的范围来看，正规的能源信息系统是以能源平衡表及产品综合能耗为主的能源统计指标体系，其具体内容包括能源开发量、能源库存量及国家储备量、进出口量及地区调入/调出量、能源加工转换量、能源运输量、能源消费量、能源建设量、单位产品的能耗等。

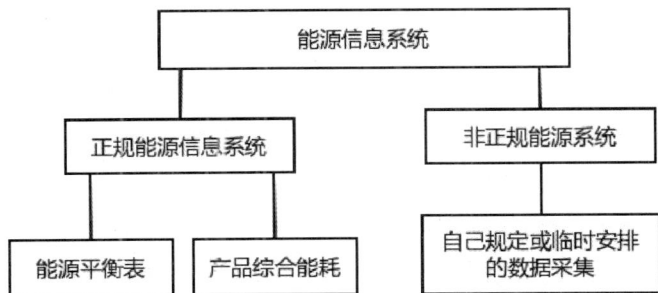

图 8-1 能源信息系统内容

（二）能源信息管理系统的层次结构

人们对能源的管理活动，大致可以分成能源管理、能源计划、能源规划三个层次，如图 8-2 所示。

能源管理包括能源计量、能源统计、能源报表管理等多项概念。这是能源系统中经常的例行工作。它要求的能源信息量最大，报表形式最严格，时间间隔最短。能源管理是能源信息系统的基础部分，由于其要求的信息量最大、最全，后续的能源计划和能源规划都是建立在能源管理的基础之上，再加上能源管理是对过去能源使用的一个总结性工作，因此能源管理是联系过去和未来的一个纽带，对于能源预测等未来性工作有重大的意义。这类能源管理工作由普通的能源管理人员即可完成。

能源计划包括能源工业需求预测、能源计划编制、能源计划完成情况的检查和能源计划修订。这里的能源计划指的是五年计划及年度计划，通常每年进行一次检查、总结和修订。

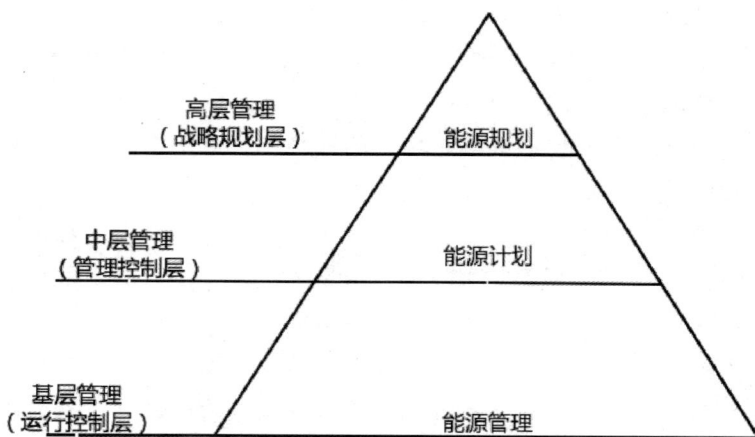

图8-2 能源信息管理系统的金字塔结构

能源计划时间间隔较长，范围较大，但是集结度更高，概括性更强。能源计划是建立在能源管理的基础之上的，是对能源管理的一个总结，同时是对整个系统未来短期内的一个期望。规定了短期未来的目标，对整个企业的能源使用有一个指导性作用，同时也是长期能源规划的基础性工作。

能源规划是研究能源系统要达到既定目标所应该采用的发展战略、发展重点、发展方向及重大措施。能源规划的时间跨度在我国一般是10年到20年，它的范围大至全国，小至企业，依规划要求而定。能源规划要求的信息范围更广，时间间隔更长，集结度比能源计划更高。

一个先进、实用、经济、高效的能源信息管理系统将为以上三个层次的能源管理和决策提供最有力的工具。

（三）能源信息管理系统的物理结构

能源信息管理系统的物理结构，是指硬件、软件、数据等资源在空间的分布情况，其物理结构主要可以分为集中式和分布式两大类。

第一，集中式系统。集中式系统是资源在空间上集中配置的系统，将软件、数据和主要外部设备集中在一套计算机系统中，由分布在不同地点的多个用户通过终端共享资源组成的多用户系统。如图8-3为集中式系统示意。

一集中式系统具有资源集中、便于管理、资源利用率高等优点。早期的能源信息管理系统由于规模比较小，计算机技术的发展还比较缓慢，因此采用集中式系统形式的用户比较多。随着能源信息系统需求的复杂化，能源信息系统的规模也越来越复杂，集中式系统的弊端也就凸显出来。集中式系统随着规模的扩大维护管理变得困难，也不利于发挥用户开发、管理的积极性，且由于资源过于集中，所有的终端数据请求都要主机来处理，随着用户数的增加，其处理速度将以指数级下降，而且一旦主机出现故障，可能会使整套系统陷入瘫痪。

图8-3 集中式系统示意

第二，分布式系统。分布式系统通过计算机网络把不同地点的计算机硬件、软件、数据等资源联系在一起，服务于一个共同的目标，实现不同地点的资源共享。另外，分布式系统中各地与计算机网络系统相连的计算机系统既可以在计算机网络系统的统一管理下工作，又可以脱离网络环境利用本地信息资源独立开展工作。

一般分布式系统中的服务器指提供软件和数据的文件服务，各计算机系统可以根据规定的权限存取服务器上的数据文件和程序文件。客户机/服务器式系统中，网络上的计算机系统分为客户机和服务器两大类。服务器可以包括文件服务器、数据库服务器、打印服务器等。网络节点上的其他计算机系统都称为客户机。用户通过客户机向服务器提出服务请求，服务器根据请求向用户提供加工过的信息，其中客户机本身也承担本地的信息处理工作。

多数分布式系统建立在计算机网络之上，所以分布式系统与计算机网络在物理结构上基本是相同的，但分布式操作系统的设计思想和网络操作系统是不同的，这决定了他们在结构、工作方式和功能上的差别。网络操作系统要求网络用户在使用网络资源时首先必须了解网络资源，网络用户必须知道网络中各个计算机的功能与配置、软件资源、网络文件结构等情况；而分布式操作系统是以全局方式管理系统资源的，它可以为用户调度网络资源，并且调度过程是"透明"的。当用户提交一个作业时，分布式操作系统能够根据需要在系统中选择最适合的处理器，将用户的作业提交到该处理程序，在处理器完成作业后，将结果传给用户。在这个过程中，用户的体验就相当于只有一个处理器。

分布式系统可以根据应用需要和存取方便来配置信息资源，有利于发挥用户在系统开发、维护和信息资源管理方面的积极性和主动性，提高了系统对用户需求变更的适应性和对环境的应变能力。系统扩展方便，增加一个网络节点一般不会影响其他节点的工作，系统建设可以采取逐步扩展网络节点的渐进方式，以合理使用系统开发所需资源。它的不足之处在于信息资源分散，系统开发、维护和管理的标准、规范不易统一。配置在不同地点的信息资源一般分属于不同的子系统，管理协调有难度。

目前，企业的组织结构朝着扁平化、网络化方向发展，随着计算机网络和通信技术的迅速发展，分布式系统已成为能源信息管理系统的主流模式。根据需要，可以把分布式和集中式两种结构结合起来，即网络上的部分节点采用集中式结构，其余按分布式配置。这种结构又称为分布集中式结构。

（四）能源信息管理系统的人员组织结构

能源信息管理系统的研制和运行要涉及几类有关人员，即系统分析员、程序分析员、操作员、数据录入员、管理控制员和用户。对于建立在大型电子计算机上的能源信息管理系统，上述人员还可以细分为信息分析员、系统设计员、应用程序员、程序维护员、数据库管理员、计算机操作员、文件库操作员、控制员、信息系统计划员。但是目前我国绝大多数能源信息管理系统都建立在微机上，因此所涉及的工作人员为系统分析员、程序设计员、数据录入员和用户。

第一，系统分析员。与用户合作共同明确对能源信息管理系统的功能要求及相应的能源信息的需求，设计能源信息管理系统、编写用户规程和系统使用说明书。

第二，程序分析员。根据系统分析员的系统设计方案，具体选择操作系统和数据库管理系统，以及系统的相关语言。

第三，数据录入员。根据能源信息管理系统的设计研究，将各类能源报表和数据，及时通过键盘或网络送入微机的存储器，数据录入员的主要任务是录入各种数据。

第四，用户。作为能源信息管理系统的使用者，要负责各种能源数据的采集和汇总工作，为能源数据的输入做好准备，用户同时还是能源数据库管理员、计算机的操作员、输出结构的分析员。

上述各方面的工作人员之间的良好合作是能源信息管理系统顺利研制和正常运行的重要条件。

五、能源信息管理系统与环境

能源信息管理系统的应用离不开一定的环境和条件，这里的环境和条件是指具体组织中各种内、外影响因素的总称。这些因素对能源信息管理系统的应用有相当大的影响，在一定程度上决定着能源信息管理系统应用的成功与否。

1.生产过程的特征

能源信息管理系统的特点之一就是建立在计算机技术上的信息化与管理手段、方法的结合，整个系统包含着人和计算机的软、硬件结构。不同的企业有不同的能源使用情况和生产特征，因此这就需要能源信息管理系统根据企业的特点，采用适合企业的管理方法。

例如，对火力发电厂和水力发电厂的能源信息管理系统而言，就有非常大的差异，两者的侧重点各有不同。电厂的特点决定了这两者的管理工作都必须以实时数据为依据，因此实时数据采集功能是其能源信息管理系统的基本功能之一，两者都注重能源反馈瞬时性。然而由于火力发电厂本身的特性导致它在很长的一段时间是不能关停的，水力发电厂却没有这一限制，水力发电厂的运行可以是间断的，因此水力发电厂发出的电力常用于电力的调峰。由于这两者生产过程的差异导致他们的能源信息管理系统和管理方式有比较大的差别。

2.组织规模

组织规模是能源信息管理系统环境中最重要的因素之一，它决定了系统的应用目标和规模大小，因此根据组织的大小来确定系统规模是系统分析员的重要任务。

一般来说，小组织在能源信息管理系统上会遇到比较大的问题，能源信息管理系统的开发应用对小组织来说是一个比较大的负担，其前期投资大，往往会影响到其组织的正常运行，且由于组织小，利用能源信息管理系统所产生的收益远不如大组织明显，难以实现良好的经济效益，因此小组织应用能源信息管理系统将冒更大的风险。

3.管理的规范程度

管理的规范化是管理组织、过程等科学性与合理性的要求。管理规范的组织一般具有较为完备的制度，各个部门之间有比较好的配合联系，而管理不规范的组织，其管理往往集中在少数领导手中，其决策带有领导主观性和随意性的特征。

能源信息管理系统是对一个组织能源使用情况全过程管理的人机系统，自动化程度高，它的开发必须建立在规范的管理模式上，因此在开发一个能源信息管理系统前必须先规范管理，形成责任明确、各有权限、相互配合的一种局面。

4.信息处理与人

管理决策是一种复杂的活动，特别是对现今的能源状况而言，因此要充分发挥人和计算机的长处，让计算机处理和保存大量历史数据，分析产生各种可行解。由于计算机的计算通常都是建立在者多假设条件的基础之上，因此这时候人就有必要充分定性地考虑这些因素，根据经验和知识进行模糊推理。人与计算机合理分工，才能真正使能源信息管理系统发挥其应有的作用。

第九章 能源建设项目管理

第一节 能源建设项目概述

一、能源建设项目的分类及特征

能源建设项目根据其规模可分为新建、扩建、改建、迁建和恢复性建设项目等形式。

1.新建项目

能源基本建设的新建项目，是指一切从头开始的建设项目。有些建设项目原有基础很小，经重新进行总体设计，扩大建设规模后，其新增固定资产价值超过其原有固定资产价值3倍以上时，一般也属于新建项目。这类项目的基本特征是：

第一，投资规模大。由于项目从头开始，因此，基础设施的配套建设、土建施工量等工程较大，相应的投资规模也较大。

第二，总体规划性强。新建项目一般易于总体规划，各工序之间、各相邻分厂之间易于按照生产的流程进行建设和设计。由于投资是在一段时间内集中使用的，因此，新技术、新工艺、新装备的整体设计性较好，相互之间较为配套，易于选择、设计适合项目需要的技术体系。同时，在人才的调迁、使用、安排上也易于搞好优化组合。

第三，涉及因素多。

因此，能源新建项目在能源生产和国民经济发展中的地位都较为重要。一些重大的能源建设项目更会对社会生态环境、区域经济发展产生重大的影响。

2.扩建项目

能源基本建设的扩建项目一般是指原有企业为扩大原有产品的生产能力和效益，增加新产品的生产能力和效益，在原有企业的基础上通过新增建矿井、车间或其他有关工程，即通常所说的"厂内外延"来进行的。这类项目的基本特征是：

第一，基础设施较为完备，建设工程量较小。由于项目是在原有企业的基础上的扩建，因此，原有的道路运输条件、征地搬迁工作均可避免。因此，其工程量也一般较小，建设周期较短，建设速度也较快，易于在短期获得收益。

第二，受原有企业基础工作水平影响较大。由于是在原有企业上的扩建，因此，原有企业的生产经营环境和条件，包括原材料供应状况、资源分布特点、市场状况、企业管理基础水平、各项技术设施，以及职工素质等，都对项目建成后的效益有较大影响。

3.改建项目

能源基本建设的改建项目是指原有企业为达到提高生产效率、改进产品质量、调整产品结构、提高技术水平等目的，而对原有设备、工艺流程等进行的一种整体性技术改造。对于那些为提高企业综合生产能力而增加的一些附属和辅助车间或非生产性建设工程，一般也属于改建项目。能源建设的技术改造项目、扩建工程是有一定区别的。在实际工作中，一般是从下述两方面来加以划分的：①改、扩建工程只是在原有技术水平上的"外延扩大"；②有些项目尽管采用了先进技术，但其规模、投资及建成后的影响，都比技术改造项目大。能源基本建设的改建项目除了具有与扩建项目相同的一些基本特征外，还具有的一个显著特点是受原有企业的整体技术水平和设备配套能力的约束性较强。由于改建是一种在一定范围内，一定生产工序上的技术改造工作，因此，它的整体效益在很大程度上与原有企业的技术装备水平、生产工艺特征有很大关联。如何正确解决和妥善处理改建项目与原有技术体系的相互衔接、配套，是搞好这类项目建设的一个重要方面。

4.迁建项目

能源基本建设中的迁建项目是指那些由于各种原因，企业整体在空间位置上进行转移的一种建设工程。不管其建设规模是维持原状，还是有所扩大都属于迁建的范围。迁建项目的最显著特征是：企业的技术状况、产品结构、人才队伍、组织管理都保持在原有水平上，是生产各要素在空间范围内的整体转移，而在新址上的各项基础建设则同新建项目无多少差异。

5.恢复性建设项目

能源基本建设的恢复性建设，是指企业的固定资产由于自然灾害、战争或其他人为因素所造成的损害而部分或全部报废之后，又投资进行的一种恢复性建设。不管这种建设的规模是否与原来相同，在建设过程中是否同时还进行扩建，都属于恢复性建设的范围。这类项目的显著特点是：整个建设是在原有基础上进行的一种修补重建，其目的在于恢复其原有的生产水平。因此，在建设过程中，受原有企业的布局结构、资源状况、外部基础设施功能影响较大。

二、能源建设项目的特点

对于能源资源进行利用的能源建设项目具有如下特点：

1.项目建设选址受地理环境的制约大

能源的生产首先受地质条件制约，建设项目之前需地质勘探先行，只有在资源富集的地方开采挖掘才能获得较高的经济利益。除对原料的需求外，技术经济、安全、环境和社会经济都直接制约了建设项目的选址。例如，水电站的选址除对水能的要求外，还要考虑到河流分段、水文数据、地形地质、淹没损失等因素。核电站的选址则要求临近水源且水运便利；主要是因为核电所需的大型设备一般在 $300\sim500t$，只能通过水运；此外反应堆冷却也要求大量的工业用水。因此，即使现在内陆多个省份确定兴建核电站，其选址也是在大江大河沿岸。太阳能烟囱电站的选址则严格要求地面高差小，地质条件避开地震带，设备输入、电力输出便利等。

2.能源建设项目建设周期长、工程量大

能源建设项目施工量大，特别是土方剥离和土建工程占有较大的比重。一些大型能源基地的开发建设，还涉及动员拆迁、人员安置、交通枢纽建设等众多社会经济因素。因此，建设周期一般比较长，特别是新建项目。

3.能源建设项目受国家能源发展规划制约

能源建设项目的兴建都直接受国家能源规划宏观调控。例如，我国能源发展十二五规划规定：加快建设山西、鄂尔多斯盆地、内蒙古东部地区、西南地区、新疆五大国家综合能源基地。到 2018 年，五大基地一次能源生产能力达到 26.6 亿 t 标准煤，占全国 70% 以上；向外输出 13.7 亿 t 标准煤，占全国跨省区输送量的 90%。这些都直接影响能源建设项目的布局和规模。

4.整体性固定资产联系紧密、服务年限较久、技术设备专用性强

能源建设项目的固定资产之间互相配套，联系紧密。一个能源项目一旦建成将长期地为区域服务，因此设备服务年限久，设备的技术要求也较高。同时能源项目的设备通常为大型设备，只适用于专门的能源生产。

5.不确定性因素多

三、能源建设项目的建设程序

能源建设项目特别是新建项目，由于投资强度高、规模大、技术密集、建设周期长、影响大，因此建设必须按一定程序进行。我国目前对于一个建设项目从规划到建成投产的建设程序是：

1.项目建议书

各投资主体根据国家经济发展的长远规划，产业发展政策及各自的行业、地区

规则，结合资源、市场、生产力布局等条件，在调查研究、收集资料、地质勘探、初步分析投资效果的基础上，提出项目可行性研究建议书，报各级计划管理部门进行汇总平衡，并按规定分别纳入各级计划的前期准备工作，进行必要的可行性研究分析。

2.可行性研究

可行性研究是在项目决策之前进行的技术经济分析评价。它一般回答并解决下述几点问题：①项目在技术上是否可行；②项目在经济上是否合理；③财务的盈利情况；④人力、物力资源的需求；⑤建设周期；⑥投资额及其来源保障等。做好可行性研究，需进行必要的准备工作，如资源勘探、工程地质、水文地质勘察、地形测量，工艺技术试验、市场分析调查、技术装备选择，以及地震、气象、环境等资料的收集等。在此基础上，再进行必要的项目财务分析和国民经济综合评价，经过多方案的比较选择，推荐最佳方案以供决策，并为编制设计任务书提供依据。

3.编制任务设计书

任务设计书是明确项目、编制设计文件的主要依据。其内容包括：①建设的目的和依据；②建设规模、产品方案、生产工艺方法；③矿产资源、水文地质、原材料、燃料、动力、供水、运输等协作配合条件；④资源综合利用和"三废"治理要求；⑤建设地点及土地占用估算；⑥防空、防震等社会自然灾害的要求；⑦建设工期；⑧投资控制数额；⑨劳动定员控制数；⑩要求达到的经济效益和技术水平。

4.择优选定建设地点

根据建设项目设计任务书的要求和区域规划，在地质勘探和技术经济条件调查基础上，落实项目的外部建设条件，择优选定建设地点。

5.编制设计文件

根据批准的设计任务书和选点报告要求，由具体设计单位来进行。大、中型建设项目采用初步设计和施工图设计，重大特殊项目增加技术设计。初步设计的主要内容包括设计指导思想、建设规模、产品方案或纲领、总体布置、工艺流程、设备选型、主要设备清单和材料用量、主要技术经济指标等文字说明。初步设计是编制年度计划的依据，是进行设备订货和施工准备工作的依据，但不能作为施工的依据。技术设计是为了研究和确定初步设计所采用的工艺过程、建筑和结构形式等方面的主要技术问题，补充和修正初步设计，并编制修正总概算而进行的。

6.施工建设准备

其主要工作有工程、水文地质勘察，收集设计基础资料，组织设计文件的编审，提报物资申请计划，组织大型专用设备和特殊材料订货，落实地方建筑材料的供应，办理征地拆迁手续，落实水、电、路等外部条件和施工力量。

7.计划安排

建设项目在其初步设计和总概算经过批准，进行综合平衡后，可列入年度计划，合理安排建设所需的各年度投资。

8，组织施工

施工单位根据设计单位提供的施工图，编制施工图预算和施工组织设计，施工必须按施工图和施工组织设计来进行。

9.生产准备

根据建设项目的生产技术特点和交工进度，适时做好生产的各项准备工作，以保证项目建成后及时投产。其准备工作主要有招收培训生产人员，落实原材料及协作产品，落实燃料、水电气等来源和协作配合条件，组织工具、器具、备品备件的制造和订货，组织生产管理机构，制定必要的管理制度，收集生产技术资料和产品样品等。

10.竣工验收

项目建成后，应组织验收，交付使用。生产性项目，要经过负荷试运转和试生产考核之后才能正式交付使用。

正是由于能源建设项目具有自身的特点，能源建设必须严格按照基本建设的程序进行管理。下面以火力发电厂的设计为例。

四、火力发电厂设计

火力发电厂设计是火力发电厂建设中的一个重要环节，包括可行性研究、初步设计和施工图设计。对电厂工程质量、进度、投资控制及其经济效益和社会效益起着关键的作用。

1.设计程序

中国现行的大、中型火力发电厂的设计程序为建设单位委托有资质的设计机构进行厂址选择、编制初步可行性研究报告，经委托有资格工程咨询机构会同政府有关职能部门审查批准后，项目所在省（市、自治区）政府向国家发展和改革委员会上报项目，申请开展可行性研究工作。获准后，建设单位委托设计机构编制可行性研究报告，阐明电厂厂址条件等主要原则及资金来源等要点，经有资质的工程咨询机构会同政府有关职能部门审查批准，建设单位通过业主和项目所在省（市、自治区）政府按规定上报项目核准申请报告，由国家发展和改革委员会核准。设计机构根据核准文件开展初步设计，确定工程项目的各项具体技术方案，经建设单位或委托有资质的工程咨询机构审查意见批准后，进行施工图设计。

世界各国对火力发电厂设计程序及阶段的划分不尽相同，但设计内容大体相近，分为可行性研究、初步设计（或概念设计、基本设计）、施工图设计等三个阶段，包括编制设备规范书。

第一，可行性研究。一般分为初步可行性研究和可行性研究两个阶段。初步可行性研究在项目立项初期进行，主要对新建电厂的多个厂址条件或扩建电厂条件及其在电力系统中的地位进行论证。可行性研究阶段需详细论证电厂建设的必要性，厂址在技术上的可行性和经济上的合理性，全面落实建厂条件。报告的主要内容包括电力发展规划中对地区负荷的要求；电厂在电网中的作用；厂址有关地形、地质、地震、水文、气象等自然条件；电网连接、出线走廊、煤源、运输、水源、灰场、环境保护、水土保持、劳动安全、职业卫生、资源利用、节能分析、人力资源配置、经济与社会影响分析等和建厂有关的社会条件。确定建厂地址和建设规模，对厂址总体规划、厂区总平面布置规划，以及各主要工艺系统提出工程设想，满足投资估算和财务分析的要求，并提出主机技术条件，满足主机招标的要求。在上述工作的基础上提出工程投资估算，落实投资来源，确定工程建设周期，按照一定的投资回收年限和内部收益率，算出发电成本和上网电价，还应提出下阶段需要进一步解决的重大问题。

第二，初步设计。根据项目核准报告和经审批的可行性研究报告，编制包含各项技术原则的设计文件。设计内容包括各工艺系统配置、厂区总布置及主厂房布置、建（构）筑物的结构、建筑等设计方案及环境保护、水土保持、消防、劳动安全、职业卫生、节约资源等部分的设计说明书及图纸；设备和主要材料清册；运行组织及施工组织大纲；工程概算和有关的技术经济指标。国外有的国家则是进行与初步设计深度近似的概念设计，主要任务是明确各工艺系统的技术要求、初步的布置方案和建筑结构设计准则，作为编制设备采购和发出承包详细设计的技术规范书的依据。

第三，施工图设计。有的国家称为详细设计，该阶段需提供工程项目施工过程需要的全部图纸、计算书和设计说明书，还将编制辅助设备和主要材料技术规范书。中国的发电厂施工图设计是由设备制造厂向设计单位提供设备有关图纸和资料，由设计机构完成全厂的施工图设计。欧洲、美国、日本等国家和地区的工程咨询公司根据概念设计编制设备规范书和承包商招标文件，审查制造厂或承包商的详细设计文件和图纸，解决专业间的联系配合，负责承包商工作范围以外的设计工作。

发电厂工程竣工验收后，尚有竣工图设计工作，以真实反映建设工程项目施工的实际结果，通常由施工单位完成。近期已有建设单位委托承担工程设计的机构进行竣工图设计。

第四，设备规范书编制。发电厂设备规范书编制和采购工作，一般分两个阶段。锅炉、汽轮机、发电机等主机设备通常在初步设计前，根据可行性研究审查意见编制设备技术规范书，并进行设备招标，为开展初步设计创造条件。发电厂的主要辅助设备在施工图设计前期，依据初步设计原则编制技术规范书。中国大多由设计机构编制设备规范书，由项目法人通过招议标方式采购。欧美国家大多由业主委托工程咨询公司编制设备规范书并招标、采购。

2.设计机构

通常有独立的工程咨询机构、发电公司的电力设计机构、制造厂附设的电力设计机构等三种形式负责设计工作。在国内，一般由建设单位通过招标方式选择设计机构。

第一，独立的工程咨询机构。通常为电力设计（咨询）院、设计事务所和工程公司，国内、外工程公司除能承担设计任务外，还承担设备采购、施工管理、调试投产的全过程工程项目管理工作。

第二，发电公司的电力设计机构。有的大型电力企业拥有自己的火力发电设计部门，如法国电力公司（Electricite De France，EDF），日本东京电力公司（Tokyo Electric Power Company，TEPCO）等，可根据公司的需要和建设标准，进行电厂的概念设计，并审定和汇总各专业制造厂提供的施工图设计。

第三，制造厂附设的电力设计机构。具备成套供应火力发电设备和设计能力的制造厂，一般通过招投标，以"交钥匙"的方式承担初步设计和施工图阶段的设计和采购、施工、调试、投产的建设任务，也有将设计任务单独委托给有资质的设计机构进行。

3.设计技术管理

为规范技术管理和设计原则，各国都制订有关的设计标准、规程、规范、导则和制度，各工程咨询公司还编有各种设计规定、手册、守则及标准设计等标准化资料，并随着工作实践和发电技术的进步而不断改正、完善。如中国的"火力发电厂设计技术规程"，作为行业标准，国家标准《大中型火力发电厂设计规范》。作为火电厂设计技术管理的"电力工程勘测设计技术管理制度"，经修订，发布的《电力工程勘测设计阶段的划分规定》《电力勘测设计生产岗位责任制度》《电力勘测设计专业间联系配合制度》《电力设计图纸会签制度》《电力勘测成品质量评定办法》《电力设计成品质量评定办法》《电力勘测设计成品校审制度》《电力勘测设计驻工地代表制度》《电力勘测设计质量事故报告和处理规定》等九项电力勘测设计技术管理制度，使设计系统管理、流程管理、质量管理和设计作业标准规范化和制度化。

第二节 能源建设项目的可行性研究

一、可行性研究的概念

可行性研究是运用多种科学手段对拟建项目的必要性、可行性、合理性进行技术经济论证。可行性研究通常包括市场研究、技术研究和经济评价。市场研究是可行性研究的前提，论证该项目建设上的"必要性"和"可能性技术研究是可行性研究的基础，它论证项目技术上的"先进性"和"适用性"问题。经济评价则是可行性研究的核心，解决经济上的"盈利性"和"合理性"问题。可行性研究既为建设项目的投资决策提供科学依据，又是银行贷款、合作者签约、工程设计中重要的基础资料。

一个建设项目要经历投资前期、建设期及生产经营期三个时期。其中投资前期是决定经济效果的关键时期，是研究和控制的重点。如果到项目实施时才发现工程费用过高，投资不足或原材料不能保证等问题，将会给投资者造成巨大损失。因此无论是发达国家还是发展中国家，投资者都把可行性研究视为工程建设的首要环节以排除盲目性，减少风险，在竞争中取得最大利润，提高投资获利的可靠程度。

二、可行性研究的工作程序和依据

可行性研究的编制依据是项目建议书；委托方的要求；有关基础资料，规范、标准、定额等指标；经济评价的基本参数等。

可行性研究的编制要求：实事求是；有资格的单位编制；研究内容完整且应达到一定的深度；严格签证和审批。

三、可行性研究报告的内容

每一个可行性研究报告的内容虽因项目而异，但通常应包括以下内容：

第一，总论：项目背景、项目概况。

第二，市场预测：产品市场供应预测、产品市场需求预测、产品市场分析、价格现状与预测、市场竞争力分析、市场风险分析。

第三，资源开发条件评价：资源可利用量、资源品质情况、资源赋存条件、资源开发价值。

第四，建设规模与产品方案：建设规模、产品方案。

第五，厂址选择：厂址所在位置现状、厂址建设条件、厂址条件比选。

第六，技术方案、设备方案和工程方案。

第七，主要原材料供应，燃料供应，主要原材料、燃料价格，节能措施，节水措施。

第八，总图布置、场内外运输、公用辅助工程。

第九，环境影响评价。

第十，劳动安全、卫生与消防：危害因素和危害程度、安全措施方案、消防设施。

第十一，组织机构与人力资源配置；组织机构、人力资源配置。

第十二，项目实施进度。

第十三，投资估算与融资方案：投资估算依据、建设投资估算、流动资金估算、投资估算表、融资方案。

第十四，财务评价：新设项目法人项目财务评价、既有项目法人项目财务评价、财务评价结论。

第十五，国民经济评价：影子价格及通用参数选取、效益费用范围调整、国民经济效益费用分析表及辅助报表、国民经济评价指标、国民经济评价结论。

第十六，不确定性分析与风险分析。

第十七，社会评价。

第十八，研究结论与建议。

第三节　能源建设项目的技术经济分析

一、能源建设项目的技术评价

技术评价的主要内容包括工艺生产的评价、设备的选型评价、软技术转让评价和项目布置评价。

1.工艺生产的评价

对项目工艺生产的评价除应遵循前述的技术合理性、先进性、适用性、可靠性和安全性外，还应充分考虑工艺对原材料的适应能力，特别是需要进口原材料时更应考察国际市场的供应潜力和国内原材料的替代问题。此外对各道工序之间的相互衔接，工艺技术的升级应变能力，以及对环境的影响等也要着重考虑。

2.设备的选型评价

设备的选型评价应包括所有的设备（生产工艺设备、辅助生产设备、研究设备、管理和办公设备、公用设备等），主要考察以下五方面的内容：

第一，所选设备是否符合工艺流程要求。

第二，所选设备是否能满足生产规模的需要。

第三，所选设备能否互相配套、互相衔接。

第四，所选设备的备品备件是否有保证。

第五，考察设备时应具体到设备的型号、性能、安装尺寸、操作员的配置等，以使评价准确、翔实。

3.软技术转让评价

软技术转让的类型主要有以下几种：

第一，工业产权的软件技术转让（如专利、商标、专门知识的转让）。

第二，软技术服务性的转让（如工程合同、技术援助）。

第三，销售软技术的转让（如专营）。

对不同的软技术转让，应采用不同的评价方法：

第一，对专利转让应着重注意专利的有效时间，出口区域是否有类似专利，能否保障接受方免受第三方对侵权专利的索赔等。

第二，对专门知识的转让则着重考察专门知识的内容，特别是需保密的内容，保密期限，转让方对专门知识所承担的保证等。

4.项目布置评价

鉴于能源建设项目通常都很大，因此在技术评价中应包括项目布置的评价。项目布置的评价目的是保证项目的布置（地面布置和建筑物内的布置）能使生产的各环节和各道工序之间实现有机的结合。除考察布置的合理性外，还要从节约用地、便于管理、节约投资等方面来加以评价。

二、能源建设项目的经济评价

建设项目经济评价是在完成市场调查与预测、拟建规模、营销策划、资源优化、技术方案论证、投资估算与资金筹措等可行性分析的基础上，对拟建项目各方案投入与产出的基础数据进行推测、估算，对拟建项目各方案进行评价和选优的过程，是投资主体决策的重要依据。

能源建设项目的经济评价通常分为两个层次，即项目财务评价和国民经济评价，以及在此基础上进行的不确定分析和方案比较。

（一）项目财务评价

1.财务评价概述

财务评价的目的是衡量项目的盈利能力；权衡非盈利项目或微利项目的经济优惠措施；合营项目谈判签约的重要依据；项目资金规划的重要依据。财务评价的内容是盈利能力分析；清偿能力分析；不确定性分析。

在进行财务评价前应做好准备工作。准备工作包括熟悉拟建项目的基本情况，收集整理有关资料数据；编制辅助报表（建设投资估算表，流动资金估算表，建设进度计划表，固定资产折旧费估算表，无形资产及递延资产摊销费估算表，资金使用计划与资金筹措表，销售收入、销售税金及附加和增值税估算表，总成本费用估算表等）；编制基本财务报表（财务现金流量表、损益和利润分配表、资金来源与运用表、借款偿还计划表等）。

编制基本财务报表是一项最为基础的工作。其中，财务现金流量表反映了项目计算期内各年的现金收支，用以计算各项动态和静态评价指标，并用于项目财务盈利能力分析；损益和利润分配表则反映了项目计算期内各年的利润总额、所得税及税后利润的分配情况；资金来源与运用表反映了项目计算期内各年的资金盈余短缺情况；借款偿还计划表则清楚地显示出项目计算期内各年借款的使用、还本付息，以及偿债资金来源，计算借款偿还期或偿债备付率、利息备付率等指标。

2.能源建设项目的财务评价

能源建设项目的财务评价是依据国家的财税制度和现行价格，分析测算建设项目的收益和费用，考察项目的获利能力、清偿能力及外汇收益，以评价建设项目在财务上的可行性。

能源建设项目的财务分析评价通常可以分为四个阶段，即资料收集与汇总阶段、投入产出的估算阶段、测算分析阶段和最终决策阶段。

第一，资料收集与汇总阶段。收集、汇总两方面的资料，即项目的基础数据（如项目投入物和产出物的数量、质量、价格，实施项目的进度等）和基本财务报表所需的数据（如投资费用、职工人数等）。

第二，投入产出的估算阶段。主要进行投资估算、生产成本估算和费用效益估算。投资估算应包括固定资产和流动资金两部分；生产成本估算包含基本折旧、流动资金利息、推销费、外购原料、工资等经营性成本费用；费用效益估算在测算出税金、销售收入、营业外支出等收益的情况后与生产成本进行对比分析，测算出项目的收益状况。

第三，测算分析阶段。在编制好的项目基本财务报表的基础上进行测算分析。根据我国项目评价的一般要求，项目财务分析的基本报表有财务现金流量表、利润表、财务平衡、资产负债表、财务外汇流量表。对建设性项目，其财务分析通常包括财务盈利性分析、清偿能力分析、财务外汇流量分析。

有关表格形式、制表的具体要求和相关的财务分析内容，国家发展和改革委员会在有关项目经济评价的文件中都有具体的规定。

第四，最终决策阶段。最终决策是在财务分析的基础上，对项目的盈亏平衡和风险做进一步分析，并通过多方案的筛选比较，决定项目的取舍。

（二）国民经济评价

在市场经济条件下，大部分工程项目财务评价结论可以满足投资决策要求，但由于存在市场失灵，项目还需要进行国民经济评价，也就是站在全社会的角度判别项目配置经济资源的合理性。对能源建设项目而言，因其影响很大，必须进行国民经济评价，它也是经济评价的核心部分。

1.影子价格的概念

影子价格是指资源处于最佳分配状态时，其边际产出价值。也可说是社会经济处于某种最优状态下，能够反映社会劳动消耗、资源稀缺程度和对最终产品需求情况的价格。所以，影子价格是人为确定的、比交换价格更合理的价格。

在确定影子价格时，影子汇率（SER）是指能反映外汇真实价值的汇率。在国民经济评价中，影子汇率通过影子汇率换算系数计算，影子汇率换算系数是影子汇率与国家外汇牌价的比值。工程项目投入物和产出物涉及进、出口的，应采用影子汇率换算系数计算影子汇率。社会折现率则是用以衡量资金时间价值的重要参数，代表社会资金被占用应获得的最低收益率，并用作不同年份价值换算的折现率。

市场定价货物的影子价格包括外贸货物的影子价格和非外贸货物的影子价格。所谓非外贸货物是指生产和使用不影响国家进、出口水平的货物。外贸货物是指生产和使用会直接或间接影响国家进、出口水平的货物。外贸货物影子价格的确定基础是国际市场价格。项目外贸货物影子价格包括产出物的影子价格和投入物的影子价格。对产出物的影子价格包括直接出口（外销）产品的影子价格、间接出口（内销，替代其他货物使其增加出口）产品的影子价格，以及替代进口（内销，以产顶进，减少进口）产品的影子价格；对投入物的影子价格包括直接进口产品的影子价格、间接进口产品的影子价格和减少出口产品的影子价格。

此外考虑到效率优先兼顾公平的原则，市场经济条件下有些货物或服务不能完全由市场机制形成价格，而需由政府调控价格，这就有了政府调控价格货物的影子价格。例如，政府为了帮助城市中低收入家庭解决住房问题，对经济适用房和廉租房制定指导价和最高限价。

政府调控的货物或服务的价格不能完全反映其真实价值，确定这些货物或服务的影子价格的原则是投入物按机会成本分解定价，产出物按对经济增长的边际贡献率或消费者支付意愿定价。

例如，水作为政府主要调控的项目投入物的影子价格，按后备水源的边际成本分解定价，或者按恢复水资源存量的成本计算。水作为项目产出物的影子价格，按消费者支付意愿或按消费者承受能力加政府补贴计算。又如，电力作为项目投入物时的影子价格，一般按完全成本分解定价，电力过剩时按可变成本分解定价。电力作为项目产出物的影子价格，可按电力对当地经济边际贡献率定价。

在国民经济评价中还必须考虑一些特殊投入物的影子价格，如影子工资、土地的影子价格、自然资源影子价格等，它们都有专门的确定原则。

2.国民经济评价概述

国民经济评价，是从国家的角度来考察项目的收益和费用，即按合理配置稀缺资源和社会经济可持续发展的原则，采用影子价格、社会折现率等国民经济评价参数，从国民经济全局的角度出发，考察工程项目的经济合理性。

正常运作的市场通常是资源在不同用途之间和不同时间上配置的有效机制。市场正常运作的条件包括所有资源的产权一般来说是清晰的；所有稀缺资源必须进入市场，由供求来决定其价格；完全竞争；人类行为无明显的外部效应，公共物品数量不多；不存在短期行为。如不满足以上条件，市场就不能有效配置资源，即市场失灵。

在市场经济条件下，企业财务评价可以反映出建设项目给企业带来的直接效果，但由于市场失灵现象的存在，财务评价不可能将建设项目产生的效果全部反映出来。因此，正是由于国民经济评价关系到宏观经济的持续健康发展和国民经济结构布局的合理性，所以说国民经济评价是非常必要的。

3.国民经济评价与财务评价的关系

国民经济评价与财务评价相同点反映在：

第一，评价方法相同。它们都是经济效果评价，都使用基本的经济评价理论，即效益与费用比较的理论方法。

第二，评价的基础工作相同。两种分析都要在完成产品需求预测、工艺技术选择、投资估算、资金筹措方案等可行性研究内容的基础上进行的。

第三，评价的计算期相同。

国民经济评价与财务评价不同点是：

第一，评价的角度不同。

第二，费用和效益的含义和划分范围不同。财务评价只根据项目直接发生的财务收支，计算项目的费用和效益。国民经济评价则从全社会的角度考察项目的费用和效益，这时项目的有些收入和支出，从全社会的角度考虑，不能作为社会费用或收益，例如，税金和补贴、银行贷款利息。

第三，采用的价格体系不同。财务评价用市场预测价格；国民经济评价用影子价格。

第四，使用的参数不同。财务评价用基准收益率；国民经济评价用社会折现率。财务基准收益率依分析问题角度的不同而不同，而社会折现率则在全国各行业各地区都是一致的。

第五，评价的内容不同。财务评价主要包括盈利性评价和清偿能力分析；国民经济评价主要是盈利能力分析，没有清偿能力分析。

第六，应用的不确定性分析方法不同。盈亏平衡分析只适用于财务评价，敏感性分析和风险分析可同时用于财务评价和国民经济评价。

4.国民经济评价方法

国民经济评价是从国家的角度来考察项目的收益和费用，即用影子价格、影子工资、影子汇率和社会折现率等国家参数来分析项目给国民经济带来的净效益，并以此评价项目经济上的合理性。国民经济评价既可以在财务评价的基础上经过适当的调整来完成，也可单独进行。采用调整方法时，调整的主要内容是费用和效益范围的调整，费用与效益数值的调整。

国民经济评价是从国家角度来评价项目效益，在进行费用和效益范围调整时，首先应将转移支付（如企业向国家缴纳的税金、向国内银行支付的利息、从国家获得的补贴等）从国民经济评价的费用效益中剔除。因为从国民经济的角度看，这些在财务评价中作为现金支出或收入的项目，仅仅是国民经济内部各部门之间的一种转移与支付，对国民经济的实际效益并不产生任何影响。

根据同样原则对项目的"外部费用"和"外部效益"也要做相应的调整。对费用效益数值的调整，包括投资的调整、经营成本的调整和工资的调整，调整时应采用影子价格、影子汇率、影子工资等国家参数值。对单独进行的国民经济评价的关键是，在确定费用与效益范围后，对那些投入产出比重较大或国内价格明显不合理的投入产出物应采用影子价格来计算效益与费用，对其余投入产出物则仍采用现行价格计算。

国民经济评价结果通常用反映全部投资的经济现金流量、反映国内投资的经济现金流量，以及反映外汇情况的经济外汇流量表来表示，这三种报表的格式及与财务报表的异同之处，在有关建设项目的评价文件中都有具体的规定。

国民经济的评价指标包括经济内部收益率和经济净现值。经济内部收益率是表示项目占用的投资对国民经济净贡献大小的相对指标，当其大于或等于社会折现率时表明项目达到预期效果，是可以接受的经济净现值，是表示项目占用的投资对国民经济净贡献大小的绝对指标；当其大于零时，表明国家在为项目付出代价后，除了得到符合社会折现率的社会效益外，还可以得到现值表示的超额效率；当其等于零则正好满足社会折现率的要求；当其小于零时，则贡献达不到社会折现率的要求。因此只有前两种情况的建设项目才符合要求。

在财务评价基础上编制国民经济效益费用流量表应注意以下问题：

第一，剔除转移支付，将财务现金流量表中列支的销售税金及附加、所得税、特种基金、国内借款利息作为转移支付剔除。

第二，计算外部效益与外部费用，并保持效益费用计算口径的统一。

第三，用影子价格、影子汇率逐项调整建设投资中的各项费用，剔除涨价预备费、税金、国内借款建设期利息等转移支付项目。进口设备购置费通常要剔除进口关税、增值税等转移支付。建筑安装工程费按材料费、劳动力的影子价格进行调整；土地费用按土地影子价格进行调整。

第四，应收、应付款及现金并没有实际耗用国民经济资源，在国民经济评价时应将其从流动资金中剔除。

第五，用影子价格调整各项经营费用，对主要原材料、燃料及动力费，用影子价格进行调整；对劳动工资及福利费，用影子工资进行调整。

第六，用影子价格调整计算项目产出物的销售收入。

第七，国民经济评价中的各项销售收入和费用支出中的外汇部分，应用影子汇率进行调整，计算外汇价值。从国外引入的资金和向国外支付的投资收益、贷款本息，也应用影子汇率进行调整。

第四节 能源建设项目的不确定性分析

一、进行不确定性分析的原因

根据项目建议书进行可行性研究，确定技术上可行、经济上最节省和合理的方案是整个项目建设过程中最为重要的一步。后期的建设都是在方案确定后按照方案计划予以实施。可行性研究通常可分为资料收集与汇总、投入产出估算、计算分析、最终决策四个阶段。可行性研究阶段的工作大都是建立在历史数据的统计和对未来的预测之上，在未来的发展符合过去的规律的条件下，由此得到的方案确实是最优的。

但是，在实际的建设过程中，往往会出现某项工程的实际投资额大大超过设计的预算，实际建设进度比设计编制的进度计划延长了很多时间，企业投产后的经济效益长期达不到指定的指标，甚至产品在市场上滞销的情况。另外，现在基本建设和技术改造项目采取银行贷款和工程承包的办法，工程建设进度虽然加快了，但按常规的投资预算方法仍不可能全面认识客观的可变性，即不可能认识工程投资的风险性。

发生上述情况的原因是，建设项目中的投资总额、建设工期、产品成本、销售收入、原材料价格等都是根据调查和预测的结果推算出来的。而在实际工作中，由于影响各种方案经济效果的政治因素、经济形势、资源条件、技术发展情况等未来的变化具有不确定性，不可避免地会遇到这些数据与实际有较大的出入。如建设工期的延长、投资总额和资金来源的变化、技术工艺和设备性能的改变、原材料市场价格的上涨、劳务费用增加、市场需求量变化、产品市场价格的下跌、贷款利率变动、政府经济政策的变化等，再加上预测方法和工作条件的局限性，方案经济效果评价的成本与收益都将不可避免地存在误差，都可能使一个能源建设项目达不到预期的经济效果，甚至发生亏损。

设计与实际的脱离是因为客观实际是各种随机因素作用的结果，是变化的、动态的。而我们在设计和计划时，按常规方法是静态的，对统计数据是按算术平均计算并取值的。

就一个企业的新建或改造来说，由于价格的变化，管理水平、施工装备与施工人员的技术水平的差异，以货币表示的投入量是变动的。企业投产后，由于企业生产能力、管理水平、技术条件、工人操作水平，以及市场竞争情况的变化，造成产品的成本和产品的售价、企业赢利额均产生变动。在设计时，由于对外部的条件，以及内部的配套工程考虑不周而漏项，在施工中或投产后要补充建设以致投资增加；原材料、能源及施工力量不足；施工管理不善和施工人员的素质同样不可预期等原因，使施工工期延长。施工拖延不仅因企业晚投产而使企业得利晚，而且贷款付息时间增长，相当于增加了投资额，因而恶化了总的经济效益。

为了尽可能地避免决策失误，就要了解各种外部条件发生变化时对能源建设方案经济效果的影响程度，以及投资方案对外部条件变化的承受能力，尽可能减小不确定性因素给可行性研究带来的误差，提高可行性分析的可靠程度。

借助于数理方法及一些预测方法，可以得出投入和产出参数，以及市场变化的经验概率密度函数。例如，某项原料或材料，由于生产成本的变化及供应地点远近与运输方式的不同，不同时间、不同供应地运到工地的原材料支付费用就不一样。经过对一些数据的处理统计方法或采用某种预测分析方法可以得到连续的概率函数（如某一平均值和方差的正态分布），或估计出最劣值、最可能出现值、最佳值发生的概率。对产品在市场的销售情况也可做出好、中、差发生的概率。对施工工期也可以统计分析类似工程的实际进度，或采取专家咨询法等预测分析方法，做几种可能出现的情况的设定。有一些投入、产出等参数的可能发生情况的估计采取动态的分析方法，规定出衡量准则，就可做出投资决策分析。

二、能源建设项目的不确定性因素

（一）成本

第一，固定成本：一定时期内和一定规模下相对固定的不随产量变化而变化的成本部分。如厂房设备的折旧，管理人员的工资。

第二，变动成本：随产量变化近似成正比变化的成本部分。如原材料费用，直接生产的工人的工资。

第三，混合成本：兼有变动成本和固定成本的性质的成本部分。如设备的维护费、修理费等。

（二）需求与销售

需求与销售包括市场需求、销售量、产品价格、销售收入、销售税金等。

（三）投资

第一，固定资本：包括有形资本和无形资本。有形资本如土地、设备、建筑物、车辆等。无形资本如专有技术、专利权、著作权等。

第二，流动资本：在生产和流通过程中供周转使用的。如购买原材料和支付工资的费用。

（四）国民经济参数

国民经济参数包括净现值、回收期、内部收益率、影子价格等。

第一，净现值：是按行业基准收益率或设定的折现率将计算期内各年的净现金流量折现到基准年的各现值之和。

第二，回收期：是投资返本年限，项目的净收益抵偿全部投资所需要的年限。

第三，内部收益率：是项目在计算期内将各年现金流量折现，使净现值累计为零时的折现率。反映项目盈利能力的动态指标。内部收益率大于或等于行业收益率时方案是可行的。

第四，影子价格：是相对于市场交换价格的一种计算价格，反映货物的真实价值和资源最优配置的要求。国民经济评价中使用影子价格是为了消除在市场机制不充分的条件下价格失真、比价不合理等可能导致的评价结论失实。

（五）建设工程指标

建设工程指标包括建设周期、投产期限、产出能力达到设计能力所需的时间等。

三、不确定性分析的方法

（一）不确定性分析概述

项目评价采用的数据，大部分来自预测和估算，存在一定程度的不确定性。为了估量一些主要因素发生变化时对经济评价指标的影响，预测项目可能承担的风险，需进行不确定性分析。

项目不确定性分析的方法很多。如盈亏平衡分析法、敏感性分析法、乐观悲观法、决策树分析法、概率分析法及蒙特-卡罗（Monte-carl。）模拟法等。联合国工业发展组织出版的《工业可行性研究编制手册》中着重介绍了盈亏平衡分析、敏感性分析和概率分析三种方法。在我国可行性研究实践中也主要是运用这三种方法。

从理论上讲，风险是指由随机原因引起的项目总体的实际价值与预期价值之间的差异；不确定性是指对项目有关的因素或未来情况缺乏足够的情报而无法做出正确的估计，或者没有全面考虑所有因素而造成的预期价值与实际价值之间的差异。二者是可以区分的。但从项目经济评价角度来看，试图将它们绝对地分开没有意义，也是不必要的。因此，我们把对使结果不确定的任何决策都理解为具有风险性，并认为这样的决策是不可靠、不确定的。这里所谓的风险是指某种事件的不利结果是可能发生的，出现不利结果的概率（可能性）越大，风险也就越大。

在处理风险或不确定性问题时，如果能够确定与项目盈利密切相关的一些因素的变化会影响投资决策到什么程度，显然对科学地进行投资决策是非常有益的。这种分析就是敏感性分析，敏感性是指由于特定因素变动而引起的评价指标的变动幅度或极限变化。如果一种或几种特定因素在相当大的范围内变化，但不对投资决策产生很大影响，那么可以说该项目对该种（几种）特定因素是不敏感的；反之，如果有关因素稍有变化就使投资决策发生很大变化，则该项目对那个（些）因素就有高度的敏感性。敏感性强的因素的不确定性将给该项目带来更大的风险。因此，了解在给定投资情况下建设项目的一些最不确定的因素，并知道这些因素对该建设项目的影响程度，我们就能在更合理的基础上做出建设项目的投资决策。

敏感性分析只能告诉决策者某种因素变动对经济指标的影响，并不能告知发生这种影响的可能性究竟有多大。如果事先能够客观或主观地（有一定的科学依据）给出各种因素发生某种变动的可能性的大小（概率），无疑对建设项目决策科学化非常有益。这种事先给出各因素发生某种变动的概率，并以概率为中介进行的不确定性分析就是概率分析。

为减少不确定性对建设项目经济可行性研究的影响，通常认为可以采用盈亏平衡分析、敏感分析和概率分析。

（二）不确定性分析一般步骤

能源建设项目不确定性分析的一般步骤如下：

1.鉴别关键变量

虽然未来事物都具有不确定性，但不同事物在不同条件下的不确定程度是不相同的，因此，在开始分析时，首先要从各个自变量及其相关因素中，找出不确定程度较大的关键变量或因素。这些变量或因素一般数值较大或变动幅度较大。所以对因变量数值的影响也较大，是不确定性分析的重点。其中要特别注意销售收入、生产成本、投资支出和建设周期这四个变量及其相关因素。引起它们变化的原因一般为物品价格上涨、工艺技术改变导致产品数量和质量发生变化，设计能力达不到，投资超出计划，建设期延长等。

2.估计变化范围或直接进行风险分析

找出关键变量之后，就要估计关键变量的变化范围，确定其边界值或原预测值的变化率，也可直接对关键变量进行风险分析。

3.求可能值及其概率或直接进行敏感性分析

对每个关键变量，在其确定的变化范围内，估计其出现机会较多的各可能值及每个可能值的出现概率。这一步是要将上一步确定的变化范围缩小为几个可能值（它们的概率之和为1），而预测值通常是变量未来最可能出现的数值，也可以直接利用上一步所估计的关键变量。

4.进行概率分析

用上一步求出的可能值及其发生概率，求关键变量的期望值，并以期望值代替原预测值求因变量的数值。然后将新求出的因变量数值与其原来的数值对比，观察第一阶段确定性分析结果的误差，并把概率分析后的数值作为原数值的修正值。

四、盈亏平衡分析方法

（一）盈亏平衡分析概述

盈亏平衡分析又称平衡点（临界点、分界点、分歧点、保本点、两平点、转折点）分析，广泛地应用于预测成本、收入、利润，编制利润计划；估计售价、销量，成本水平变动对利润的影响，为各种经营决策提供必要的信息；投资项目的不确定性分析。

盈亏平衡分析方法是指在一定的市场、生产能力的条件下，研究拟建项目成本费用与收益的平衡关系。项目的盈利与亏损的转折点，称为盈亏平衡点（BEF），此时项目刚好盈亏平衡。盈亏平衡分析就是要找出盈亏平衡点，盈亏平衡点越低，项目盈利的可能性就越大，造成亏损的可能性就越小，可能承担风险的程度也越低。

（二）盈亏平衡分析方法具体说明

所谓平衡点就是对某一因素来说，当其值等于某数值时，使方案决策的结果达到临界标准，则此数值为该因素的盈亏平衡点。这里所说的某一因素就是影响投资项目风险的不确定性因素。它可以是产量，也可以是经济寿命，利率等。从这个意义上说，内部收益率就是项目关于利率这一不确定性因素的动态盈亏平衡点。虽然我们广义地理解盈亏平衡分析，但关于产量、成本、利润的分析仍然是盈亏平衡分析的主要内容和出发点。因此，下面主要就这三个因素的分析，介绍盈亏平衡分析方法。

1.盈亏平衡分析方法的分类

根据总成本费用、销售收入与产量（销售量）之间是否存在线性关系可将盈亏平衡分析分为线性盈亏平衡分析和非线性盈亏平衡分析。

线性盈亏平衡分析要满足以下四个假定的条件：

第一，产量等于销售量。

第二，产量变化、单位可变成本不变，从而总成本费用是产量的线性函数。

第三，产量变化为线性函数。

第四，只生产单一产品，或者生产多种产品，但可以换算为单一产品计算。

由于财务制度的改革，采用了新的总成本费用估算法，这就使得项目在达产后年份产量固定而总成本费用却不一定相同。这是因为：

第一，新的方法允许固定资产采用加速折旧法，无形资产和递延资产可能采用不同的年限摊销，导致各年的折旧费和摊销费数额不尽相同。

第二，生产期的借款利息计入当年总成本费用中的财务费用，且随着借款的偿还，利息逐年减少。

这样，按不同年的成本费用进行盈亏平衡分析就可能出现不同的盈亏平衡点。在这种情况下，建议选取固定成本最高的年份来进行盈亏平衡分析，这样求出的盈亏平衡点是最高的。以此进行盈亏平衡分析对预测项目风险是最有意义的。

2.盈亏平衡分析方法在项目财务中的评价

国家发展和改革委员会在大、中型基本建设项目和限额以上技术改造项目试行的《建设项目经济评价方法与参数》中规定：盈亏平衡点根据正常生产年份的产品产量或销售量、变动成本、固定成本、产品价格和销售税金等数据计算，用生产能力利用率或产量等表示。其计算公式为

以生产能力利用率计算的

$$BEP = \frac{年固定总成本}{年产品销售收入 - 年变动总成本 - 年销售税金} \times 100\% \tag{9-1}$$

以产量计算的

$$BEP = \frac{年固定总成本}{单位产品价格 - 单位产品变动成本 - 单位产品销售税金} \tag{9-2}$$

盈亏平衡点越低，表明项目适应市场变化的能力越大，抗风险能力越强。

3.盈亏平衡分析方法的优点

第一，分析简单、明了。只要对项目的产量、售价、成本等因素进行分析，就可以了解项目、产品对市场的适应程度及项目可能承担风险的程度。

第二，盈亏平衡分析除了有助于确定项目的合理生产规模外，还可以帮助项目规划者对由于设备不同引起生产能力不同的方案，以及工艺流程不同的方案进行投资抉择。设备生产能力的变化，会引起成本的变化；同样，工艺流程的变化则会影响单位产品的可变成本。通过对方案的BEP值计算，可以为方案抉择提供有用的信息。

4.盈亏平衡分析方法的缺点

盈亏平衡分析方法是建立在生产量等于销售量的基础上的，即产品能全部销完而无积压。此外它用的一些数据，是某一正常生产年份的数据。由于建设项目生产经营期是一个长期的过程，所以使用盈亏平衡分析方法很难得到一个全面的结论。

尽管盈亏平衡分析有上述缺点，但由于它计算简单，可直接对项目的关键因素进行分析，因此，仍然被作为项目不确定性分析的一种重要方法。

（三）盈亏平衡分析方法操作步骤

在可行性研究中进行盈亏平衡分析时，通常是用计算法与作图法或两者结合并用。计算法即用计算公式直接求出盈亏平衡点。图解就是以横坐标表示产量或生产能力利用率（%），以纵坐标表示销售收入和产品总成本费用（包括固定成本和可变成本），分别将销售收入与销售量（或生产能力利用率）的线性函数关系描绘在同一坐标图上，两曲线的交点即盈亏平衡点。与盈亏平衡点对应的横坐标即为以产量或

生产能力利用率表示的盈亏平衡点 BEF，另外，在绘制盈亏平衡图时，销售税金及附加通常均可视为项目必要的固定支出，此时，将使盈亏平衡点向上移动。

（四）因素变化对盈亏平衡的影响

1.销售价格对盈亏平衡的影响

在市场经济中，产品价格随市场供求状况的变化而变化，而产品价格的变化会直接影响项目盈亏状况的变化。在项目生产能力确定的条件下，分析产品价格变化对项目盈亏平衡的影响及项目对产品价格变化所能承受的能力尤为重要。

2.变动成本对盈亏平衡的影响

变动成本的高低也是影响项目盈亏平衡的重要因素，如果其他不确定因素保持不变，变动成本越大，成本曲线越陡，与收入曲线的交点越高，盈亏平衡的产量就越大；变动成本越小，曲线越缓，与收入曲线的交点越低，盈亏平衡的产量就越小。

在市场经济中，价格随市场供求状况变化而变化，原料价格的变化会直接影响变动成本的变化而造成项目盈亏状况的变化。因此，在项目生产能力一定的条件下，分析变动成本对盈亏平衡的影响及项目对变动成本变化所能承受的能力也十分重要。

3.固定成本对盈亏平衡的影响

固定成本的高低对项目盈亏的影响也是很重要的。如果其他不确定因素保持不变，固定成本越高，盈亏平衡产量就越大，项目承担风险就越大；固定成本越低，盈亏平衡产量就越小，项目承担的风险就越小。

一般来讲，高科技的项目固然技术先进，但却往往提高了项目的固定成本的投资，必须通过提高产量来弥补，从而增加了项目的风险。因此，要慎重决策，不然会给以后的生产经营带来影响。

盈亏平衡分析方法可具体分析每单一因素变化对方案经济性的影响，确定每一因素在不同范围内经济性最大的方案。总之，通过量——本——利的分析，得到某一因素对各种方案预期收益相同时的数值，从而划定区间，确定各区间内的最优方案，当实际情况落入某一具体区间内时采用相应方案。

盈亏平衡分析方法的意义在于，它不是盲目追求利益最大的方案，而是充分考虑实际因素对方案取舍的影响，得到实际情况的最优方案。

五、敏感性分析方法

（一）敏感性分析方法概述

敏感性分析是投资项目和企业其他经营管理决策中常用的一种不确定性分析方法。它是通过测定一个或多个不确定因素的变化所导致的决策评价指标的变化幅度，来了解各种因素的变化对实现预期目标的影响程度，从而对当外部条件发生不利变化时投资方案的承受能力做出判断。敏感性分析的目的是考察项目主要因素变化时对项目净效益的影响程度。

敏感性分析的关键是通过预测项目主要影响因素发生变化时对经济评价指标的影响，从中找出敏感因素，并确定其影响程度。通常需要分析全部投资内部收益率等指标对产品产量、产品价格、主要原材料或动力价格、固定资产投资、建设工期等影响因素的敏感程度。显然，以上各影响因素对方案经济效益的影响程度是不相同的。

敏感性分析可以使决策者了解不确定因素变化对项目经济指标的影响，确定不确定因素变化的临界值，以便采取防范措施，从而提高决策的准确性和可靠性。

（二）敏感性分析方法具体说明

1.敏感性分析方法的分类

根据每次同时分析的变化因素的数目不同，敏感性分析可以分为单因素敏感性分析和多因素敏感性分析。

第一，单因素敏感性分析。单因素敏感性分析就是分析单个不确定因素的变动对项目经济效果的影响。在分析方法上类似于数学上多元函数的偏微分，即在计算某个因素的变化对经济效果指标的影响时假定其他因素不变。

不确定因素的变化可以用相对值或绝对值表示。相对值是使每个因素都从其原始取值变动一个幅度，如±5%、±10%等，计算每次变动对经济评价指标的影响。根据不同因素的变化对经济评价指标影响的大小，可以得到各个因素的敏感性程度排序。用绝对值表示的因素变化可以得到同样的结果。

第二，多因素敏感性分析。在进行单因素敏感性分析时，假定在计算某个因素的变化对经济效果指标的影响时其他因素均不变。实际上，许多因素的变动具有相关性，一个因素的变动往往也伴随着其他因素的变动。例如，石油价格上涨会引起以它为原料的其他产品（如汽油、柴油、塑料、化肥等）的价格上涨。所以，单因素敏感性分析有其局限性，改进的方法是进行多因素敏感性分析，即考察多个因素同时变化对项目经济效果的影响，以判断项目的风险情况。

2.敏感性分析方法的作用

敏感性分析方法的作用有以下几方面：

第一，预测各种客观因素变化到什么幅度，项目的财务（经济）效益就会低于规定的衡量标准，即财务（经济）由可行变为不可行。

第二，选择一个或几个最敏感的客观因素，预测其最不利的变化幅度，分析在这种最不利的情况下，财务（经济）效益的降低程度，从而提出有针对性的预防措施，提高项目决策的可靠性。

第三，通过敏感性分析，对项目不同方案的财务（经济）效益进行比较，选出效益最高的方案。

3.敏感性分析方法不确定性因素的选取

项目敏感性分析中的影响因素通常从以下几方面选定：

第一，项目投资包括固定投资和新增流动资金两部分。在设定因素变化范围时，可将固定投资中的设备、建筑安装和其他费用项的可能变化幅度给予分别考虑和设定，流动资金的变化范围也可单独设定。在此基础上，可以较为有根据地设定总投资变化幅度。

第二，项目服务寿命年限。此因素一般只与动态经济评价指标（如净现值、内部收益率）有关，所以，只有当项目评价采用动态指标时，才有必要考虑选取此项因素。

第三，项目在寿命期末的残值或计算期末的折余价值。

第四，经营成本，特别是变动成本。

第五，产品价格。

第六，产销量。

第七，项目建设年限、投产年限和产出水平及达产期限。

第八，基准折现率。

其中，第三、第七、第八项也主要与动态经济指标有关。

4.敏感性分析方法的结果表示

敏感性分析方法的结果可以用不同的方式来表示。可以列表，也可以绘图。敏感性分析图是一种直观地表示各种不确定性因素对目标影响程度的分析方法。通过绘制敏感性分析图可以直观地表示各种不确定性因素对项目的影响程度，找到其变化的临界点。不确定因素的变化超过了这个极限，项目由可行变为不可行。将不确定因素允许变动的最大幅度与估计可能发生的变化幅度比较，若前者大于后者，则表明项目经济效益对该因素不敏感，项目承担的风险不大。

绘制敏感性分析图的具体做法是，将不确定因素变化率作为横坐标，以某个评价指标为纵坐标，根据敏感性分析表所示数据绘制指标随不确定因素变化的曲线，标出财务基准收益率线或社会折现率线。

敏感性分析图可以十分方便地求出各种不确定因素的临界值，并非常直观地反映各种因素的敏感程度，而其他方法则不能。

（三）敏感性分析方法操作步骤

1.单因素敏感性分析方法步骤

第一，选择需要分析的不确定因素，并设定这些因素的变动范围。影响投资项目经济效果的不确定因素很多，严格地说，凡影响项目经济效果的因素都在某种程度上带有不确定性。但事实上没有必要对所有的不确定因素都进行敏感性分析，可以根据以下原则选择主要的不确定因素加以分析：

1）预计在可能的变动范围内，该因素的变动将会较大地影响项目的经济效果。

2）对采用的该因素的数据的准确性把握不大。

第二，确定分析指标。各种经济效果评价指标，如净现值、净年值、内部收益率、投资回收期等，都可以作为敏感性分析的指标。由于敏感性分析是在确定性经济分析的基础上进行的，就一般情况而言，敏感性分析的指标应与确定性分析所使用的指标相一致。当确定性经济分析中使用的指标比较多时，敏感性分析可围绕其中一个或若干个最重要的指标进行分析。一般要求分析全部投资内部收益率指标在产品产量、产品价格、主要原材料或动力价格、固定资产投资、建设期等影响因素变化情况下的敏感程度。

第三，进行敏感性分析。计算各不确定因素在可能变动的范围内发生变化时导致的项目经济效果指标的变化情况，建立起一一对应的数量关系，并用图或表的形式表示出来。

在敏感分析图中，曲线陡的因素是敏感因素，曲线平缓的因素是不敏感因素。

2.多因素敏感性分析方法步骤

因为多因素敏感是分析要考虑可能发生的各种不确定因素的不同变动范围的多种组合，所以计算起来要比单因素敏感性分析复杂得多。如果需要分析的不确定因素不超过三个，而且经济效果指标的计算比较简单，可以用解析法与作图法相结合进行分析。

多因素敏感性分析的步骤为

第一，选定经济效果的评价指标，如净现值（NPV）。

第二，选取不确定因素，如投资额、经营成本和产品价格。

第三，计算各不确定因素变动的百分比，如投资额变动 $x\%$，经营成本变动 $y\%$，产品价格变动 $z\%$，并计算其经济效果（如净现值）。

第四，将计算结果列表并绘制成敏感性分析图。

第五，如果同时考虑两个因素（如投资额和经营成本），则取净现值为零时，可得到 x 和 y 之间的关系，如图 9-1 所示。

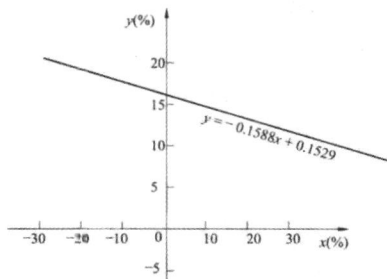

图 9-1 双因素敏感性分析

在双因素敏感性分析图上，直线为净现值为零的临界线，在其左下方区域净现值NPV＞0，在右上方区域，净现值NPV＜0，所以投资额和经营成本同时变动时，只要变动范围不超出临界线左下方的区域（包括临界线），方案都是可以接受的。

第六，三因素敏感性分析与二因素敏感性分析类似，只不过以z作为参数，得到一组平行临界线而已如图9-2所示。

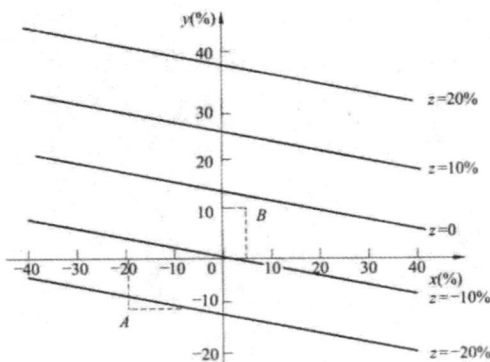

图9-2 三因素敏感性分析

（四）世界银行用于项目评价的敏感性分析方法

敏感性分析的技术并不复杂，世界银行用于项目评价的两种敏感性分析方法更为简单。一种是"最可能结果分析"，另一种是转换值分析或说是安全度分析（临界点分析）。

1.最可能结果分析法

最可能结果分析分两步进行。第一步先计算项目最可能产生的结果，然后将某一不利于项目的方向改变一个百分比，测试项目对该因素变化的敏感性。

敏感性分析不仅对投资决策有重要的意义，同时对项目的管理也有十分重要意义。假定证明某个项目对延误特别敏感，如果高级决策者知道该项目的敏感程度，以及延误将使国家在失去创造财富的机会上付出多大的代价。这些决策者可能会愿意减少繁文细节，以保证在处理该项目的筹资和其他申请事项的过程中避免不必要的耽搁，并且保证那些必须支持该项目的机构迅速提供合作，或者他们可能决定，既然延误的可能性这么大——无论项目经理如何得力——最好是重新设计该项目，使之更便于管理，而且在必要时还应推迟某些成本的投入，这样该项目对延误就不那么敏感了。即使重新设计项目可能多少会减少整个项目的NPV、LRR或N/K，但这仍然是合乎需要的。

2.转换值法（安全度法）

"转换值"法是敏感性分析的一种变化形式，也可称之为安全度法。在进行简易敏感性分析时，我们选择一个数值来改变项目分析中的一项重要成分，然后确定这种改变对该项目吸引力的影响。与之相反，当计算转换值时，我们要知道该成分朝不利的方向变动多少才会使该项目不再符合某种项目价值评价标准所指出的最低限度可接受的水平。而后，项目决策者就可能自问他们认为发生这种数量级变化的可能性究竟有多大。

在项目规划阶段，用敏感性分析可以找出乐观的和悲观的方案，从而提供最现实的生产要素的组合。

敏感性分析还可应用于方案选择。人们可以用敏感性分析区别出敏感性大或敏感性小的方案，以便在经济效益相似的情况下，选取敏感性小的方案，即风险小的方案。

根据项目经济目标（如经济净现值或经济内部收益率）所做的敏感性分析叫作经济敏感性分析。同样，根据项目的财务目标所做的敏感性分析叫作财务敏感性分析。

六、概率分析方法

（一）概率分析方法概述

不确定性投资的定量分析方法，可以借助概率分析的方法来解决。

敏感性分析在一定程度上就各种不确定因素的变化对项目经济效果的影响做了定量的分析，这有助于决策者了解项目的风险情况、确定在决策过程中及项目实施过程中需要重点研究与控制的因素。但敏感性分析对不确定因素发生不同变化的可能性究竟有多大并未加以估计，没有考虑各种不确定因素在未来发生变动的概率，这可能会影响分析结论的准确性。在实际计算分析中可能有这样的情况：通过敏感性分析得出某个敏感性因素在未来发生不利变化的可能性很小，也就是说实际的风险并不大，我们可以忽略不计。而另一个不太敏感的因素在未来发生不利变化的可能性却很大，它给项目经济效果所带来的风险比上种敏感因素更大，对于这种问题使用敏感性分析是无法解决的。为弥补这方面的不足，可以运用概率和数理统计理论来定量描述项目的风险和不确定性，这就是概率分析的方法。

概率分析主要研究、计算和分析各种影响投资效果的不确定因素的变化范围，以及在此范围内出现的概率、期望值与其标准离差大小的问题。概率值是在大量统计、分析资料的基础上确定出的，这是一项非常复杂而艰巨的任务，需要经大量抽样测量后，进行分析，这个测量误差是一个随机变量，这个变量服从于正态概率分布。根据这一特性，就可以确定不确定性因素各种可能状态的概率。

（二）有关概率的知识

1.概率分布

概率分布是指预测者对每一种可能的事件所给予的一个概率，设为 $f(x)$，则 $f(x)$ 有如下两个特性：

第一，$0,f(x),1$，若 $f(x)=0$，即为不可能发生事件；若 $f(x)=1$，则为必然事件。

第二，对间断概率分布，$\sum f(x)=1$，对事务的总体而言是必然事件；对连续概率分布，同样表示是一件必然事件，而 $f(x)$ 则称为概率密度函数。

2.期望值（数学期望值、均值）

定义：若 x 是一个间断的随机变量，其出现的概率为 $f(x)$，x 的期望值用 $E(x)$ 表示，则

$$E(x)=x\sum f(x) \tag{9-3}$$

它表示随机变量的期望值是 x 所有可能发生值的加权平均数。其权值即为这些随机变量的概率，其运算公式有：

$$E(c)=c \tag{9-4}$$

$$E(cx)=cE(x) \tag{9-5}$$

$$E(x_1+x_2)=E(x_1)+E(x_2) \tag{9-6}$$

对连续概率分布，以积分号代替 $\sum$ 符号即可，上述结论仍然适用。

3.变异系数

变异系数 V 是标准差除以期望值的商，即

$$V=\frac{\sigma_x}{E(x)} \tag{9-7}$$

式中：σ_x 为标准差。

$$\sigma_x=\sqrt{E(x^2)-[E(x)]^2} \tag{9-8}$$

$$E(x^2)=\sum x^2 f(x) \tag{9-9}$$

变异系数的大小，可以表示为一个投资方案风险的大小，其变异系数越大，则风险也越大。

（三）概率分析方法具体说明

概率分析是在对有关数据进行统计处理的基础上，求得项目各种因素与指标值发生的概率，并利用这些概率对项目具有的潜在风险做出分析。概率分析可分为期望值法和模拟法两种。

1.期望值法

期望值法的基本原理是，假设各参数是服从某种概率分布（如正态分布和均匀分布等）的相互独立的随机变量，先根据经验对各参数做出概率估计，并以此为基础计算项目的经济效益，通过对经济效益期望值、累计概率、标准差及离差系数的计算分析，定量地反映出项目的风险相对不确定性程度。

我们通常把以客观统计数据为基础的概率称为客观概率，以人为预测和估计为基础的概率称为主观概率。期望值法主要采用的是主观概率。它是根据经验设定各种情况发生的概率，计算项目净现值的期望值及净现值大于或等于零时的累计概率。

其一般分析步骤及注意事项如下：

第一，列出各种要考虑的不确定因素，并设定各不确定因素可能发生变化的几种情况。

第二，分别确定每种情况出现的概率，确定概率值时应利用同类项目的历史统计资料认真分析，尽量避免主观性。各种不确定因素的概率之和必须等于1。

第三，分别求出各种情况下的净现值，并根据各种情况发生的概率计算出加权净现值，最后求代数和，得出净现值的期望值。

第四，求出净现值大于或等于零的累计概率，分析项目风险的情况，并绘制累计概率分析图。

2.模拟法

蒙特－卡罗模拟法是一种用连续概率分布来分析建设项目各种获利可能性的方法。具体地说，是把各项影响现金流量的预期数字的概率分布，通过模拟技术归纳成为经济评价的概率分布。

假定某一建设项目中，影响投资项目风险的因素是销售价格和固定成本，而且其不确定性已经归纳成主观概率分布表。其中，相对机遇的数值表示事件发生的相对可能性，它是根据调查、研究、统计或按照类似产品的统计，经过推测、判断和归纳确定的，不可避免地带有主观因素；相应的概率是由相对机遇的数值除以相对机遇的总和而得；累计概念为相应概率的累计值。

（四）概率分析方法操作步骤

在进行概率分析时，一般经过下面几个步骤：

1.选择不确定因素作为随机变量

在进行概率分析时，首先要选择对项目的经济效益影响较大的不确定因素作为概率分析中的随机变量。然后，分析这些变量的变化对项目经济效益的影响。通常由于经济评估预处理系统中的概率分析是以内部收益率来表示项目经济效益优劣的，因此通常也选择对内部收益率影响较大的因素作为概率分析中的随机变量，即产品产量、产品价格、经营成本和固定资产投资。

2.确定各个因素的变化范围

根据各个因素的特点及这些因素在项目中所起的作用，确定各个因素的变化范围如下：

产品产量变化从$-30\% \sim +30\%$。

产品售价变化从$-15\% \sim +15\%$。

经营成本变化从$-20\% \sim +20\%$。

固定资产投资变化从$-30\% \sim +30\%$。

3.计算随机变量发生的概率和累计概率

在分析研究大量统计资料的基础上，根据专家的丰富经验和评估人员的科学判断，可以得出各个变量在不同变化率下发生的概率和累计概率，然后输入计算机中。

4.产生随机数，并与累计概率比较

根据计算机产生随机数原理，可计算出一组（4个）[0，1]区间的随机数。将这组随机数按产量、价格、经营成本、投资的顺序与计算机中对应的累计概率值进行比较，找出满足不等式关系的累计概率值，并取出各自对应的变化率（Z_i%）。

5.计算内部收益率的概率分布

将上面得到的产品产量、产品价格、经营成本和固定资产投资的变化率代入各自的表达式，得出变化后的值：

产品产量＝原产量×（1+Z_1%）

产品价格＝原价格×（1+Z_2%）

经营成本＝原成本×（1+Z_3%）

固定资产投资＝原投资×（1+Z_4%）

用这些变化后的变量重新计算内部收益率，即得到一个新的内部收益率值f_i，重复进行上述运算直至达到足够的次数（一般1000次）。根据所得到的这些内部收益率值f_i，用f_i落在某一区间的频率代替f_i在这一区间发生的概率，就可以确定出内部收益率的概率分布。

概率分析方法是对不确定分析的完善，利用诸如上述的概率计算，项目分析和决策人员就能对项目风险和实现各种目标值的可能性做出估计，这对项目决策是大有裨益的。

第五节　能源建设项目的竣工验收

一、概述

工程项目的竣工验收是全面考核项目的建设工作，检查设计、工程质量是否符合要求，审查资金使用是否合理的重要环节，对促进建设项目及时投产，发挥投资效果，总结建设经验有重要作用。

由于能源建设项目通常都投资大、建设周期长、技术密集、对国民经济影响大，因此其竣工验收就显得特别重要，故也是能源管理的重要内容。能源建设项目竣工验收是指能源建设项目按设计建成后、正式投入生产前，对项目建设内容、工程质量、国家和行业强制性标准（如环境保护标准）执行情况、资金使用情况等事项的全面检查验收，以及对能源建设项目设计、施工、监理等工作的综合评价。

1.能源建设项目竣工验收的主要依据

第一，国家及有关部门颁布的相关法律、法规、规章。

第二，国家及有关部门颁布的相关技术标准、规范。

第三，能源建设项目的核准或批复文件。

第四，经批准的能源建设项目初步设计文件，设计变更，以及概算调整批准文件等。

第五，经批准的安全设施设计、环境影响评价报告书、水土保持方案（适用于根据有关法律法规，应当编制水土保持方案、验收水土保持设施的区域）、职业病防护设施设计等专项文件。

第六，建设项目的勘探、设计、施工、监理，以及重要设备、材料、招标文件及其合同文本。

第七，引进技术或成套设备的建设项目，还应出具签订的合同和国外提供的设计文件等资料。

第八，施工图纸和设备技术说明书，现行施工，技术规范和验收规范等。

能源建设项目建成后竣工验收前，通常应进行联合试运转。联合试运转的期限一般为1~6个月；特殊情况下，在批准期限内未完成联合试运转工作的可以申请延期，但联合试运转总时间最长不得超过12个月。联合试运转期间，项目建设单位可按有关规定向有关部门申请专项验收。

2.联合试运转方案应当包括的内容

第一，联合试运转的系统、范围和期限。

第二，联合试运转的测试项目、测试方法、测试机构和人员。

第三，联合试运转的预期目标和效果。

第四，联合试运转期间的产量计划与劳动组织。

第五，应急预案与安全保障措施。

第六，其他规定事项。

联合试运转完成后，项目建设单位应编制联合试运转报告。

3.联合试运转报告应当包含的主要内容

第一，各主要系统运行情况。

第二，主要生产设备故障处理记录与分析。

第三，提升、运输、排水、通风、供电、采掘等主要设施与装备的检测、检验报告。

第四，联合试运转的效果分析。

第五，有关安全生产的建议。

第六，其他应说明的事项。

4.能源建设项目竣工验收应当具备的条件

第一，已按批准的建设规模、标准、投资和内容建成，满足设计和生产要求；有剩余工程的，剩余工程不得是主体工程，不能影响正常生产，投资额不得超过项目总概算或批准调整概算的 5%。

第二，单位工程和单项工程通过工程质量监督机构认证，工程质量合格。

第三，安全设施、环境保护设施、水土保持设施、职业病防护设施、消防设施等按要求建成，并通过专项验收。

第四，竣工档案资料齐全，并通过专项验收。

第五，竣工决算报告编制完成，并通过审计。

第六，组织机构设置符合有关要求，建立健全规章制度。

第七，联合试运转达到预期效果，试运转中出现的问题已妥善解决，联合试运转报告已编制完成。

能源建设项目竣工验收工作，应当做到公正、科学、规范。

通常能源建设项目竣工验收合格后，方能申请办理（或变更）生产许可等证件，正式投入生产。

二、竣工验收程序和内容

（一）竣工验收程序

能源建设项目竣工验收前，先由项目建设单位组织设计、施工、监理等有关单位进行预验收。预验收合格并具备前述竣工验收条件后，方可向竣工验收部门申请竣工验收。预验收不合格的项目不得申请竣工验收。能源建设项目竣工验收申请报告应当包括以下主要内容：

第一，项目基本情况。

第二，建设内容完成情况。

第三，管理机构及生产管理制度建设情况。

第四，人员持证上岗、培训、劳动定员情况。

第五，项目招投标，以及合同履约情况。

第六，工程质量认证情况。

第七，主要设备检测检验情况。

第八，专项验收情况。

第九，联合试运转情况。

第十，项目效益与建设效果分析。

第十一，存在问题及处理建议。

项目建设单位上报竣工验收申请报告时，应附项目核准批复文件——经批准的初步设计，工程质量认证报告书，安全设施、环境保护设施、水土保持设施、职业病防护设施、消防、档案等专项验收相关材料，竣工决算审计报告书，联合试运转报告等。竣工验收部门应在收到竣工验收申请材料后尽快完成审核，对不符合条件的建设项目，一次性告知需要补充或修改的内容。

竣工验收部门应当根据能源建设项目的具体情况，邀请相关部门代表和有关专家组成竣工验收委员会开展竣工验收工作。项目建设单位、工程质量监督机构，以及设计、施工、监理等相关单位应积极配合竣工验收工作。

对瓦斯、水文、地质等开采条件复杂的能源建设项目，竣工验收部门可委托有关中介机构进行现场检查和技术预验收。受委托的中介机构应与建设项目无经济利益关系，遵照客观、公正、科学的原则开展工作。

竣工验收委员会通过听取汇报、查阅档案资料、现场检查等方式，对能源工程建设情况进行全面检查，对建设项目进行综合评价。

（二）竣工验收主要内容

能源建设项目竣工验收主要内容包括：

第一，检查项目的审批文件是否齐全。

第二，检查项目是否按批准的规模、标准、内容建成。

第三，检查国家和行业强制性标准的执行情况。

第四，检查项目投资及使用情况。

第五，检查项目招投标，以及合同履约情况。

第六，检查工程质量情况。

第七，检查专项验收情况。

第八，检查项目竣工决算报告的审计情况。

第九，检查煤矿组织机构、劳动定员、人员培训及外部条件等落实情况。

第十，检查联合试运转情况。

第十一，对存在的问题和剩余工程提出处理意见。

三、竣工验收标准及要求

（一）进行竣工验收必须达到的标准

第一，生产性项目和辅助性公用设施已按设计要求建完，能满足生产使用。

第二，主要工艺设备和配套设施经联动负荷试车合格，形成生产能力，能够生产出设计文件所规定的产品。

第三，生产准备工作能适应投产的需要。

第四，工程结算和竣工决算已通过有关部门审计。

第五，设计和施工质量已经过质量监督部门检验并做出评定。

第六，环境保护、消防、劳动安全卫生，符合与主体工程"三同时"建设原则，达到国家和地方规定的要求。

第七，建设项目实际用地已经过土地管理部门核查。

第八，建设项目的档案资料齐全、完整，符合国家有关建设项目档案验收规定。

（二）竣工验收要求

第一，项目全部工程完工并达到验收标准后，通常应在六个月内办理验收手续。投产初期一时不能达到设计生产能力，不应因此拖延办理验收手续。办理竣工验收确有困难的，经验收主管部门批准，可以适当延长期限，但一般不得超过一年。

第二，凡长期达不到竣工验收标准，或达到验收条件却又不申报验收的项目，应按国家和有关部门的相关法规要求，追究有关人员责任。

第三，经验收审查后的档案资料，应按国家有关规定移交使用单位和档案部门妥善保管。

参考文献

[1]李金珊著.非洲新能源勘探与技术经济管理以卡鲁盆地为例[M].北京：科学出版社.2018.

[2]姚晔主编.能源转换与管理技术[M].上海：上海交通大学出版社.2018.

[3]何建坤，周剑，欧训民.能源革命与低碳发展[M].北京：中国环境科学出版社.2018.

[4]田斌守，邵继新著.建筑节能与清洁能源利用系列丛书墙体节能技术与工程应用[M].北京：中国建材工业出版社.2018.

[5]许广月.能源革命与绿色发展理论阐发和中国实践[M].北京：中国经济出版社.2018.

[6]陈云华主编.大型流域风光互补清洁能源基地重大技术问题研究与深地基础科学进展雅砻江虚拟研究中心2018年度学术年会论文集[M].郑州：黄河水利出版社.2018.

[7]王帅.电力转型风能、太阳能和灵活电力系统的经济性[M].沈阳：东北财经大学出版社.2018.

[8]向立平，李莎，唐海兵主编.建设安装工程造价与项目管理[M].长沙：中南大学出版社.2018.

[9]（奥地利）陶在朴.系统动力学入门[M].上海：复旦大学出版社.2018.

[10]中华人民共和国科学技术部.2018国际科学技术发展报告[M].北京：科学技术文献出版社.2018.

[11]王建中.国内外油气资源发展报告2016年度[M].北京：地质出版社.2013.

[12]周前，刘恩海主编；于海龙副主编.高等院校应用型本科规划教材冷库技术第2版[M].徐州：中国矿业大学出版社.2018.

[13]曲剑午.中国煤炭市场发展报告2018版[M].北京：中国经济出版社.2018.

[14]温宗国，胡赟，罗恩华，徐丽娜，陶媛著.工业园区循环化改造方法、路径

及应用[M].中国环境出版社.2018.

[15]《中海油运发展史1998-2015》编审委员会编著.中海油运发展史1998-2015[M].上海：上海书店出版社.2018.

[16]蒋洪强.环境政策的费用效益分析理论方法与案例[M].北京：中国环境科学出版社.2018.

[17]煤炭企业能源管理丛书编委会.煤炭企业能源管理丛书能源管理方法[M].北京：煤炭工业出版社.2018.

[18]唐旭,王建良著.能源经济学[M].北京：石油工业出版社.2018.

[19]任有中主编.能源工程管理[M].北京：中国电力出版社.2018.

[20]万金笔著.能源计量与管理技术[M].延吉：延边大学出版社.2018.

[21]于文轩.面向低碳经济的能源法制研究[M].北京：中国社会科学出版社.2018.

[22]裴哲义编著.新能源调度技术与并网管理[M].北京：中国水利水电出版社.2018.

[23]林伯强.能源决策疑虑和思考[M].北京：科学出版社.2018.

[24]李建华主编.新能源发电项目并网技术及消纳管理[M].北京：九州出版社.2018.

[25]中工源合.伊朗新能源投资指南[M].北京：电子工业出版社.2018.

[26]马立编.建筑安装工程经济与管理[M].北京：中国建筑工业出版社.2018.

[27]杨书红.农村新能源开发经营一本通[M].北京：中国科学技术出版社.2018.

[28]王健.建筑分布式能源系统设计与优化[M].上海：同济大学出版社.2018.

[29]张一清,刘晓燕著.能源优化配置的博弈与投入产出分析第2版[M].北京：经济管理出版社.2018.

[30]李果著.低碳经济下绿色供应链管理[M].北京：科学出版社.2018.

[31]刘海朝.汽车性能剖析及典型新能源汽车技术研究[M].北京：中国水利水电出版社.2018.

[32]杨俊著.中国能源开发利用的升级创新机制研究[M].北京：科学出版社.2018.

[33]（中国）安海岗,高湘昀.复杂网络在经济管理领域的应用研究[M].北京：地质出版社.2018.

[34]李善同著.环境经济与政策第3辑[M].北京：科学出版社.2018.

[35]欧训民,袁杰辉,彭天铎.重大能源行动的降碳减排协同效益分析方法及中国案例研究[M].北京：经济管理出版社.2018.

[36]欧训民,刘汉思,袁杰辉.中国分布式能源系统综合效益分析方法及案例研究[M].北京：经济管理出版社.2018.

[37]黄春元.中国能源税问题研究基础理论、经验借鉴与制度设计[M].北京：北

京交通大学出版社.2018.

[38]梁志峰编著.数值天气预报产品在新能源功率预测中的释用[M].北京：中国水利水电出版社.2018.

[39]李平，杨俊，汪锋主编.21世纪技术经济学[M].重庆：重庆出版社.2018.

[40]张谦著.风电运营收益管理[M].长春：吉林大学出版社.2018.

参考文献